JN027388

《企画展》

# 大地に生きる しまねの災《さい》と幸《さち》

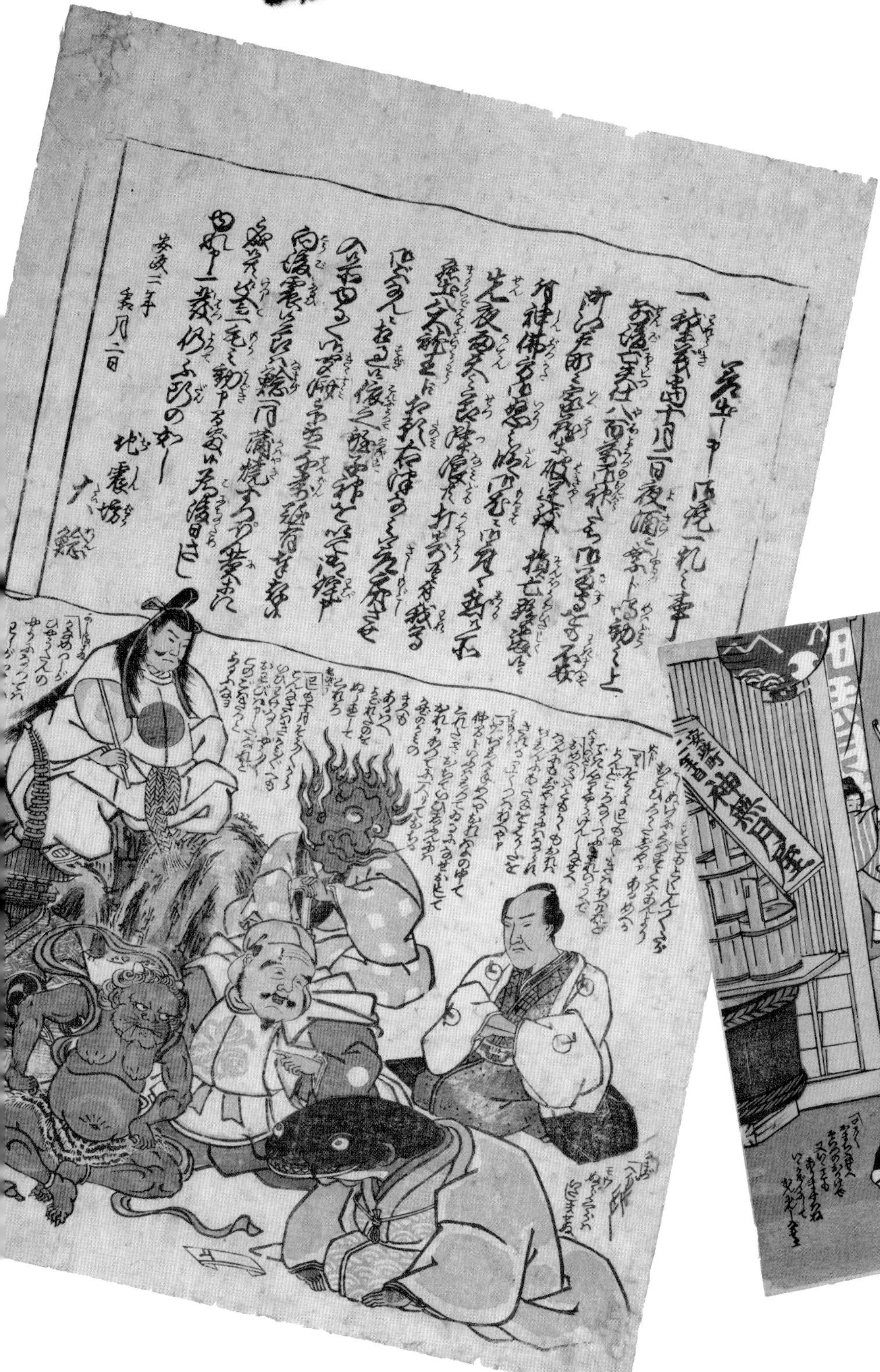

島根県立古代出雲歴史博物館　企画展

# 大地に生きる　～しまねの災《さい》と幸《さち》～

［会　期］　令和二年七月十日（金）～九月六日（日）
［会　場］　島根県立古代出雲歴史博物館特別展示室
［主　催］　島根県立古代出雲歴史博物館・島根県古代文化センター
［特別協力］　島根県防災部
［後　援］　朝日新聞松江総局、産経新聞社、日本経済新聞社松江支局、毎日新聞松江支局
読売新聞松江支局、中国新聞社、山陰中央新報社、島根日日新聞社、新日本海新聞社
共同通信社松江支局、時事通信社松江支局、NHK松江放送局、TSKさんいん中央テレビ
テレビ朝日松江支局、日本海テレビ、BSS山陰放送、エフエム山陰、出雲ケーブルビジョン
山陰ケーブルビジョン、ひらたCATV株式会社
［展示担当］　倉恒康一（主担当・島根県立古代出雲歴史博物館）
岡宏三（副担当・島根県立古代出雲歴史博物館）
東山信治（同）
中安恵一（副担当・島根県古代文化センター）
［美術輸送・展示作業補助］　日本通運株式会社松江支店
［展示企画・造作］　有限会社　ササキ企画
［図録デザイン・制作］　株式会社谷口印刷
［広　報］　ミュージアムいちばた
［広報用素材デザイン・制作］　福代亜寿男

## 凡　例

1、本書は、島根県立古代出雲歴史博物館令和二年度企画展「大地に生きる～しまねの災《さい》と幸《さち》～」の展示解説図録である。

2、図録構成と展示構成は必ずしも一致しない。また、展示作品の一部に図版が掲載されていないものもある。なお、参考として展示作品以外の写真や遺跡現地の写真、解説用の地図・イラスト等も掲載している。これらのうち、展示作品のキャプションについては列品番号を付し、その他の写真・図面については「参考」として一連番号を付した。

3、重要文化財は◎、島根県指定文化財は○、市町村指定文化財は◇、登録有形民俗文化財は△で示している。

4、本書に掲載する写真の提供元についてはキャプションに明記した。ただし、当館撮影の場合については特に明記していない。

5、遺跡名には、所在地の市町村名を記した。

6、本書は、倉恒康一（当館専門学芸員）、品川知彦（当館調整監）、東山信治（当館専門学芸員）、中安恵一（島根県古代文化センター主任研究員）、面坪紀久（島根県古代文化センター特任研究員）、池淵俊一（島根県教育庁文化財課調整監）、今岡一三（島根県教育庁文化財課世界遺産室企画幹）が分担執筆し、当館職員の協力を得て、倉恒が編集を行った。コラムは文頭に、列品解説は文末にそれぞれ執筆者名を明記した。

7、本企画展の開催ならびに本書の作成にあたっては、所蔵者はじめ多くの機関、個人の御協力を賜った。巻末に記し、厚く御礼申し上げる。

# ごあいさつ

本展覧会は、平成二十八年度から平成三十年度までの三年間、島根県古代文化センターで実施したテーマ研究「前近代島根県域における環境と人間」の研究成果を展示公開するものです。

近年、東日本大震災、西日本豪雨災害をはじめ大規模な災害が列島各地で頻発しています。振り返ると島根県の歴史においても、たびたび大規模な災害が人々を襲いましたが、その都度見事に復興を果たしてきたことに気づかされます。

私たちの祖先たちは、圧倒的な自然の猛威を前にしても受け身ではなく立ち向かっていきました。河川に堤防を築いたり、時には河川そのものの流路を変えたりして、広大な沃野を切り開いてきました。技術的に限られた条件の中での自然開発の歩みは、決して平坦なものではなく大変な事業であったと想像できますが、その結果、江戸時代の出雲国では、鉄と木綿に代表される様々な特産品が産み出され、豊かな経済と文化が花開きました。

本展覧会では、縄文時代から現代まで、幅広い時代の多彩な展示品から、厳しさと優しさの両面を持つ自然に、島根の大地に生きた人々がどのように向き合ってきたのか、その実像に迫りたいと思います。また、こうした島根における災害と復興の歴史をご紹介することで、ご来館の皆様の防災意識の向上にも貢献できれば幸いです。

最後になりましたが、本展覧会の開催にあたり、貴重な文化財を快くご出品いただきました所蔵者の皆様、ご後援・ご協力を賜りました関係の皆様に厚く御礼申し上げます。

令和二年七月

島根県立古代出雲歴史博物館　館長

松本新吾

# 目次

# プロローグ

# 火が造りし大地

火山列島といわれる日本だが、島根県も例外ではない。はるか昔の三瓶山などでの火山活動が、その後の歴史・文化を大きく左右した。火山と島根県の関係からスタートしよう。

# 三瓶山の噴火と出雲平野

約五千五百年前と約四千年前の三瓶山《さんべさん》の噴火で発生した火砕流《かさいりゅう》によって、大量の火山灰や土砂が神戸川《かんどがわ》に流れ込んだ。それらが神戸川を流れ下り、河口に広がっていたデルタを埋め立て、現在の出雲平野の基礎を形づくった。

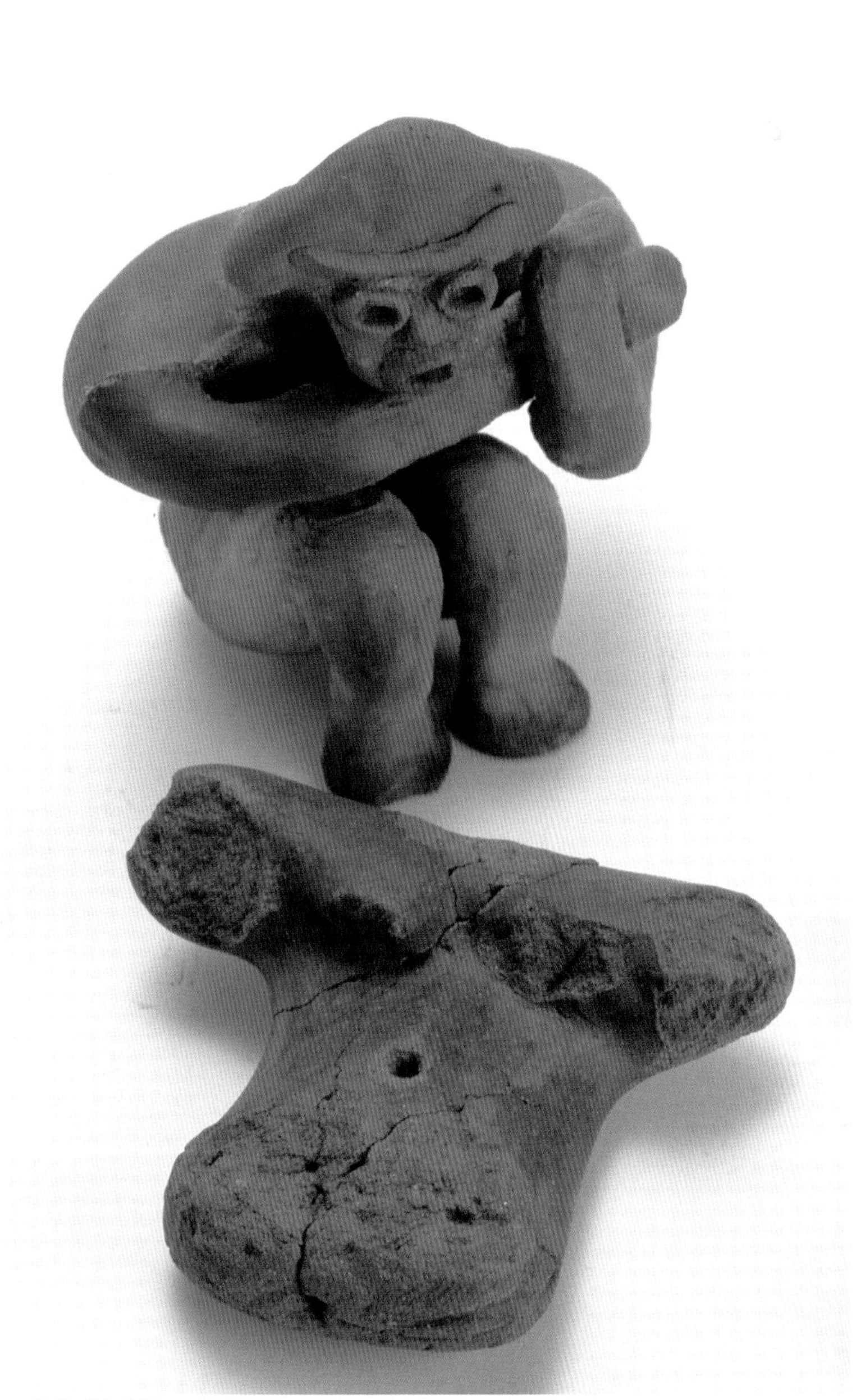

1-1　屈折像土偶《くっせつぞうどぐう》(写真下)
縄文時代後期中葉　下山《しもやま》遺跡(飯南町)

1-2　屈折像土偶(復元)(写真上)
島根県埋蔵文化財調査センター蔵・写真提供

参考1　分厚く堆積した三瓶山からの噴出物(板屋《いたや》Ⅲ遺跡(飯南町))
島根県埋蔵文化財調査センター写真提供

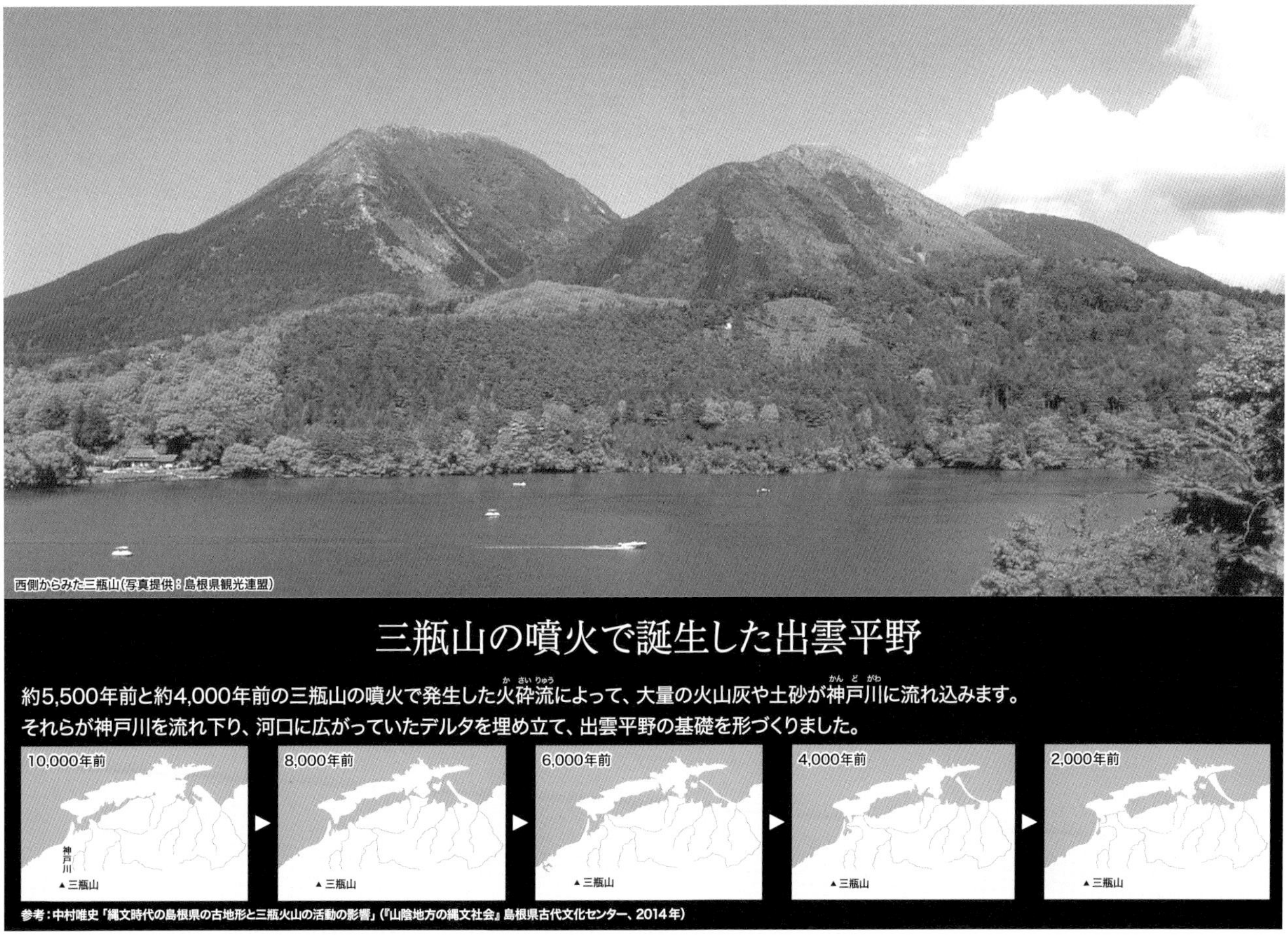
西側からみた三瓶山(写真提供：島根県観光連盟)
三瓶山の噴火で誕生した出雲平野
約5,500年前と約4,000年前の三瓶山の噴火で発生した火砕流《かさいりゅう》によって、大量の火山灰や土砂が神戸川《かんどがわ》に流れ込みます。
それらが神戸川を流れ下り、河口に広がっていたデルタを埋め立て、出雲平野の基礎を形づくりました。
10,000年前
神戸川
▲三瓶山
8,000年前
▲三瓶山
6,000年前
▲三瓶山
4,000年前
▲三瓶山
2,000年前
▲三瓶山
参考：中村唯史「縄文時代の島根県の古地形と三瓶火山の活動の影響」(『山陰地方の縄文社会』島根県古代文化センター、2014年)

参考2　三瓶山噴出物による出雲平野の形成

参考3　約四千年前の三瓶山の噴出物によって埋もれた森林(三田谷《さんただに》I遺跡の埋没林(出雲市))

島根県埋蔵文化財調査センター写真提供

# 火山とオオクニヌシ

天平宝字《てんぴょうほうじ》八年（七六四）十二月に大隅国《おおすみ》（現在の鹿児島県）沖で発生した海底噴火は爆発音が遠く平城京まで聞こえたといわれ、民家六十二区、八十余人が埋まるという大きな被害を出した。この噴火では三つの島が出現したというが、朝廷が編さんした歴史書には「大隅国の海中に神の造れる嶋あり、其名を大穴持神《をほあなもちのかみ》といふ」とある。人々は火山島の出現をオオナムチ（オオクニヌシ）の仕業と考え、畏《おそ》れ敬ったのだ。

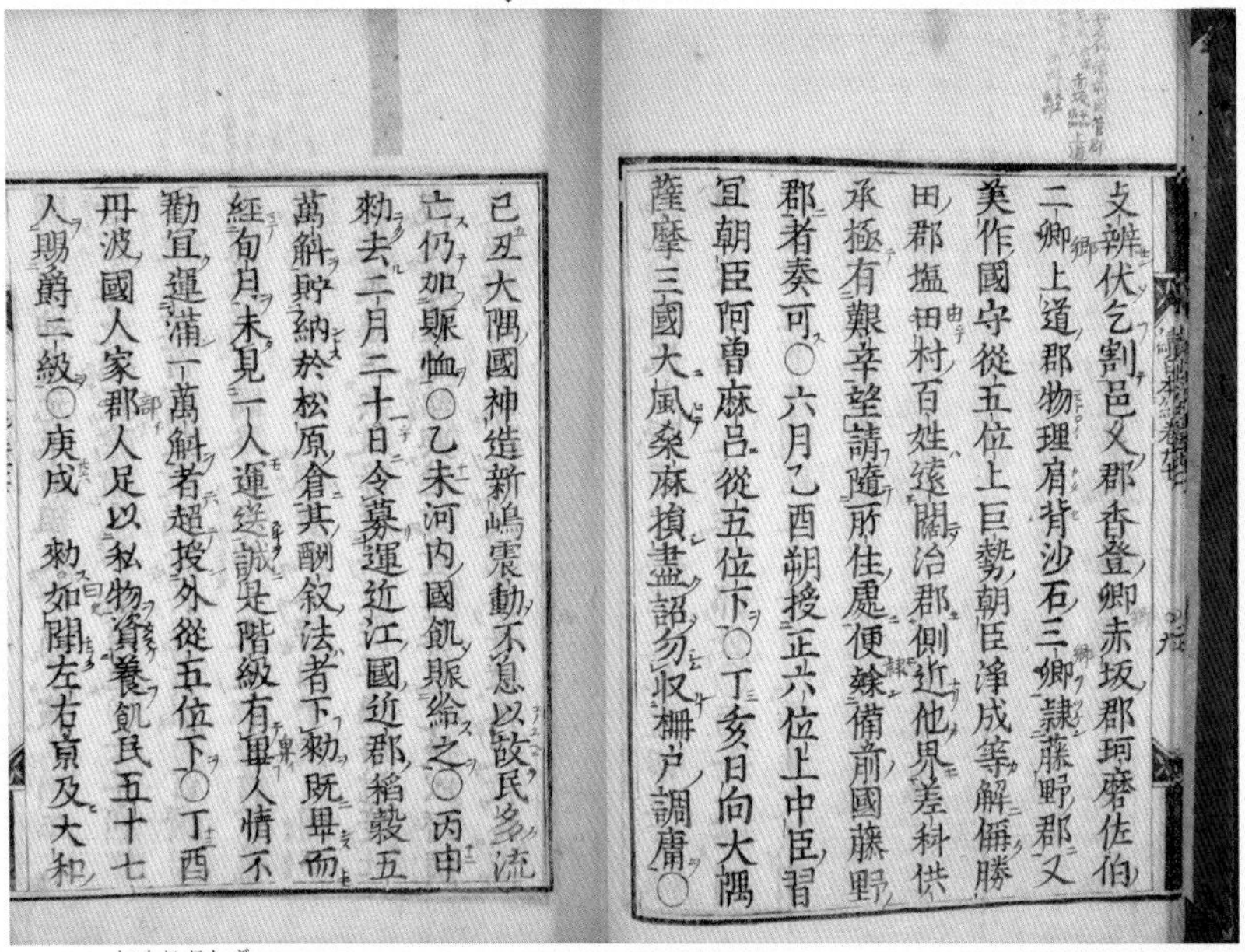
支辨伏乞割邑久郡香登郷赤坂郡珂磨佐伯二郷上道郡物理肩背沙石三郷隷藤野郡又美作國守從五位上巨勢朝臣淨成等解偁勝田郡塩田村百姓遠隔治郡側近他界差科供承極有艱辛望請隨所住處便隸備前國藤野郡者奏可○六月乙酉朔授正六位上中臣習宜朝臣阿曾麻呂從五位下○丁亥日向大隅薩摩三國大風桑麻損盡詔勿收柵戸調庸○

己丑大隅國神造新嶋震動不息以故民多流亡仍加賑恤○乙未河内國飢賑給之○丙申勅去二月二十日令募運近江國近郡稻穀五萬斛貯納於松原倉其酬叙法者下勅既畢而經旬月未見一人運進誠是階級有卑人情不勸宜運滿一萬斛者超授外從五位下○丁酉丹波國人家部人足以私物資養飢民五十七人賜爵二級○庚戌　勅如聞左右京及大和

3-1　続日本紀《しょくにほんぎ》第廿七（天平神護二年六月五日条）
明暦三年（一六五七）（原本：延暦十八年（七九七））当館蔵

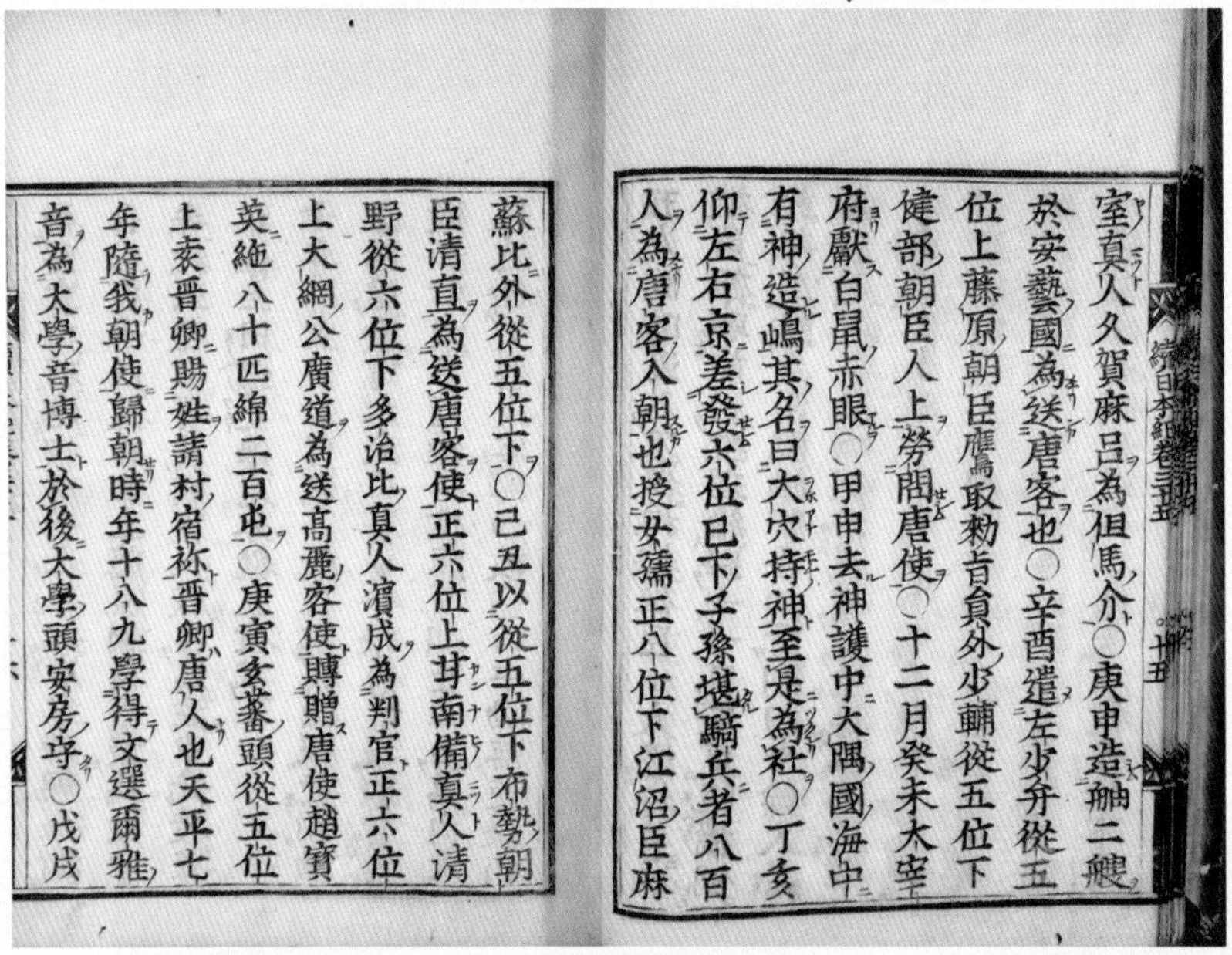
室眞人久賀麻呂為但馬介○庚申造舶二艘於安藝國為送唐客也○辛酉遣左少弁從五位上藤原朝臣鷹取勅旨員外少輔從五位下健部朝臣人上勞問唐使○十二月癸未大宰府獻白鼠赤眼○甲申去神護中大隅國海中有神造嶋其名曰大穴持神至是為社○丁亥仰左右京差發六位已下子孫堪騎兵者八百人為唐客入朝也授女孺正八位下江沼臣麻

蘇比外從五位下○己丑以從五位下布勢朝臣清直為送唐客使正六位上甘南備眞人清野從六位下多治比眞人濱成為判官正六位上大網公廣道為送高麗客使賻贈唐使趙寶英絁八十匹綿二百屯○庚寅玄蕃頭從五位上袁晋卿賜姓清村宿祢晋卿唐人也天平七年隨我朝使歸朝時年十八九學得文選爾雅音為大學音博士於後大學頭安房守○戊戌

3-2　続日本紀第卅五（宝亀九年十二月十二日条）
明暦三年（一六五七）（原本：延暦十八年（七九七））当館蔵

# 火山活動の贈り物　～銀～

石見銀山で産出された銀は、今から約百七十万年前の大江《おおえ》高山《たかやま》火山帯での火山活動の産物である。銀山開発の中心であった仙ノ山《せんのやま》の地下には、自然銀を多く含む福石《ふくいし》鉱床と、銀のほか銅・鉛などを含む永久《えいきゅう》鉱床の二つの鉱床が生成された。銀山の最盛期（十六～十七世紀）には福石鉱床が主に開発され、ここから産出された良質で大量の銀が、日本列島内はもとより貿易を通じて東アジアへ流通した。

4-1　**御取納丁銀**
戦国時代（十六世紀後半）　当館蔵

4-2　**文禄石州丁銀**
文禄二年（一五九三）　当館蔵

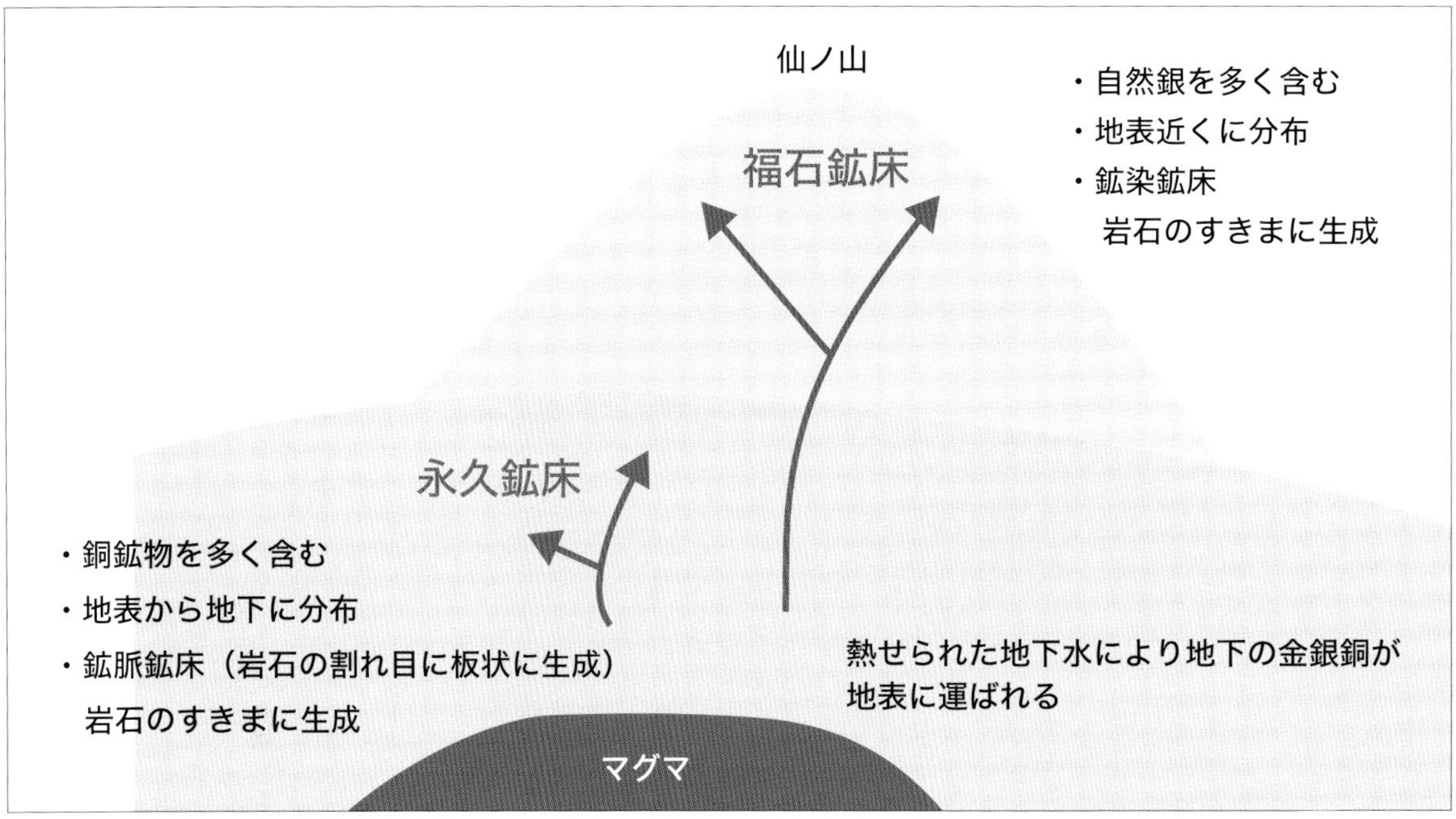


参考4　福石鉱床と永久鉱床（『石見銀山ことはじめⅠ始』より）

参考5　プロローグ関係地図

# 第一章

# 大地鳴動

地震が少ないという島根県。しかし歴史を紐解くと、明治５年（1872）の浜田地震のほか、幾度も大きな地震や津波に見舞われていた。本章では、過去に島根県を襲った地震と津波の中から、歴史資料が豊富に残された事例を紹介したい。大災害に直面した人々は何を思い、どのように復興に向けて歩み出したのか。そして私たちは彼らの行動から何を学ぶべきなのであろうか。

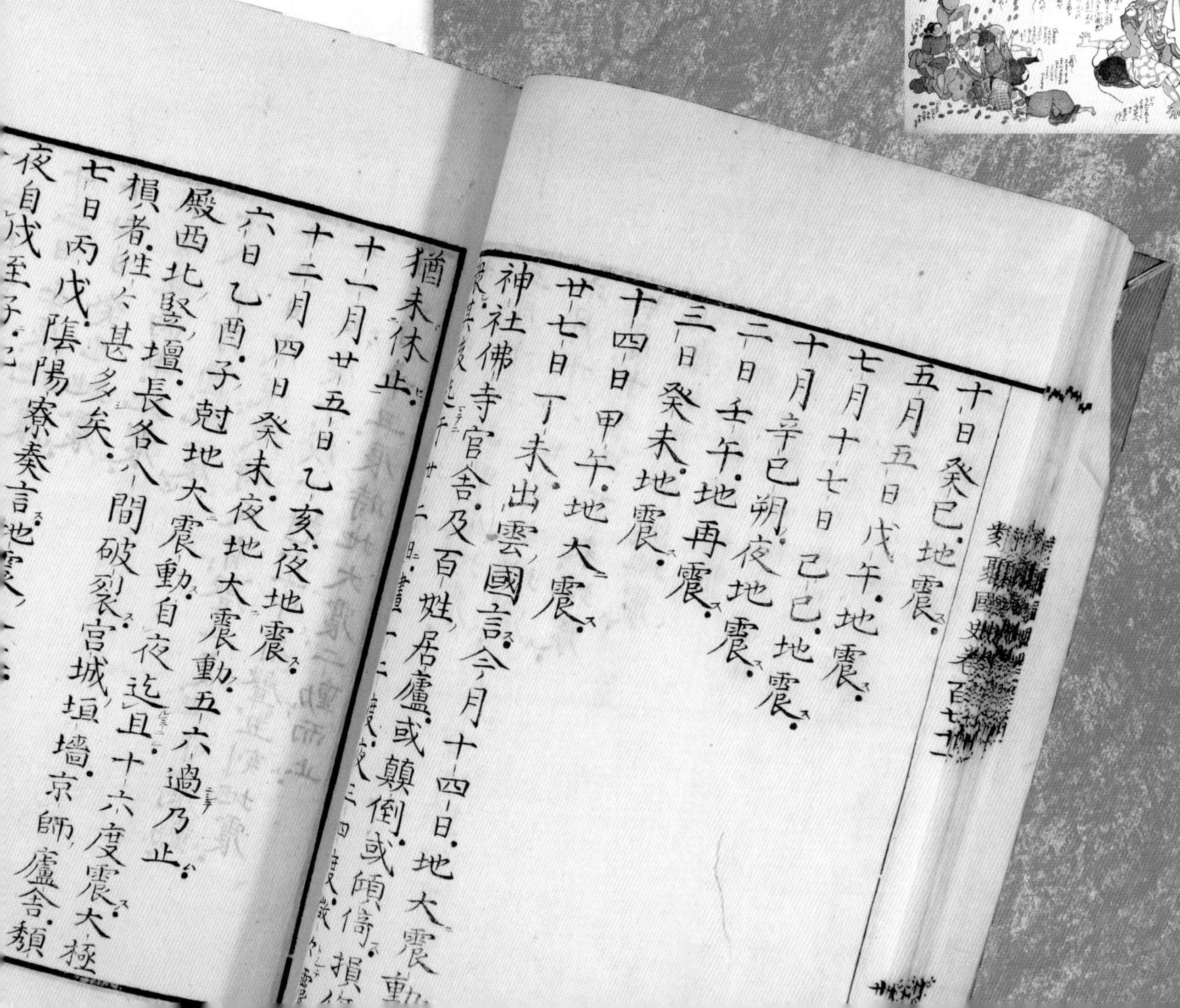

# 大地、大いに震動す

元慶《がんぎょう》四年（八八〇）十月十四日、出雲国は大地震に見舞われ、多くの建物が倒壊した。これが島根の地震に関する最古の記録であり、その後島根の人々は、何度も、地震によって大地が割け、石垣が崩れ、家屋が倒壊する体験をしてきた。また、記録の数は多くはないが東北地方日本海側から津波も押し寄せている。残された歴史資料から島根の人々の体験を追跡したい。

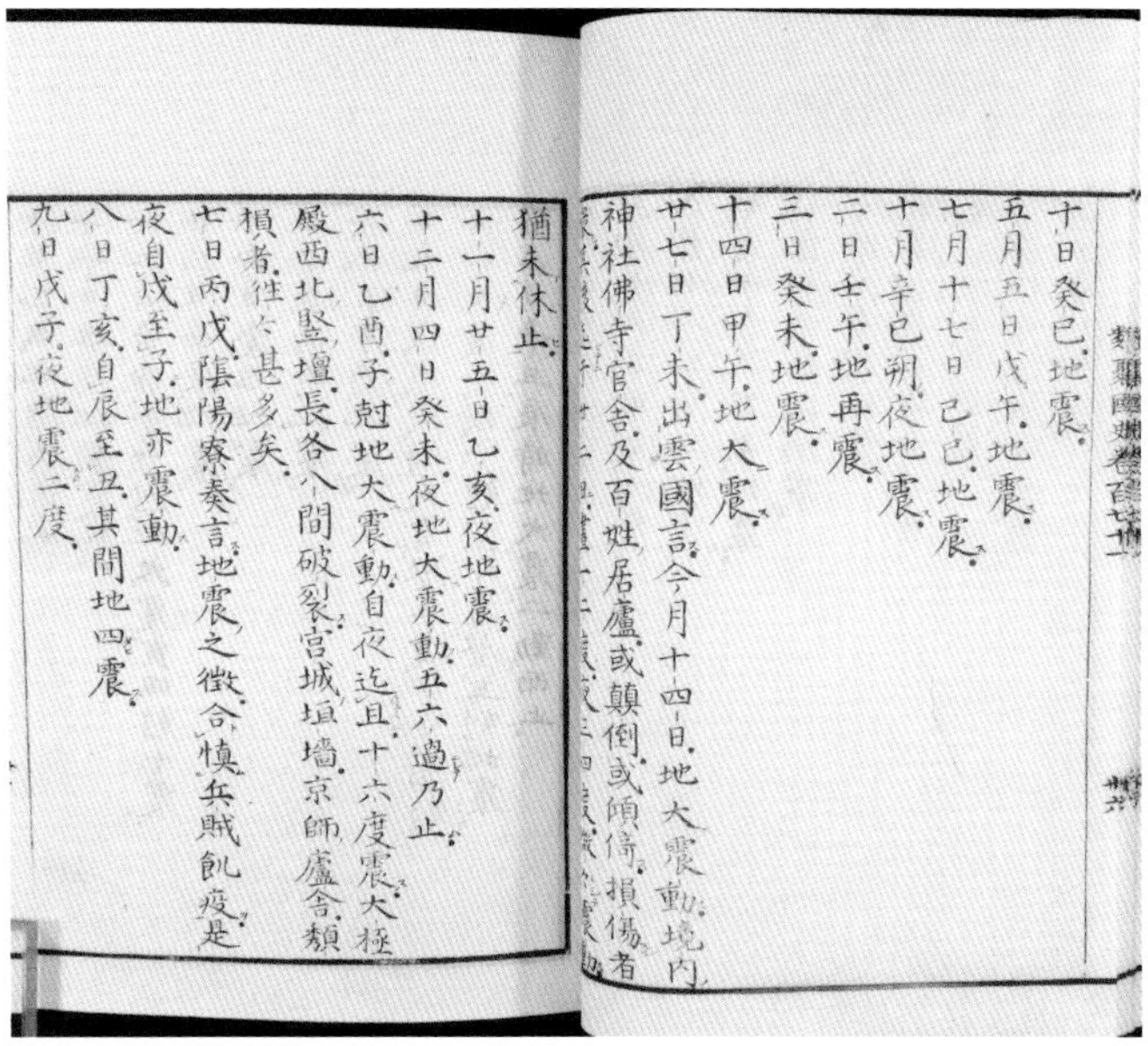

6　類聚国史《るいじゅうこくし》巻百七十一
（元慶四年出雲地震の記録）
江戸時代（原本：十世紀）　当館蔵

7　出雲国府跡出土木片
（元慶四年の地震で被害を受けた建物の残がいとも考えられる）
平安時代（九世紀）　島根県埋蔵文化財調査センター蔵

参考6　出雲国府跡（松江市）
島根県埋蔵文化財調査センター写真提供

参考7　木片が出土した溝（出雲国府跡）
島根県埋蔵文化財調査センター写真提供

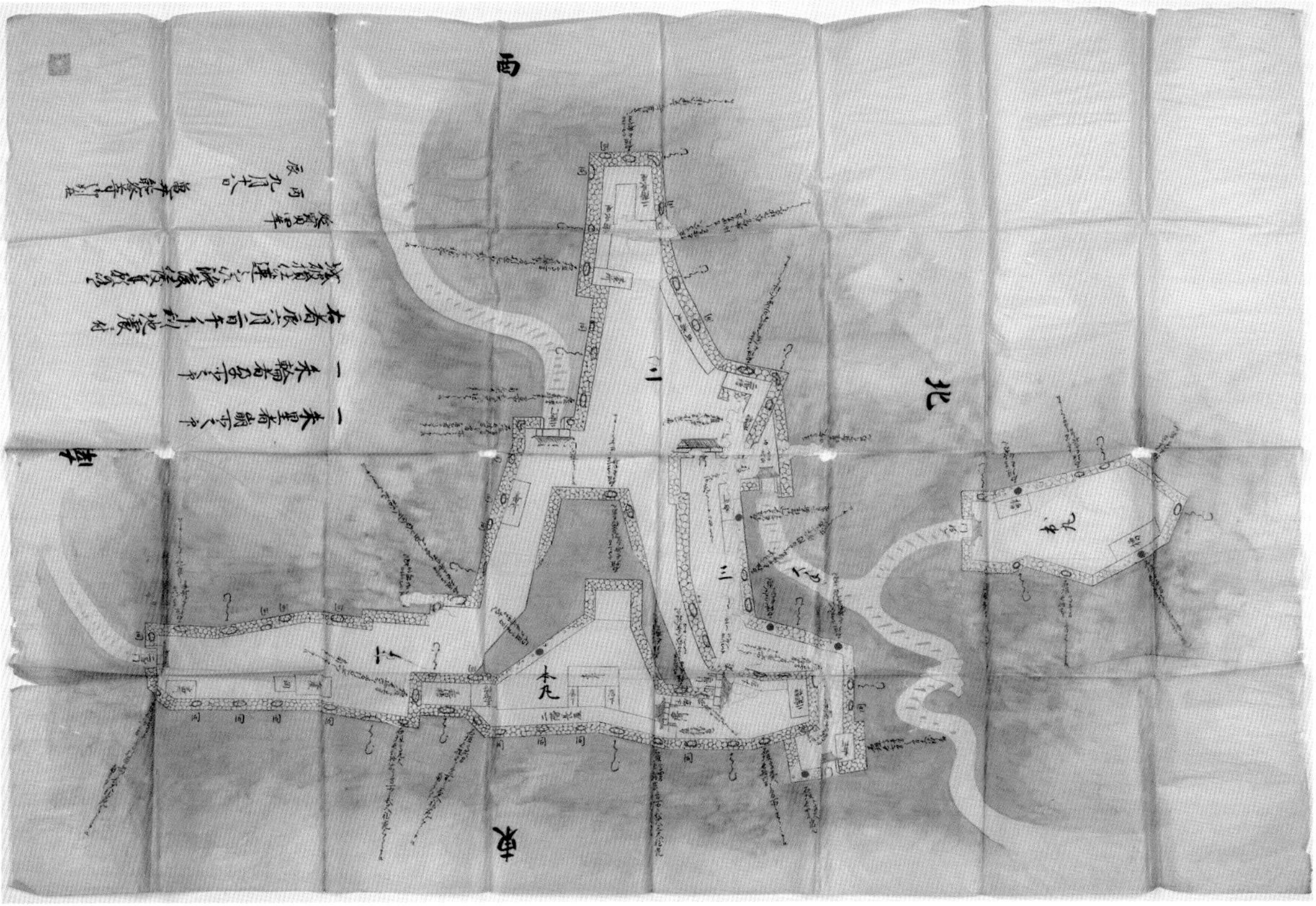


8　**延宝四年津和野城石垣破損地図面**

近代（十九世紀後半〜二十世紀前半）（原本：延宝四年（一六七六））津和野町教育委員会蔵

「朱星」は地震で石垣が崩落した箇所

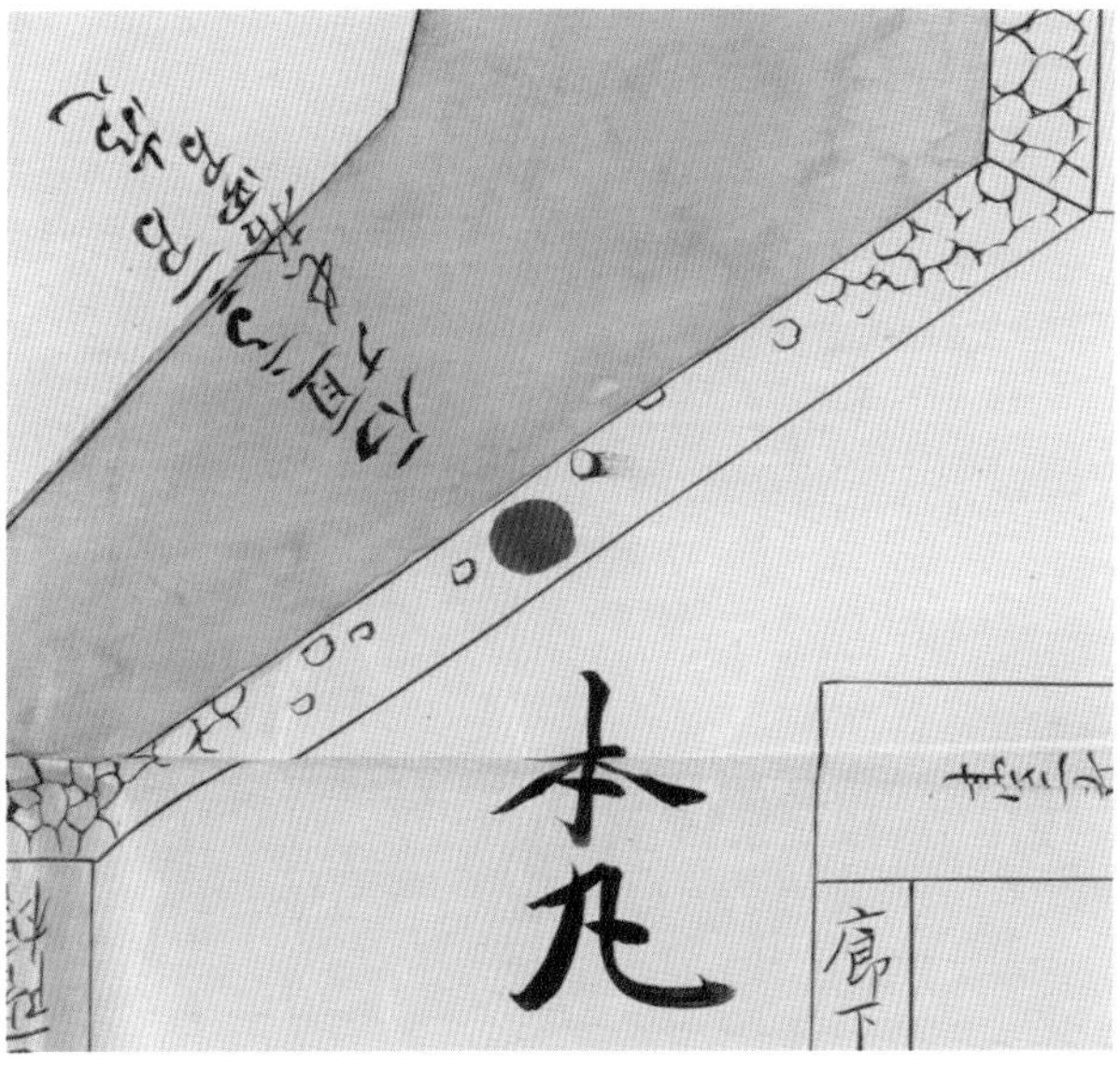


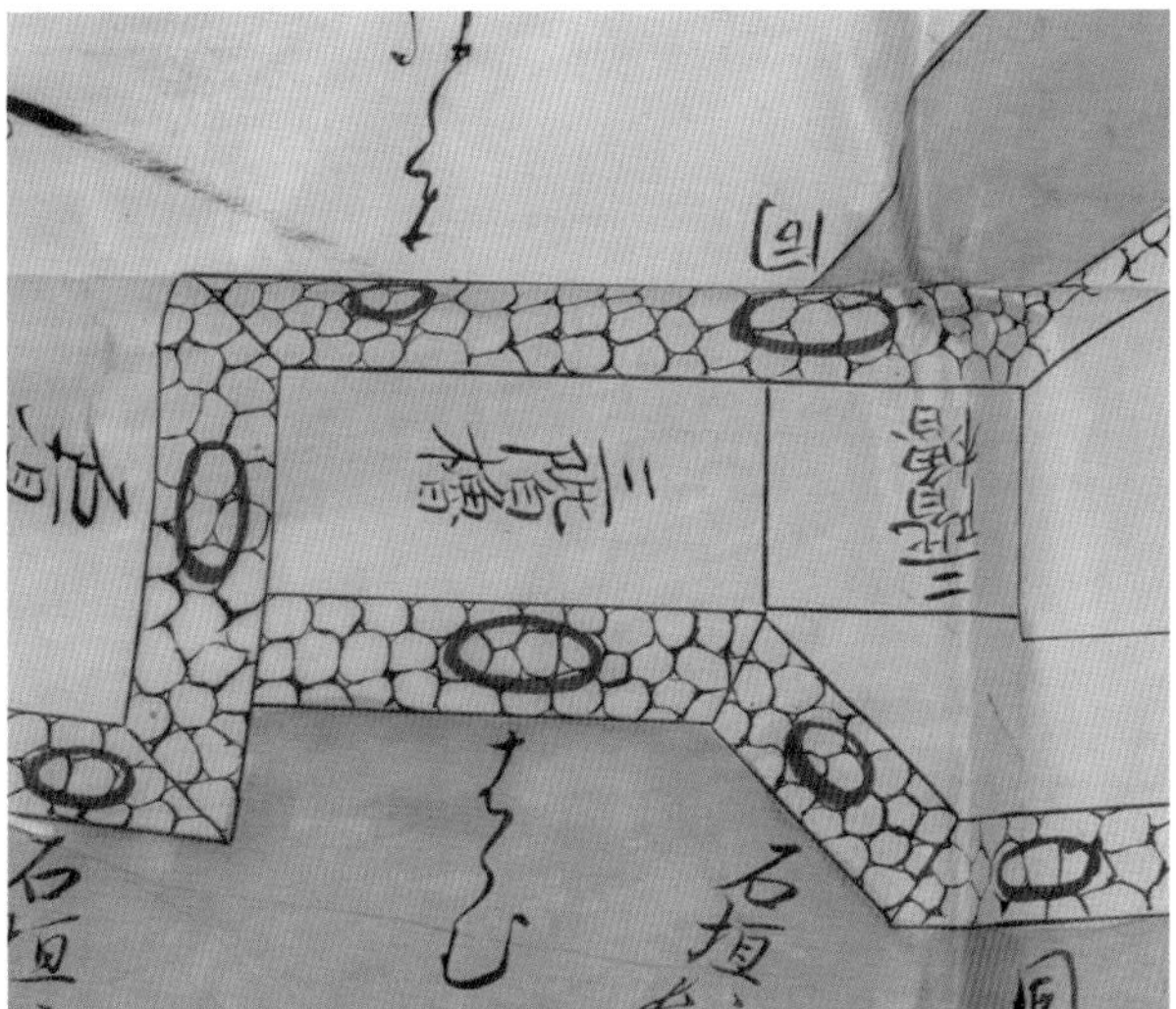


「朱輪」は地震で石垣が膨らんだ箇所

コラム1

# 遺跡に残る災害痕跡

今岡一三

## 一．はじめに

平成二十三年（二〇一一）三月十一日の東日本大震災以降、日本各地で甚大な被害をもたらす大規模災害が絶え間なく発生している。平成三十年（二〇一八）四月九日には島根県でも大田市東部を震源とするマグニチュード六・一、最大震度五強の地震が発生し、三瓶山を中心として市東部に大きな影響を及ぼしたことも記憶に新しいだろう。

災害には地震のほかに津波、火山噴火、洪水などの自然現象に由来するものだけでなく、火災などのように人的要因の関わりが強いものも含まれる。こうした多様な災害の状況については過去約千五百年間にわたって膨大な文献史料が残されているが、それ以前のことについては知ることができなかった。ところが、近年の発掘調査において災害の影響を被った遺跡が全国的に確認されるようになり、文献記録の無い古い時代の災害までわかるようになってきたのである。

ここでは、島根県内での発掘調査で確認された災害痕跡のわかる事例を紹介したい。

## 二．災害痕跡の概要

島根県では平成五年（一九九三）に松江市原《はら》の前《まえ》遺跡（図1・2）で古墳時代中期頃と推定される噴砂が初めて確認されたことを契機に、地震痕跡のわかる事例が次第に報告されるようになってきた。平成七年（一九九五）から平成十二年（二〇〇〇）にかけては、浜田市の古市《ふるいち》遺跡、横路《よころ》遺跡、川向《かわむこう》遺跡でも噴砂が確認され、明治五年（一八七二）の浜田地震の影響によるものと推定されている。それ以降、出雲市の山持川川岸《ざんもちがわかわぎし》遺跡（図3）、藤ヶ森南《ふじがもりみなみ》遺跡や江津市の森原神田川《もりばらじんでがわ》遺跡（図4）などでも噴砂の痕跡が見つかるようになる。

また、平成八年（一九九六）には松江市勝負《しょうぶ》遺跡で活断層によって約半

図1　原の前遺跡（松江市）噴砂

図2　原の前遺跡　折れ曲がった杭

分近くズレた竪穴住居跡や多数の地滑り面が発見された（図5）。古墳時代中期頃の遺跡であるが、当時暮らしていた人々は、大変驚いたに違いないだろう。この他にも安来市宮内《みやうち》遺跡や松江市出雲《いずも》玉作《たまつくり》跡でもズレた竪穴住居跡が見つかっている。

　このような地震による影響は、丘陵部の遺跡では断層や地滑り、地盤の軟弱な低地では液状化現象として認められることが多い。液状化は地下水を含んだ砂や礫などの堆積物が地震の震動によって流動化されて噴砂として吹き出す現象であり、震度五以上の揺れで発生すると言われている。液状化が確認された遺跡周辺は強い揺れに見舞われたことがわかる。現在までのところ地震痕跡が確認された遺跡は十七遺跡二十例であるが（表）、地震による津波の影響を受けた遺跡は発見されていない。

　次に洪水等の水害については、多くの文献史料に記されていることからも圧倒的に多い災害と言えるだろう。発掘調査においても洪水堆積層が確認される遺跡は多く、松江市原《はら》の前《まえ》遺跡や出雲市山持《ざんもち》遺跡などでは地震痕跡のほかに河川氾濫によって厚く堆積した洪水層も認められている。また、尼子氏、毛利氏、堀尾氏などの城下町遺跡として知られる安来市の富田川河床《とだがわかしょう》遺跡では、寛文六年（一六六六）の飯梨川の氾濫によって瞬時にして町並みが埋没したようである。

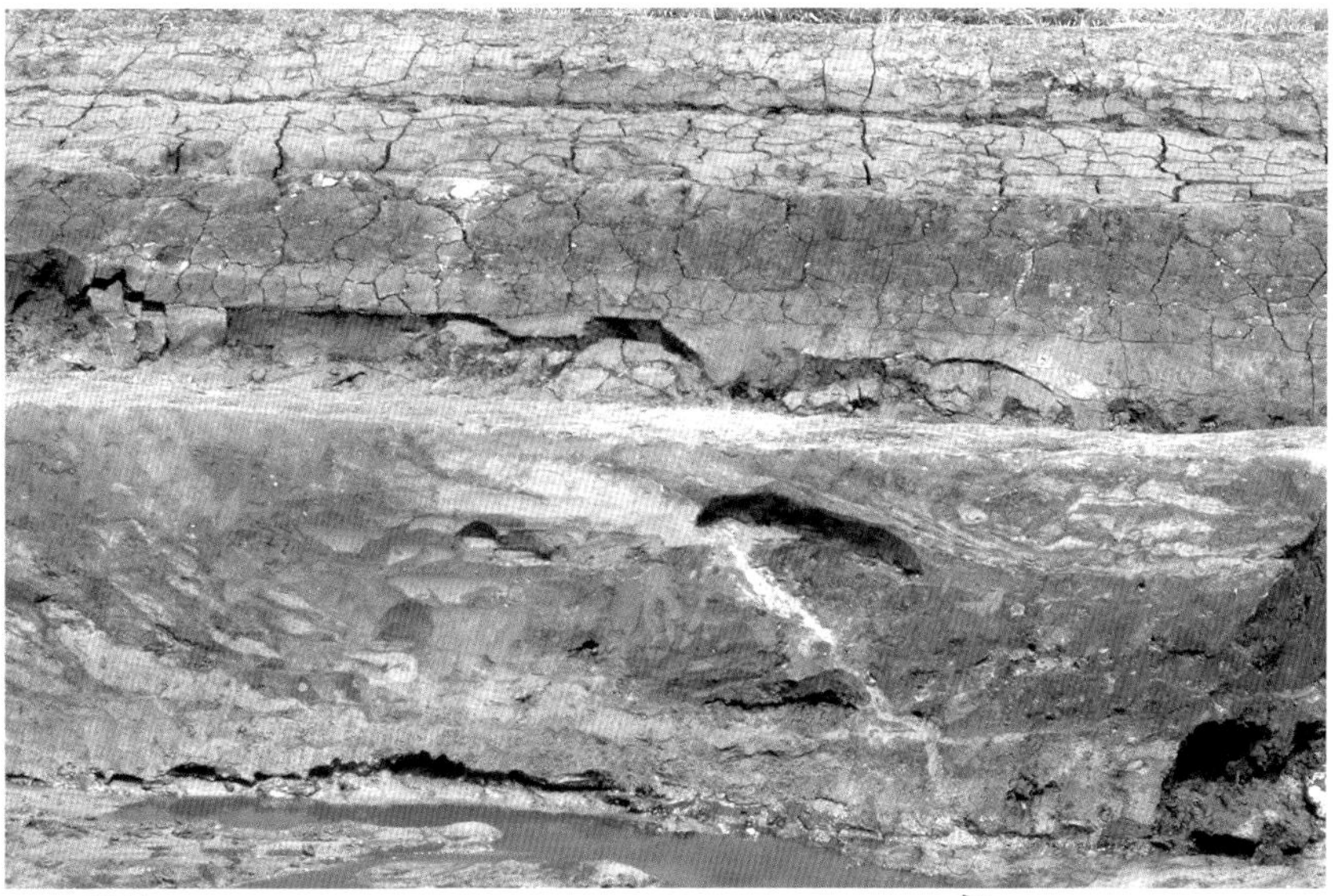


図3　山持《ざんもち》遺跡（出雲市）の噴砂の痕跡

　この他に火山噴火の影響を被った遺跡も少なからず存在している。島根県の中央に位置する三瓶山は、今から約十万年前に火山活動を始めた活火山で、縄文時代には三回の噴火が確認されている。その影響は三瓶山麓周辺はもとより神戸川下流域まで及び、飯南町の板屋《いたや》Ⅲ遺跡や出雲市の三田谷《さんただに》Ⅰ遺跡では厚い火山灰層に覆われていた。甚大な被害を被ったものと推測されるが、火山灰の上層から出土する遺物の様相から復興の長短はあれ、人々は活動を再開しているのである。

## 三．今後に向けて

　以上のように島根県の災害遺跡について簡潔に触れてみた。前述したとおり、近年、発掘調査によって全国的に災害痕跡が発見されるようになり、考古学的にも研究が進められるようになってきた。発掘調査の利点は、ある程度の範囲を面的に調査できることや遺構や出土遺物による層位的観察、遺物の編年等により具体的な年代観を押さえることができることにある。そうして得られた情報は、いつ襲ってくるか分からない災害に備えるための大きな手がかりになると言える。たとえば、液状化現象の噴砂が認められた地域では、同規模以上の地震が発生した場合、同様の被害が起こることも想定され、事前にその対策を講ずることも可能となる。そのためには、それぞれの地域において過去に起きた災害等について周知することも大切なことではないだろうか。

【出典】
図1～図5：島根県埋蔵文化財調査センター写真提供
図6：今岡一三「遺跡から見た災害の痕跡－島根県内の事例を中心に－」より
表：今岡一三「遺跡から見た災害の痕跡－島根県内の事例を中心に－」所収の表を一部加工

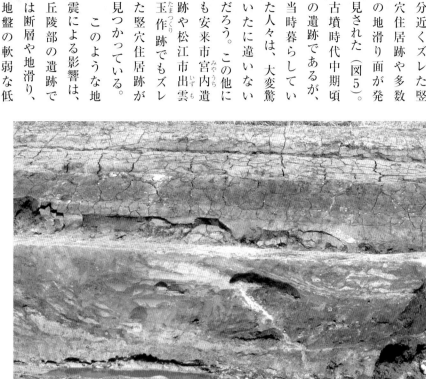

図4-1　森原《もりばら》神《じん》田《で》川《がわ》遺跡(江津市)の噴砂の痕跡(1)

図4–2　森原神田川遺跡(江津市)の噴砂の痕跡(2)

図5　勝負《しょうぶ》遺跡(松江市)断層でズレた竪穴住居

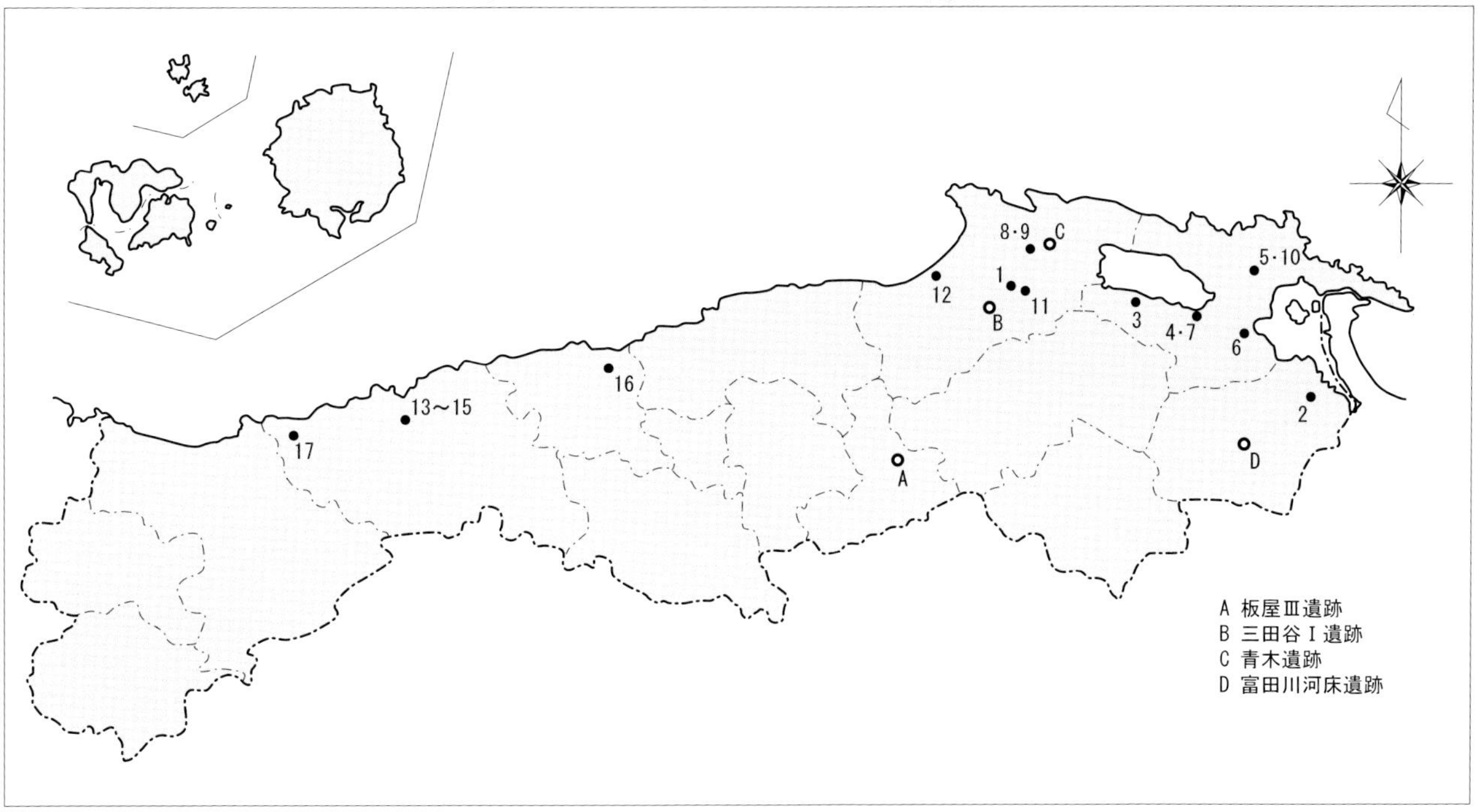


図6　地震痕跡がわかる遺跡位置図

表　発掘調査で確認された県内の地震痕跡

| №. | 遺跡名 | 所在地 | 立地条件 | 痕跡内容 | 地震の時期 | 備考 |
|---|---|---|---|---|---|---|
| 1 | 蔵小路西遺跡 | 出雲市渡橋町・小山町 | 低湿地 | 噴砂 | 縄文時代晩期以降 | |
| 2 | 宮内遺跡 | 安来市宮内町 | 丘陵上 | 断層 | 弥生時代後期以降 | 地滑りの可能性あり |
| 3 | 上野遺跡 | 松江市宍道町佐々布 | 丘陵上 | 断層 | 弥生時代後期以降 | 地滑りの可能性あり |
| 4 | 出雲玉作跡 | 松江市玉湯町玉造 | 低丘陵 | 地滑り | 弥生時代後期以降 | |
| 5 | 原の前遺跡 | 松江市西川津町 | 低湿地 | 噴砂 | ４世紀から６世紀 | |
| 6 | 勝負遺跡 | 松江市東出雲町揖屋 | 丘陵上 | 活断層 | 古墳時代中期以降 | |
| 7 | 平床Ⅱ遺跡 | 松江市玉湯町玉造 | 丘陵斜面 | 断層 | 古墳時代後期以降 | 地滑りの可能性あり |
| 8 | 山持川川岸遺跡 | 出雲市西林木町 | 低湿地 | 噴砂 | 古墳時代以降 | |
| 9 | 山持遺跡 | 出雲市西林木町 | 低湿地 | 噴砂 | 古墳時代～古代 | |
| 10 | 西川津遺跡 | 松江市西川津町 | 低湿地 | 噴砂 | ７世紀以降 | Ⅲ区・Ⅴ -4-1 区の２例 |
| 11 | 藤ヶ森南遺跡 | 出雲市今市町南本町 | 低湿地 | 噴砂 | 南海地震（1854）か<br>浜田地震（1872） | |
| 12 | 西安原遺跡 | 出雲市湖陵町三部 | 低湿地 | 噴砂 | 近世以降 | |
| 13 | 古市遺跡 | 浜田市上府 | 低湿地 | 噴砂 | 浜田地震（1872） | |
| 14 | 横路遺跡 | 浜田市下府 | 低湿地 | 噴砂 | 浜田地震（1872） | 土器土地区・原井ヶ市地区の２例 |
| 15 | 川向遺跡 | 浜田市下府 | 低湿地 | 噴砂 | 浜田地震（1872） | |
| 16 | 森原神田川遺跡 | 江津市松川町太田 | 低湿地 | 噴砂 | 18 世紀以降・浜田地震か | １区・２区の２例 |
| 17 | 普源田砦跡 | 浜田市三隅町岡見 | 丘陵 | 地滑り | 江戸時代後期 | 地震か不明 |

# 京都大地震と出雲

文政《ぶんせい》十三年（一八三〇）七月二日、京都付近を震源とする地震が発生した。この地震で京都では土蔵・門・塀等の倒壊が相次ぎ、二百八十名が犠牲となった。地震直後から各地である噂が飛び交った。地震の原因は、光格《こうかく》上皇が出雲大社から取り寄せたご神宝の琵琶《びわ》「谷風《たにかぜ》」を早くお返しにならないからだと…。突然の大地震に、多くの人々が出雲大社の神威を感じた。

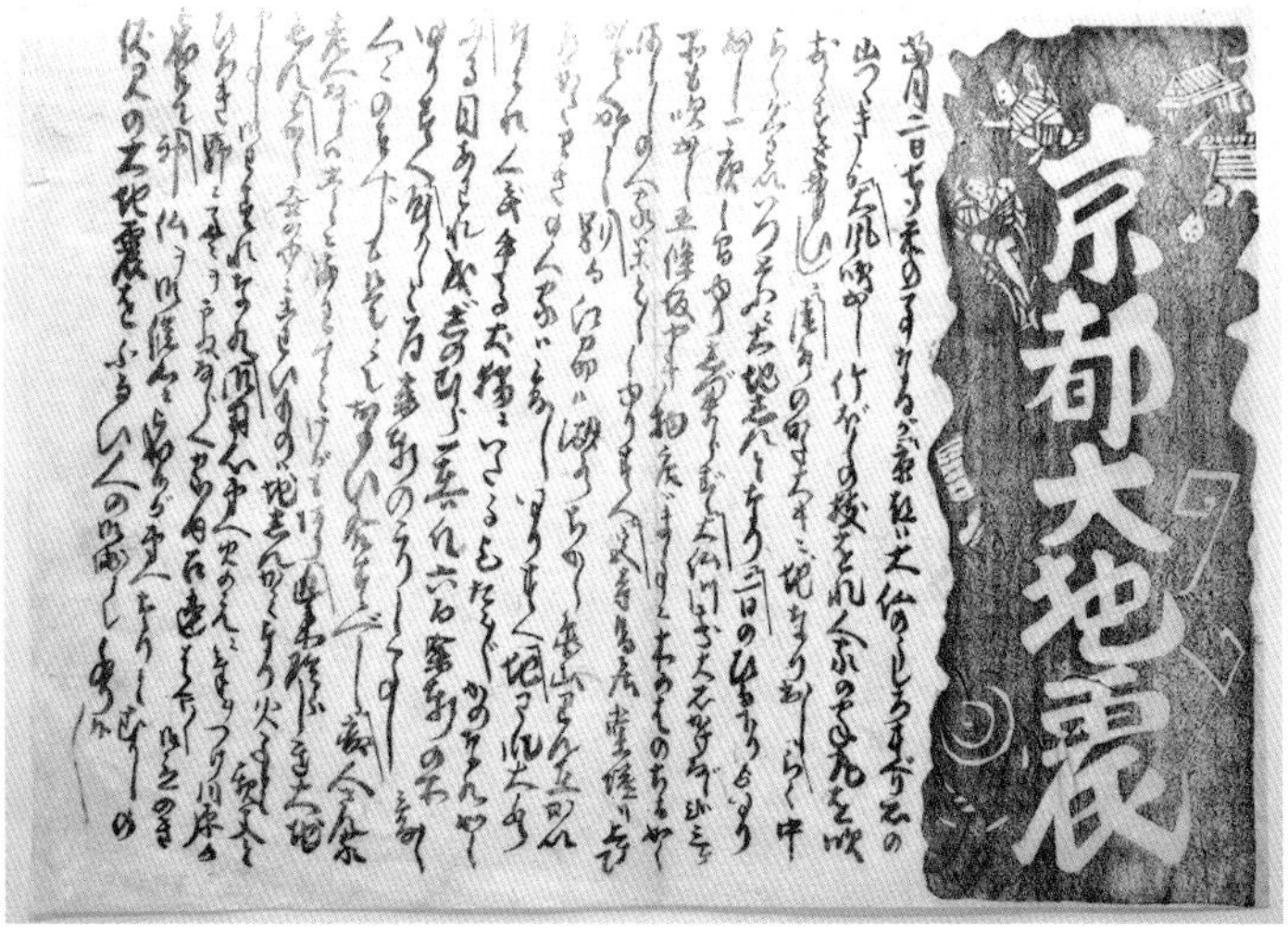

9　京都大地震（瓦版）
文政十三年（一八三〇）　山名隆三氏（山名新聞歴史資料館）蔵

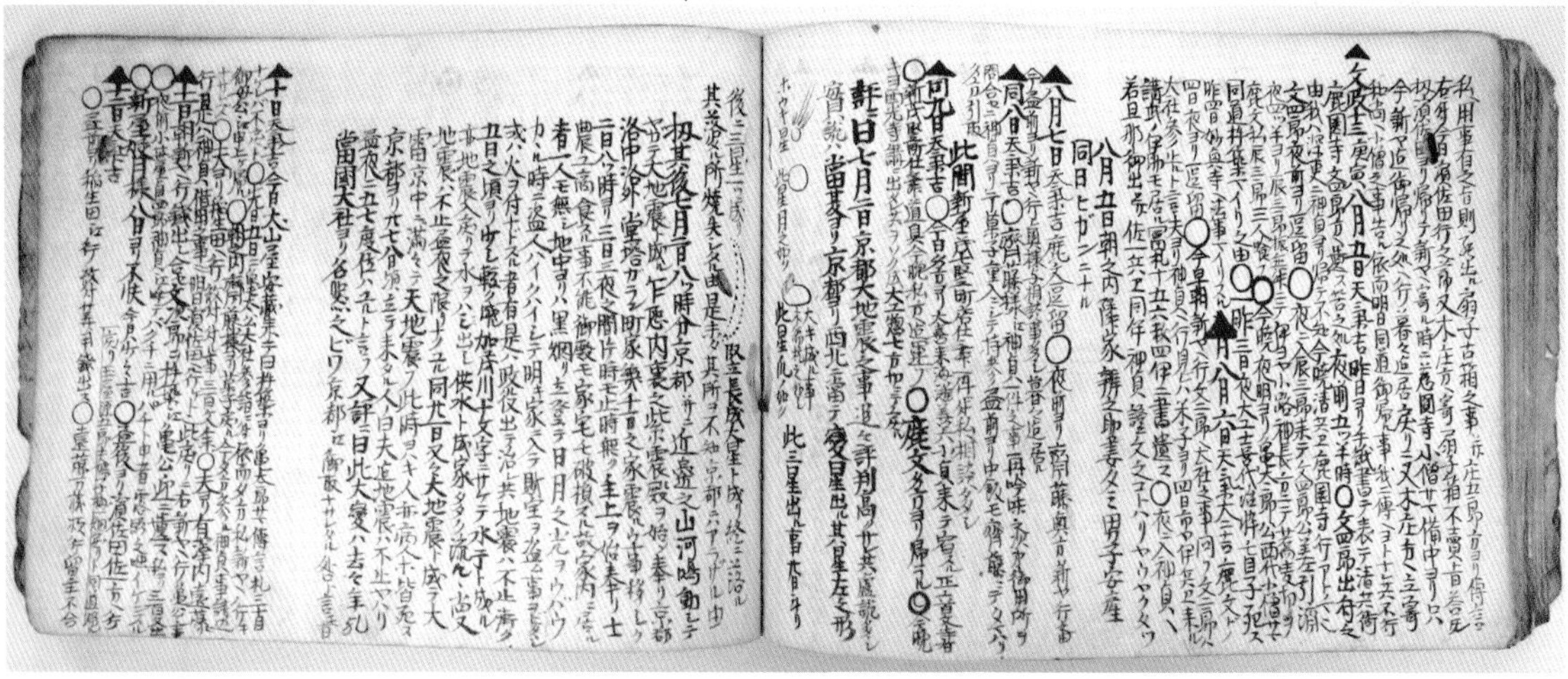

10　◇大保恵《おぼえ》日記（文政十三年八月九日条）
文政十三年（一八三〇）　信楽寺《しんぎょうじ》（松江市）蔵

【読み下し】

## 松江の町人が記録した「京都大地震」

扨其後七月二日八ツ時分、京都并ニ近辺之山河鳴動シテ、ヤガテ大地震ト成ル、乍恐内裏之紫震殿ヲ始メ奉リ、京都洛中洛外堂塔ガラン町家幾千百之家震ルウ事夥シク、二日八ツ時ヨリ三日三夜之間片時モ止時無ク、主上ヲ始奉リ、士農工商食スル事不能、御殿モ家宅モ破損スル故、家内ニ居ル者一人モ無シ、地中ヨリハ黒烟立登テ月日之光ヲウバウ、カ、ル時ニ盗人ハイクワイシテ明キ家ニ入テ財宝ヲ盗ム事ヲビタ、シ、或ハ火ヲ付ナドスル者有、是ハ政役出テ治レ共、地震ハ不止、漸ク五日之頃ヨリ少シ軽ク成ル、加茂川十文字ニサケテ水干ト成ル、亦地震入戻リテ水ヲハミ出シ供水ト成、家多流ル、、尚又地震ハ不止昼夜之限リナクユル、同廿一日又々大地震ト成テ大雷京中ニ満々テ天地震フ、此時ヨハキ人亦病人等皆死ス、ヤハリ昼夜ニ五七度位ハユルト言フ、又評ニ日、此大変ハ去々年歟、当国大社ヨリ名器之ビワ京都江御取ナサレタル咎ト言モ有、

【読み下し】（傍線は引用者による）

## 京都で流れていた地震のウワサ

一先般京地大地震、誠ニ古今無之騒動いたす由、（中略）、此地震大社之神宝御留被置候故、如此等と評判いたし候由、右ニ斗ニ而琵琶も俄ニ御下ケニ相成候様ニ専ラ申触候趣、双方而承ル、

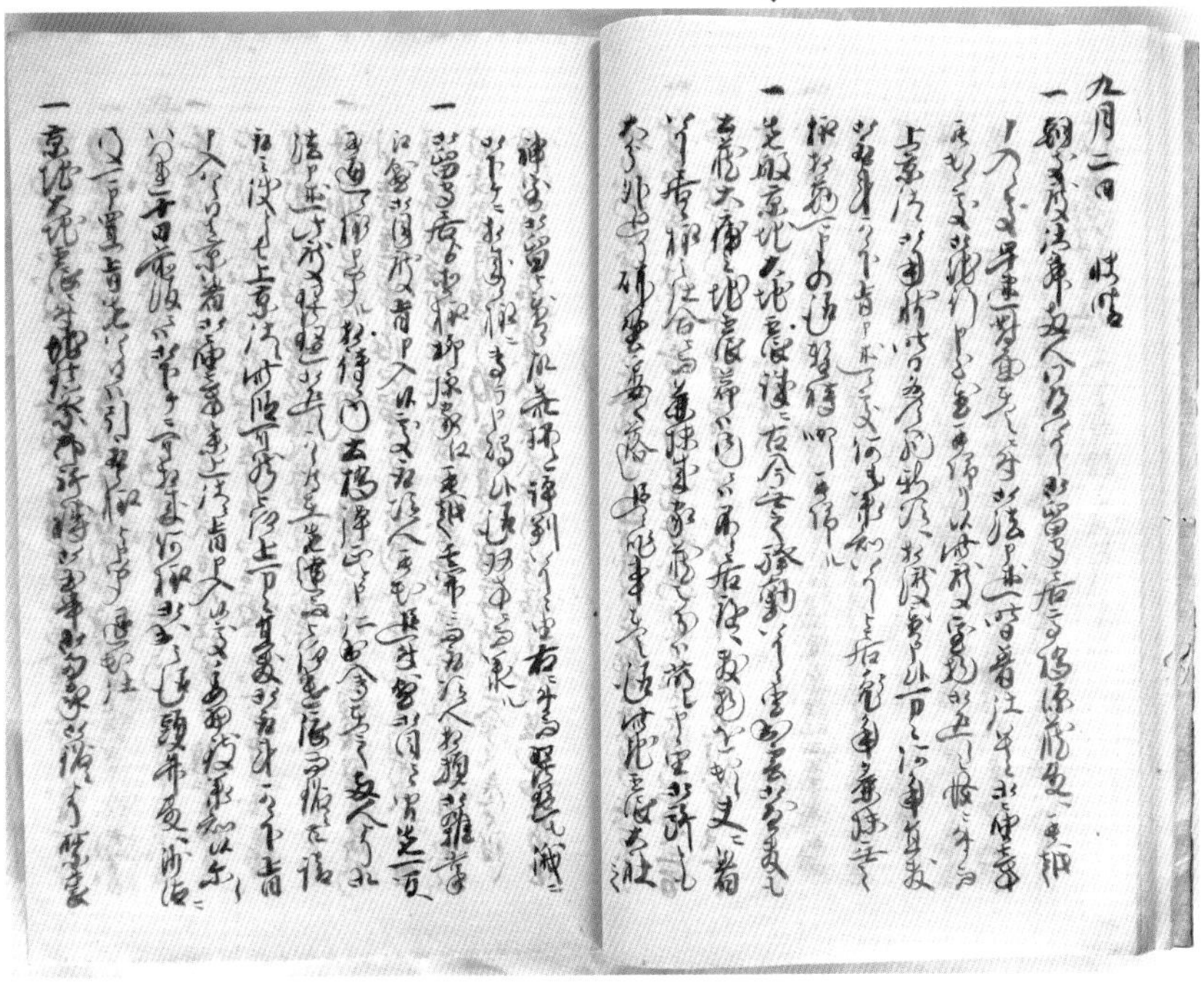

11　御神宝琵琶日記

文政十三年（一八三〇）　個人蔵

12　琵琶　谷風

平安時代～鎌倉時代（八世紀～十四世紀）　出雲大社（出雲市）蔵

コラム2

# 越後《えちご》地震《じしん》口説《くど》きと盆踊り

中安　恵一

## 一．越後地震口説きについて

文政十一年（一八二八）十一月、越後地方（新潟県）で大規模な地震が起きた。この地震は、マグニチュード六・九と推定される大地震で、家屋倒壊一万軒以上、死者は千五百人以上にのぼった。幕末の安政二年（一八五五）に作成された、国内の珍事を番付にした「大日本珍事一覧」によれば、この「越後大地震」は大関格に挙がっており、当時の一大事件であったことがうかがえる（図1）。この地震についてはまもなく山陰地方にも知れ渡った。たとえば、石見国銀山附幕領（以下、銀山御料）・波根《はね》東《ひがし》村（大田市）の庄屋による見聞録「観聴随筆《かんちょうずいひつ》」には「越後国大地震ニて夥敷損有《おびただしきそんじあり》」と記されている。

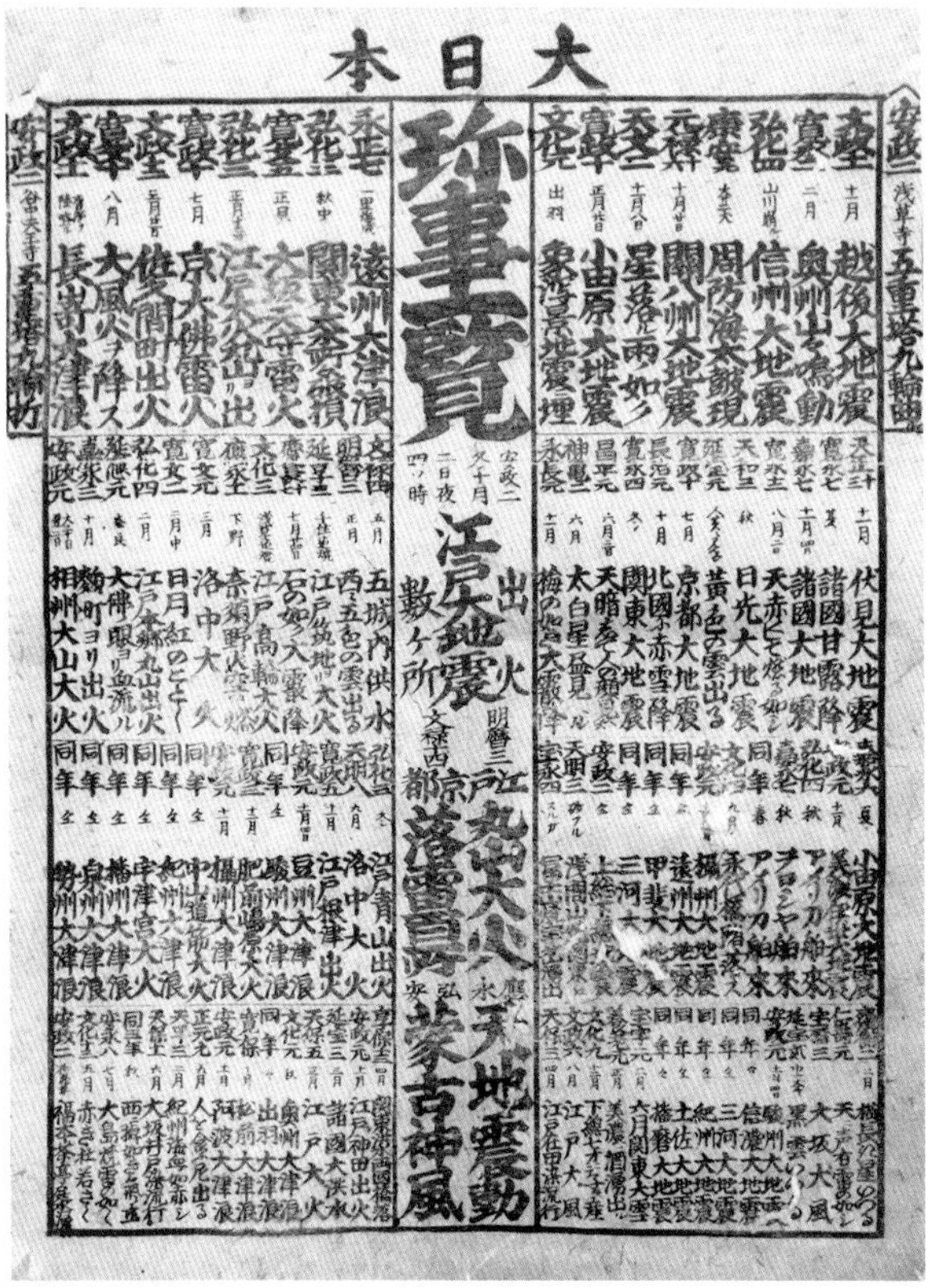


図1「大日本珍事一覧」安政二年（東京大学地震研究所蔵）

ところで、この一文は次のように続く。「地震くどきとて、くと《ど》き流行する」。この「地震くどき」とは、地元新潟の庄屋・斎藤真幸《まさち》なる人物が作った越後地震を題材とした口説《くど》き歌のことである。地震の事実のみならず、それを歌った歌が流行したことまでも石見にまで知れ渡ったのだった。

天地開きて不思議と言わば　近江湖駿河の富士は
たった一夜に出来たと聞いた　それは見もせぬ昔の事よ
ここに不思議は越後の地震　言うも語るも身の毛がよだつ
年は文政十一年の　頃は霜月中半の二日
朝の五ツと思しき頃に　どんと揺り来る地震の騒ぎ
たばこ一服落とさぬ内に　上《かみ》は長岡新潟かけて
中に三条今町三附　潰す後から一時の煙
それに続いて与板《よいた》や燕　在の村々その数知れず
潰す家数幾千万ぞ…

（一部現代仮名遣いに改変）

右はこの歌の冒頭部分の歌詞である。いかにも生々しい地震の様子が語られている。この口説きは非常に長いもので、歌詞の七七（右歌詞の一ブロック分）を一節とするとそれが三〇〇節近くに及ぶ。しかし、終始地震の様子について歌っているかというとそうではなく、そうした内容は前半の全体の三分の一に過ぎない。残りはというと「地震の原因は士農工商あらゆる身分の者から儒仏や神に至るまで全ての者が道にはずれて奢《おご》りにふけっている報《むく》いである」という、社会の頽《たい》廃《はい》に対する説教文句が長々と語られている。

さて、この俗謡は瞽女《ごぜ》らによって歌い広められたが、それとともに流行の一翼を担ったのが書物であった。地震の翌年、作者の真幸はこの俗謡を『瞽女口説《ごぜくどき》地震身の上』として新潟で出版した（図2）。さらに、内容を改変して挿絵を加えたよりビジュアルな類本『越後地震口説』も別の者によって出版され（作者は不明）、こうした書物によって越後地震口説きは広く流布していった。江戸へもすぐに広まり、たとえば戯作者の滝沢馬琴《たきざわばきん》も出版後まもなくこの板本《はんぽん》を入手している。かわら版同様、災害について記した書物は多くの人々の関心を惹きつけたのであった。こうして、越後地震口説きもまた、出版地である越後地方を〝震源〟として全国に広まっていった。

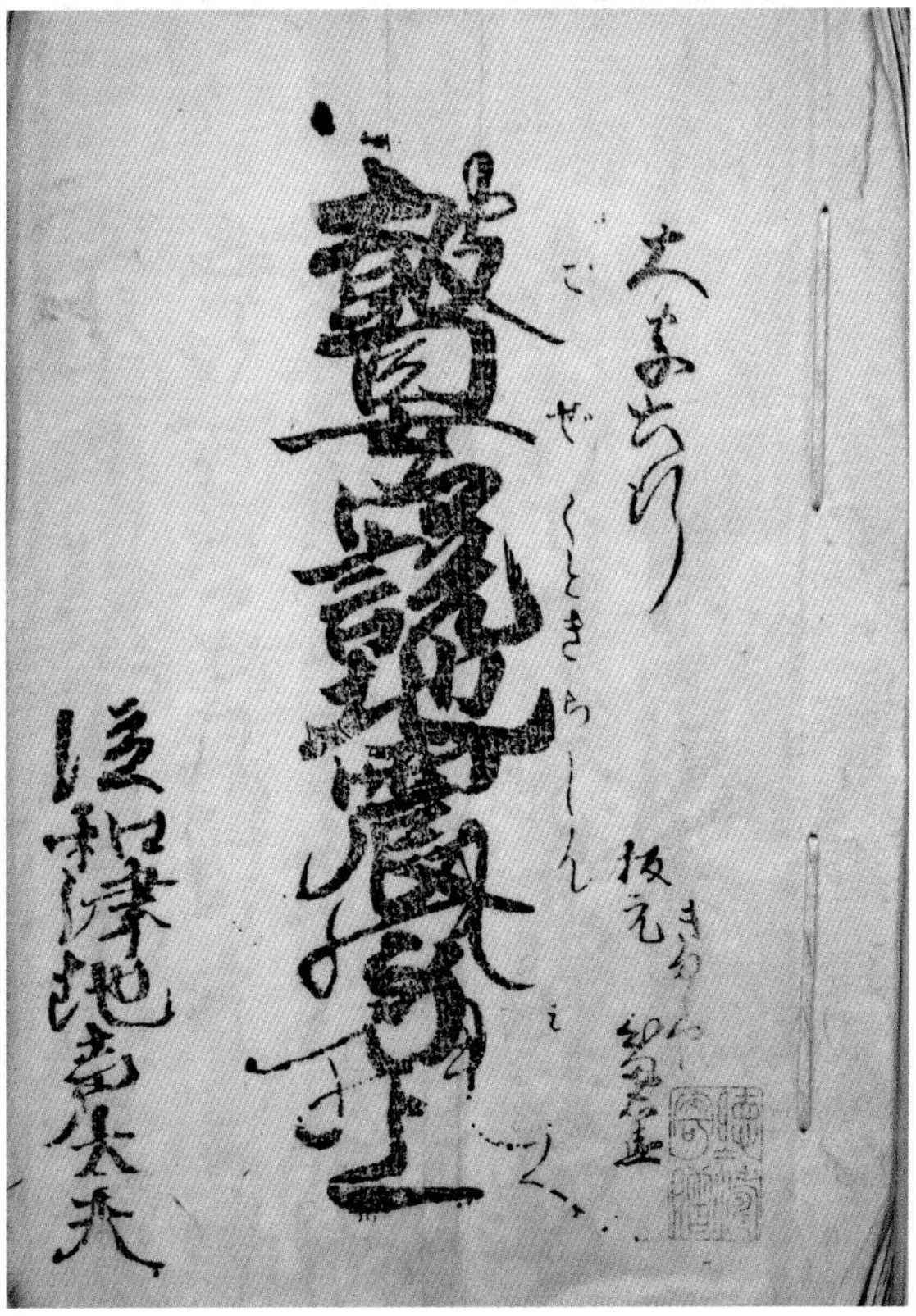
図2『瞽女口説地震身の上』　文政十二年（東京大学地震研究所蔵）

## 二．島根県内に残る越後地震口説き

当時の流行の様子は、この出版物がどれほど書写されたかによっても推し量ることができる。〝震源〟地の越後地方では越後地震口説きの写本が複数確認されているが、ここ島根県内でもまた江戸時代の写本がいくつか残っている。現在のところ筆者が確認しているのは、表1の通り七冊である。

時期的には天保期（一八三〇〜四四）、すなわち『瞽女口説地震身の上』出版から四〜十五年以内の写本がほとんどである。伝来地域は出雲東部から石見西部まで広域にわたり、また海岸部・山間部問わず確認できる。

次に、書写した人物に目を向けると、その職業は百姓や村役人、医者、神職、石見銀山の役人な

表1　島根県内に残る「越後地震口説き」写本一覧

| 番号 | 外題 | 内題 | 書写年 | 書写した人物 | 伝来地（地域／村） |
|---|---|---|---|---|---|
| ① | 越後国地震くどき | 越後の地震くどき | 天保 4年(1833)3月 | 百姓 | 石見東部／馬路村<br>(現大田市仁摩町) |
| ② | 越後乃国地震口説 | - | 天保 4年(1833)3月 | 大森銀山附同心 | 石見東部／大和村<br>(現邑智郡美郷町) |
| ③ | 越后国大地震瞽女口解 | 越後国地震大変瞽女口解 | 天保 7年(1836)5月 | 医者 | 出雲東部／大塚村<br>(現安来市) |
| ④ | 越後口歌 | 越後地震瞽女小唄新板流行 | 天保14年(1843)2月 | 神職 | 出雲西部／野尻村大歳神社<br>(現出雲市野尻町) |
| ⑤ | 地しんくとき | 越後地しん口説 | 天保15年(1844)5月 | 村役人 | 石見西部／都茂村<br>(現益田市美都町) |
| ⑥ | 越後地震記 | - | 安政 3年(1856)秋 | - | 石見東部／上野村<br>(現邑智郡美郷町) |
| ⑦ | 越后国地震口解 | - | 文久 2年(1862)3月 | 村役人 | 出雲東部／東長江村<br>(現松江市東長江町) |

ど様々である。このことは当時様々な身分、職業の人にまで広く流行していたことを教えてくれる。さらに興味深いのは、銀山御料内の写本である①と②の書写年月がまったく同じである点である。これらの元となる何らかの書物がこの時期、銀山御料内で流通していた可能性が高い。

　このように、出雲や石見においても、その伝播、流行に書物が与えた影響は大きかったとみられる。

## 三．盆踊り歌

その影響は意外なところにまで及んでいる。島根県内では、現在でも口説き歌を盆踊り歌として歌う地域が見られるが、かつては越後地震口説きもまた口説き歌の一つとして歌われていた。いまに残る盆踊り口説き歌としては、浄瑠璃や歌舞伎の演目を題材とした鈴木主水《すずきもんど》や安珍清姫《あんちんきよひめ》、那須与一《なすのよいち》などが主流だろうが、かつては今よりも多彩な口説き歌が県内各地にあったのである。

　盆踊りで越後地震口説きを歌っていた事例をいくつかを挙げると、表1の①の写本の残る馬路《まじ》（大田市仁摩町馬路）では昭和初期の盆踊り音頭集に収録されているし（列品番号13）、同⑥の残る大和《だいわ》（邑智郡美郷町）でも『大和村誌』に盆踊り歌として紹介されている。また、昭和十二年（一九三七）刊行の『邑智郡誌』では、盆踊りについて「口説はその種類甚だ多く、十種以上もあるその中石堂丸《いしどうまる》、安珍清姫、越後地震句説、お艶口説等よく唄はれて居る」と、越後地震口説きが広く歌われていたことを伝えている。

　このように、盆踊り歌としての越後地震口説きは県内では特に石見地方でよく伝わったようである。とは言え、これが石見地方だけに見られた特色だった訳では必ずしもない。県外でも盆踊り歌「越後地震口説き」を伝える地域は散見され、たとえば広島県の世羅《せら》郡や山県《やまがた》郡、新潟県佐渡、大分県南海部郡、宮崎県日向北部などを挙げることができる。

　越後地震口説きが盆踊り歌として歌われ始めた時期は定かではないが、これらが出版されて間もない幕末頃にはすでに行われていたとみられる。と言うのも、周防地方（山口県）では、天保八年（一八三七）の「越後地震音頭」（多賀社文庫、山口県文書館所蔵）なる写本が残っているが、この写本の歌詞が越後地震口説きそのものである一方、表題は「音頭」とあって、当時すでに何らかの芸能に用いられていたと考えられるためである。このように、近世後期から明治時代にかけて、越後地震口説きは流行歌を次々に盆踊りに採用していく民衆の気運のなか、歌舞伎や浄瑠璃歌同様に各地で定着していったものと見られる。

　越後地震という出来事には、瞽女歌として歌われ、また書物として流布し、ときには盆踊りの娯楽的要素として取り込まれるなど、その姿を変えながらも受け継がれた歴史があった。

【参考文献】
ジェラルドクローマー『幕末のはやり唄』名著出版、一九九五年
中安恵一「地域に知れ渡る越後地震口説」『石見銀山ことはじめⅡ　水』大田市教育委員会、二〇一九年

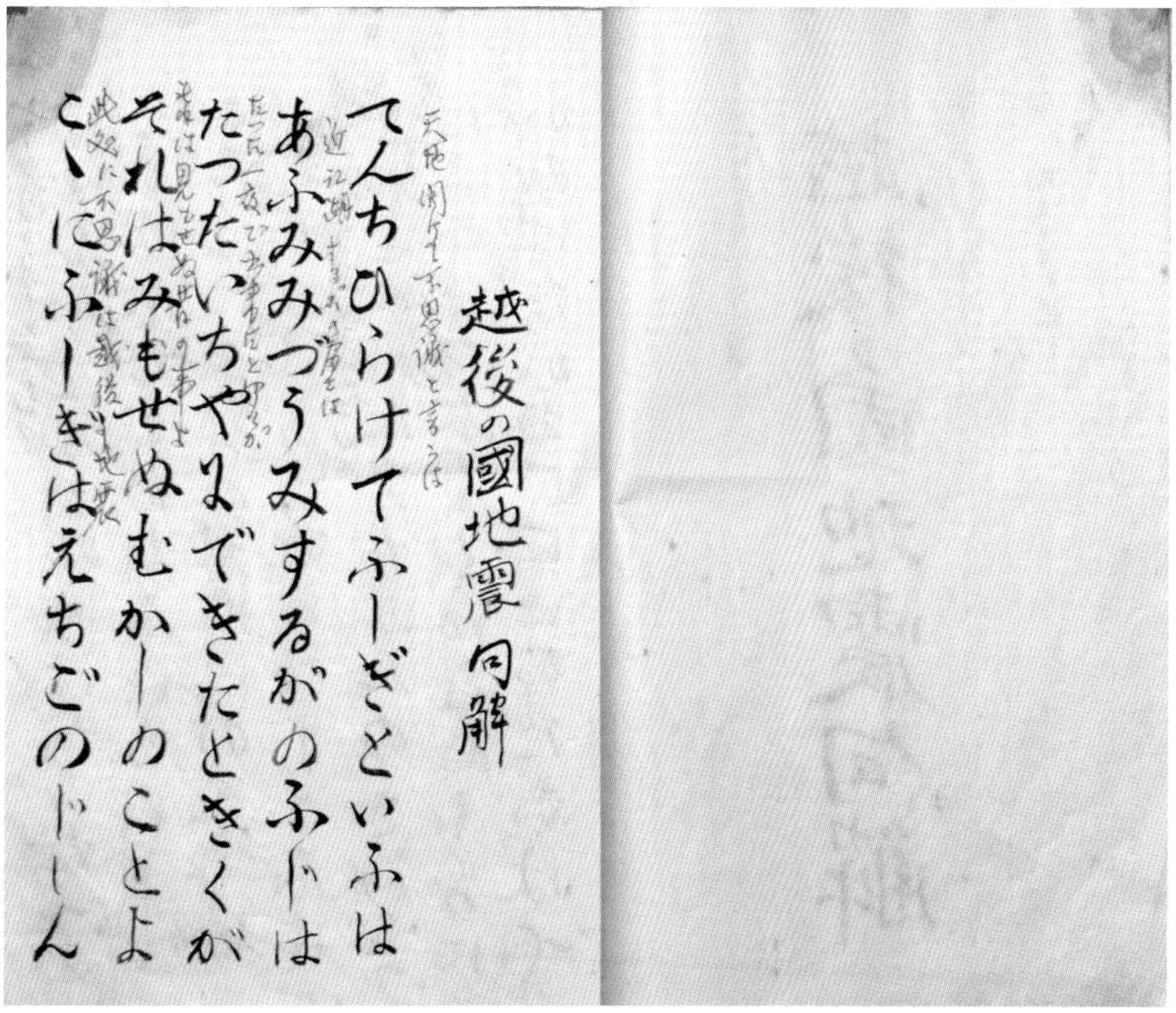
越後の國地震口解

てんちひらけてふーぞといふは
あふみみづうみするがのふドは
たつたいちやまできたときくが
それはみもせぬむかーのことよ
こいにふーきはえちごのドしん

13　**越後国地震口説**　(『盆踊り音頭集第二集』のうち)
昭和五年(一九三〇)　琴ヶ浜盆踊り保存会(大田市)蔵

**琴ヶ浜盆踊り**(平成三十年撮影)

# 薄氷の思いをなす　山陰の津波災害

天保《てんぽう》四年（一八三三）十月二十六日の午後、津波が隠岐国を襲った。午後三時から五時頃に「俄《にわか》ノ大潮」となって海辺の田が水没。日暮れ時には「満干音高ク、山も崩るゝばかり」となり、海辺の人家も浸水した。体験者は「一統薄氷のおもひ」をしたと書き残している。この津波は山形県庄内沖を震源とする地震で発生し、隠岐国では人命に被害は無かったものの、東北地方などで約百五十人もの犠牲者が出た。

島根県内では、文献では江戸時代以前に四回の津波到来が伝わっている。ただし、詳細な記録が確認されているのは、この天保四年の津波だけである。

参考8　島根県に到達した記録のある津波一覧（江戸時代以前）

| 発生<br>年月日 | 西暦 | マグニチュード | 震源 | 津波到達地域<br>（島根） | 備考 | 津波情報の出典 |
|---|---|---|---|---|---|---|
| 万寿<br>3年5日23日 | 1026 | ? | ? | 石見西部一帯 | 事実かは要検証 | 石見八重葎など |
| 寛保<br>元年7月19日 | 1741 | ? | 渡島《おしま》大島付近<br>（北海道） | 隠岐 | 北海道渡島半島西岸～津軽～佐渡～能登半島～朝鮮半島まで広範囲で津波観測 | 年代記（崎渡辺家文書） |
| 宝暦<br>12年9月15日 | 1762 | 7.0 | 佐渡近海 | 江津 | 寛保元年の津波記事とする説もある | 笈埃随筆 |
| 天保<br>4年10月26日 | 1833 | 7.5 | 山形県沖 | 隠岐、七類 | | 列品番号14、境港沿革史 |

参考：渡辺偉夫編『日本被害津波総覧［第2版］』、都司嘉宣ほか「百井塘雨著『笈埃随筆』に記された海嘯記事について」

参考9　寛保元年（一七四一）に日本海沿岸を襲った津波　（北海道旧纂図絵・函館市中央図書館提供の画像を一部加工）

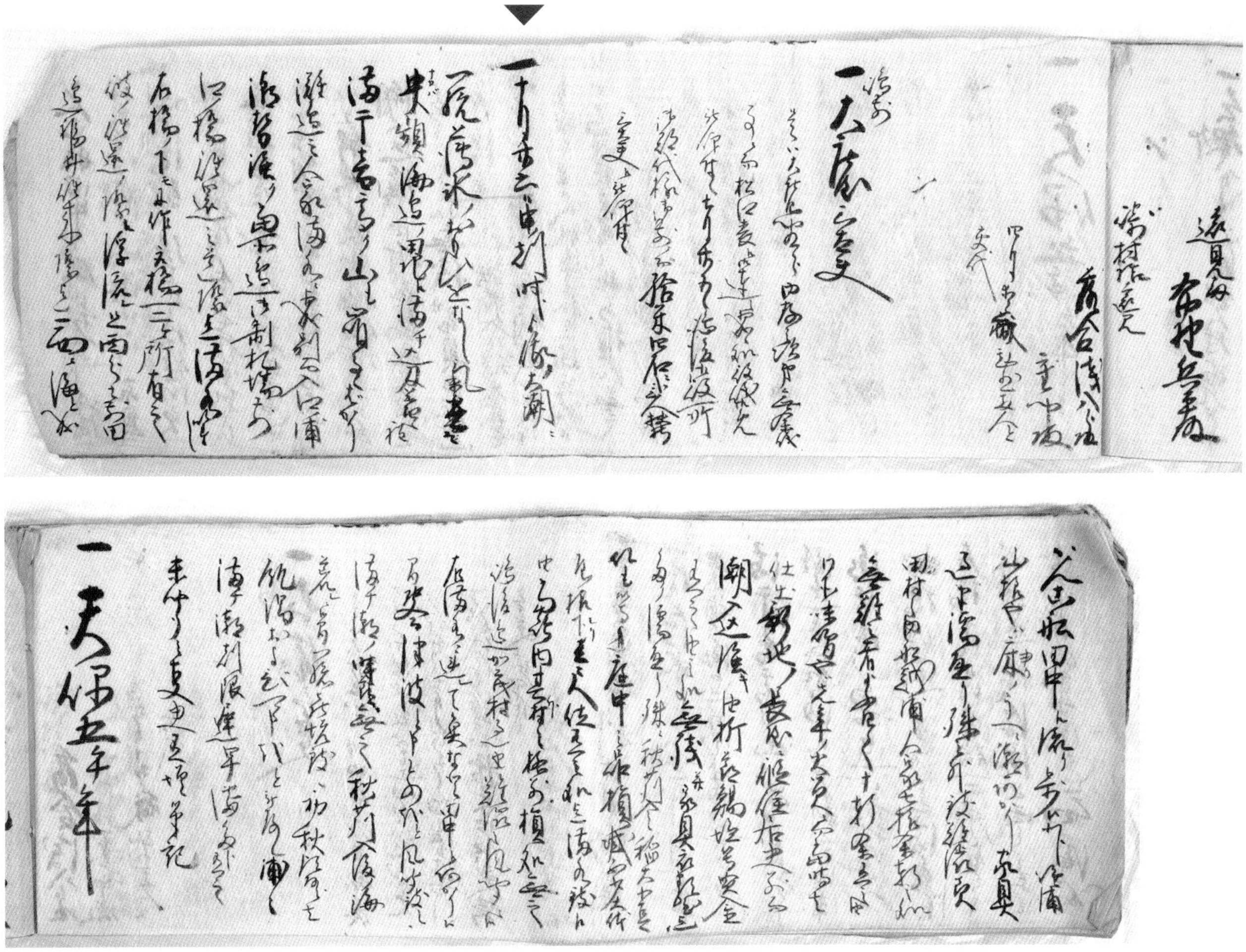

14　堀尾帯刀《ほりおたてわき》様御時代より以来当国御役人御吏代覚（天保四年津波の記録）
天保六年（一八三五）以降　海士町教育委員会蔵

【読み下し】

## 天保四年津波の記録

一十月廿六ハ申ノ刻時分より俄ノ大潮ニ、一統薄氷のおもひをなし気遣之央《ナカバ》、頻ニ海辺ノ田地江満テ込、及暮ニ程満干音高ク、山も崩る、ばかり、灘辺之人家満水ニ相成、別而入江浦潮勢強ク、当所辺御制札場前江ノ橋往還之道際迄満水いたし、右橋ノ下モ舟作取橋一ニケ所有之、彼ノ往還ノ際江浮流レ、且西分ハ前田辺、福井往来際迄一面ニ海と成、かんこ船、田中江流リ寄候、北分唯浦山根や《（屋）》ハ床ノうへニ潮あかり、家具過半濡通リ、殊之外致難渋、美田村之内船越浦人家七拾余軒之処、無難之者よふやく十軒余有之之由、同所味噌や《（屋）》ハ先年ノ火災ニ而当時ハ仕出新地ノ長屋ニ仮住居ゆへ、別而潮入込強キ由、折節鰑《（するめ）》・塩等買入置有之由之処無残、并家具・衣類至迄多ク濡通リ、殊ニ秋苅入之稲・大小豆・いも等、庭中之品損減不少、大体屋根下《シタ》壱尺位有之処迄満水致候由、当嶋内其外村々格別之損処無之、嶋後辺加茂村過半難渋之風聞ニ候、右満水ニ連レて、魚なと田中江あかり候間、決而津波と申もの哉と風聞致し候、満チ潮ノ時節無之、秋苅入後ノ海荒ニ候間、一統喜悦致候、初秋頃ならは飢渇およひ可申哉と被存候、浦々満チ潮刻限遅早之処、多分有之、未聞之事ゆへ、有増筆記

# 幕末の地震と島根

幕末の日本列島では地震が多く発生した。特に嘉永《かえい》七年（安政《あんせい》元年・一八五四）十一月四日に遠州灘《えんしゅうなだ》沖で発生した安政東海地震、その三十二時間後に紀伊半島沖で発生した安政南海地震、そして翌年十月二日に江戸で発生した安政江戸地震が規模・被害とも大きく有名である。

安政江戸地震直後には、江戸の市内に大量の鯰絵《なまずえ》が出回った。なかには、地震の発生が神無月《かんなづき》であったことに寄せて、鹿島大明神《かしまだいみょうじん》たちが出雲国へ行って留守の間に鯰が暴れて地震が起こったというパロディーもある。

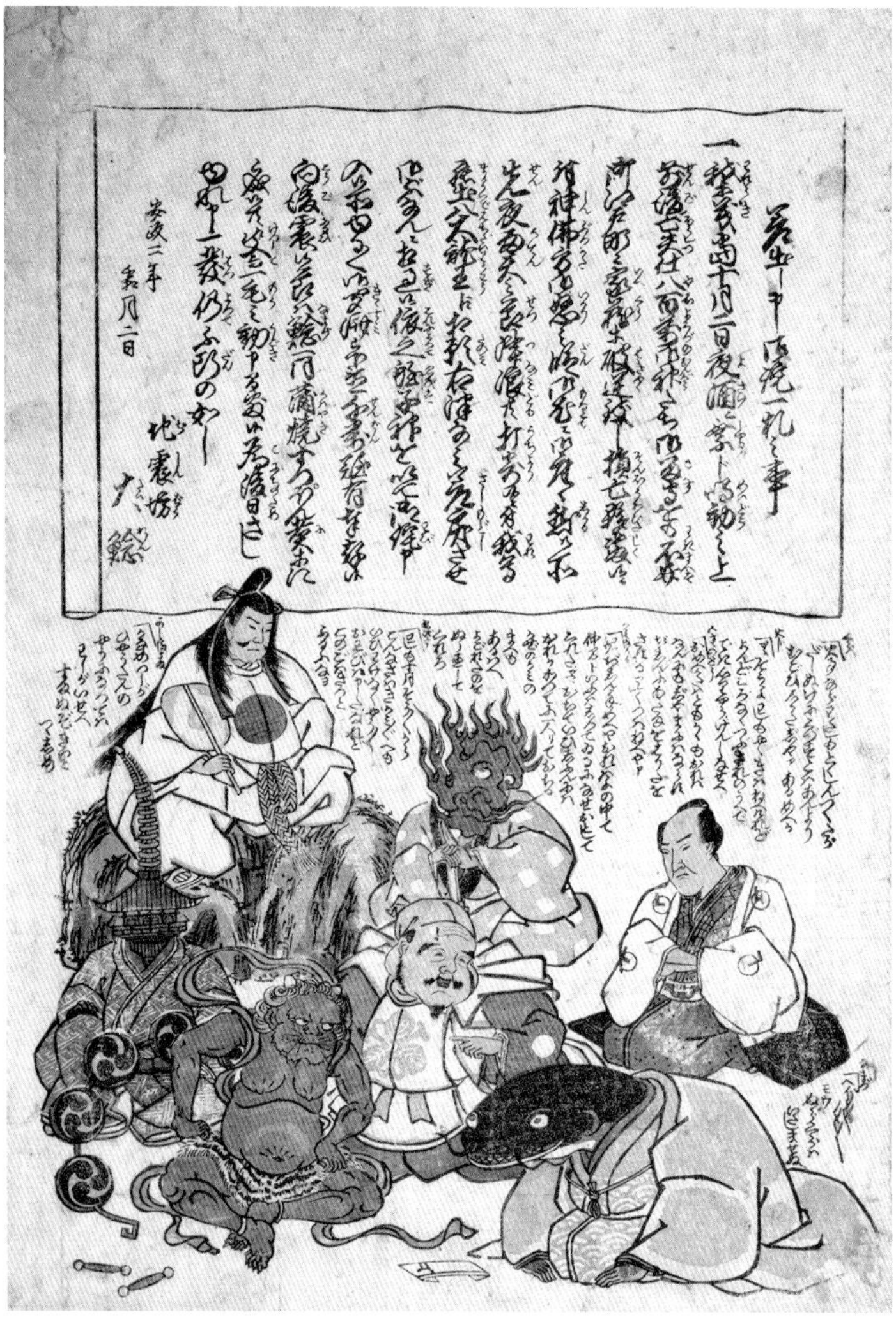

15-1　差出《さしだ》し申御詫一札《もうすおんわびごといっさつ》之事《のこと》(鯰絵)

江戸時代末期（十九世紀）　当館蔵

15-2　恵比寿天申訳之記《えびすてんもうしわけのき》(鯰絵)

江戸時代末期（十九世紀）　当館蔵

# 島根の人々の地震体験

安政南海地震では震源から遠く離れた出雲平野でも建物の倒壊や液状化現象による噴砂などの被害が生じた。また、大坂に停泊していた石見銀山領の船舶も津波による被害を受けた。

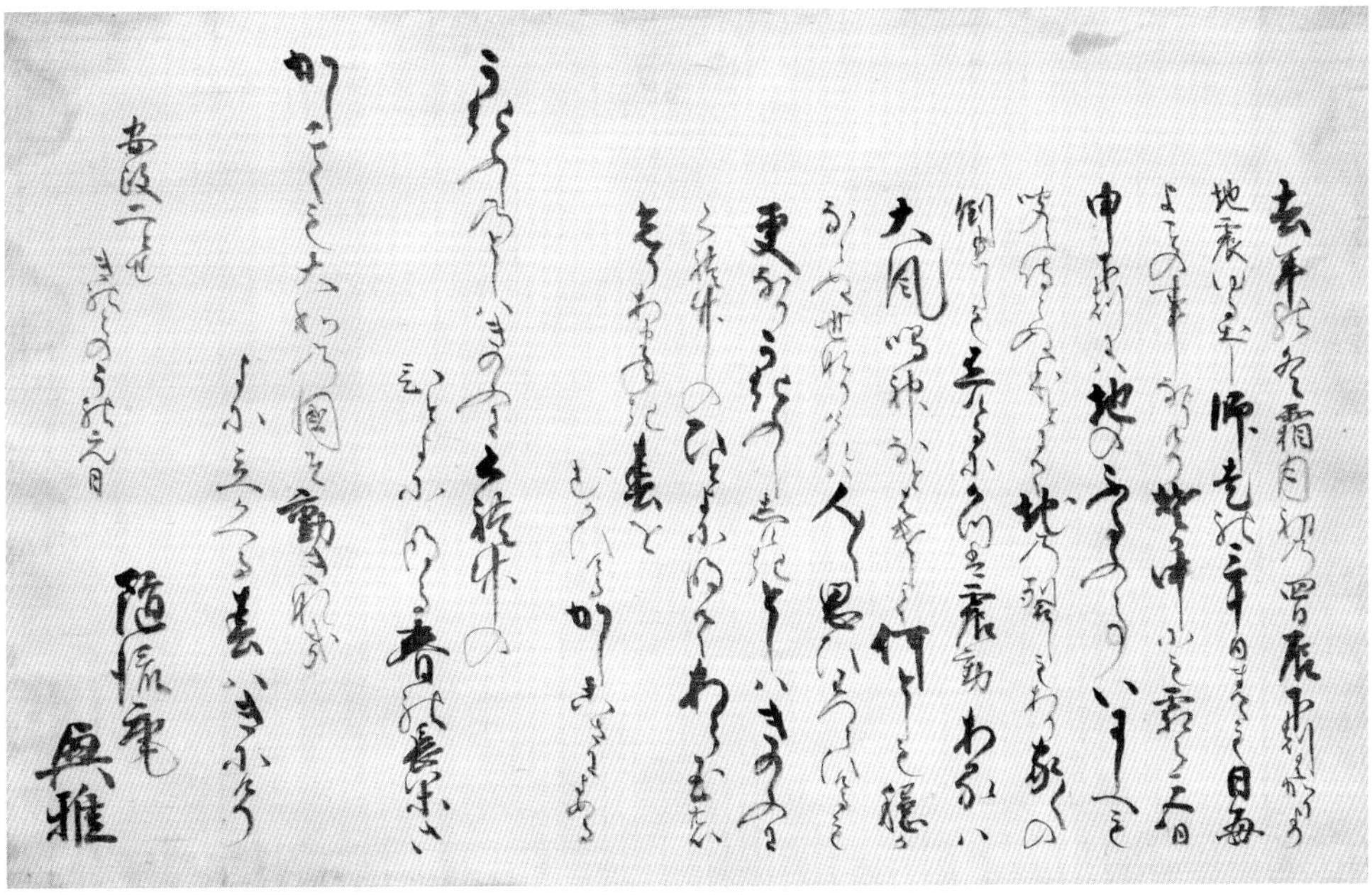

16　山田《やまだ》興雅《おきまさ》和歌（地震の沈静化を祈った和歌）
安政二年（一八五五）　個人蔵

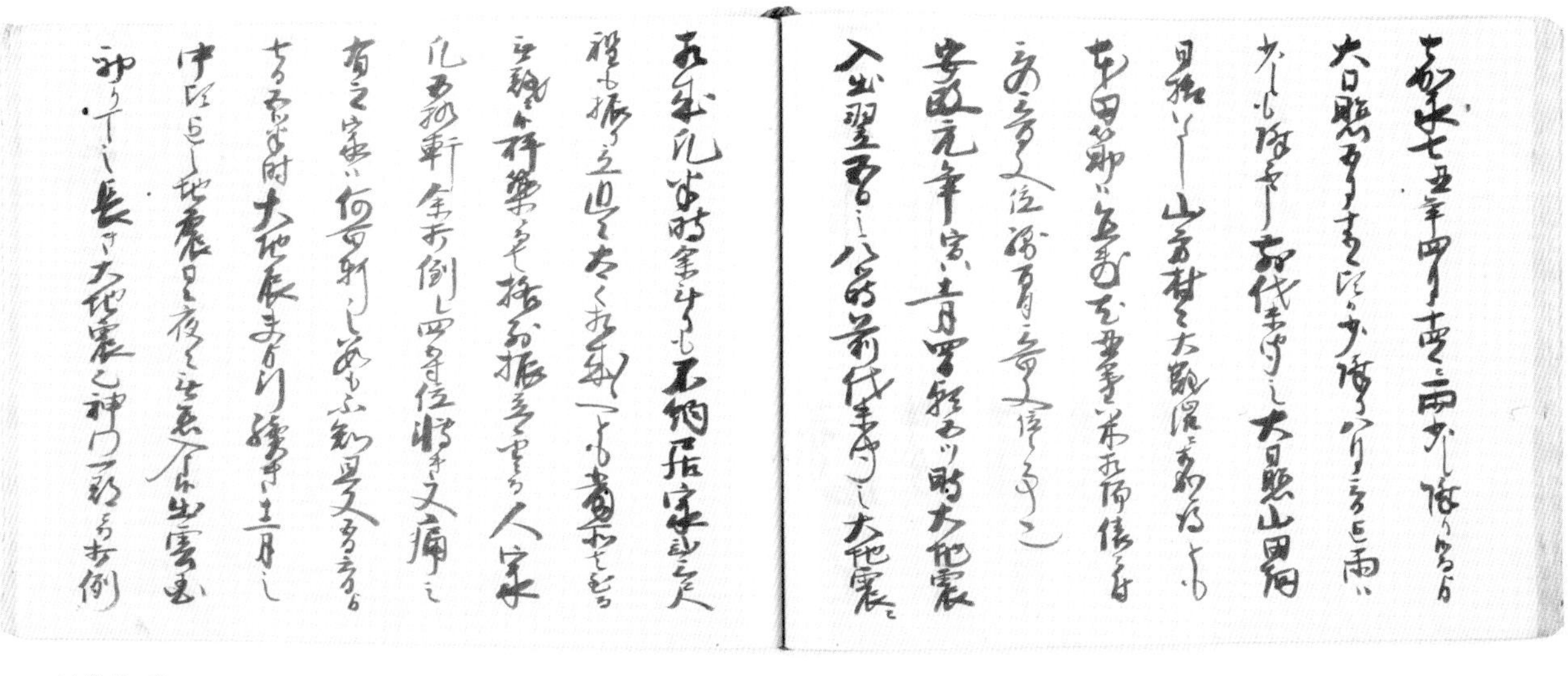

17　永代日記《えいだいにっき》（安政南海地震による出雲国の被害を記録）
天保十三年（一八四二）～安政四年（一八五七）　個人蔵　出雲市写真提供

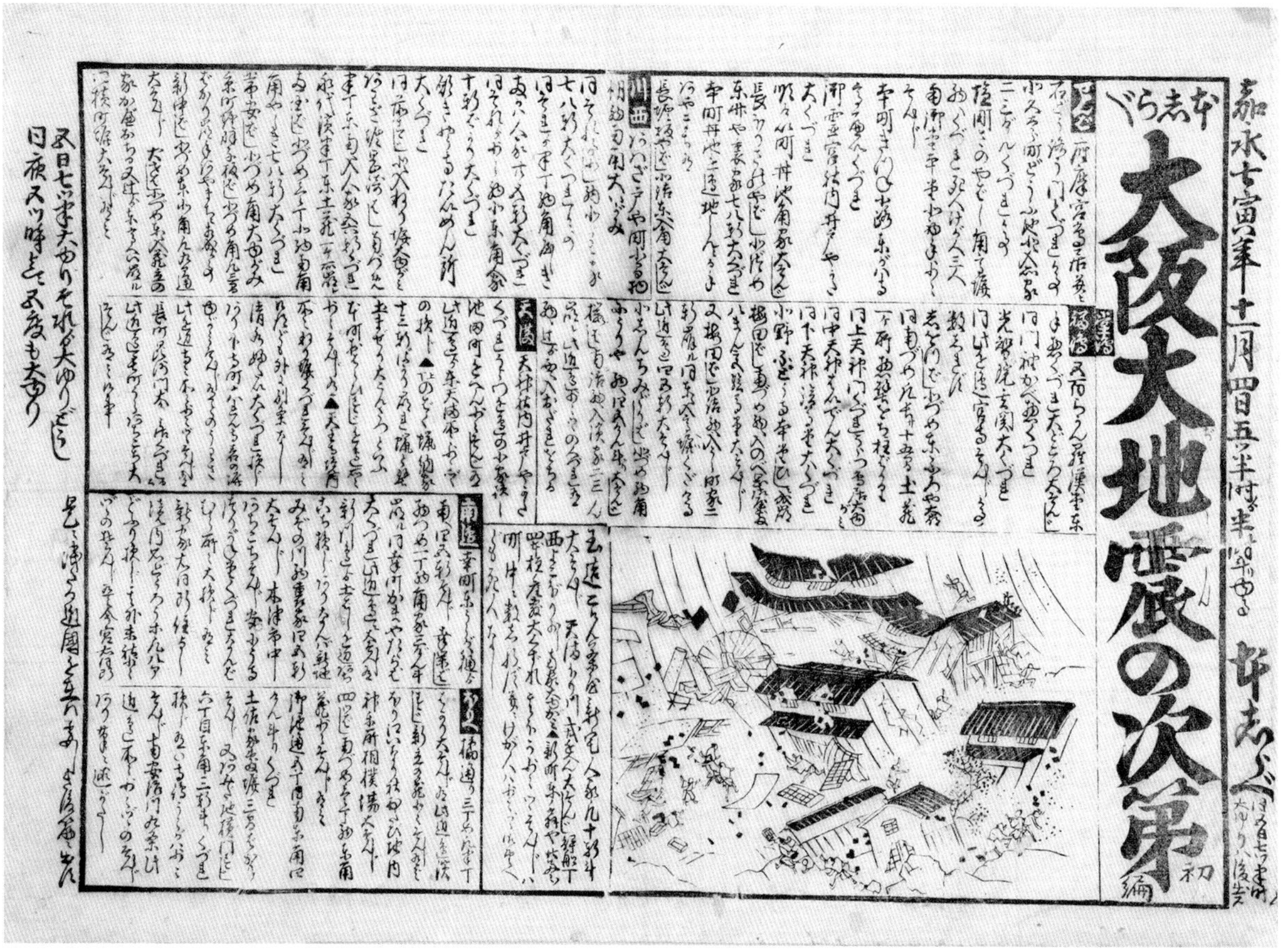


18　大阪大地震の次第（瓦版）

嘉永七年（一八五四）　公益財団法人絲原記念館（奥出雲町）蔵

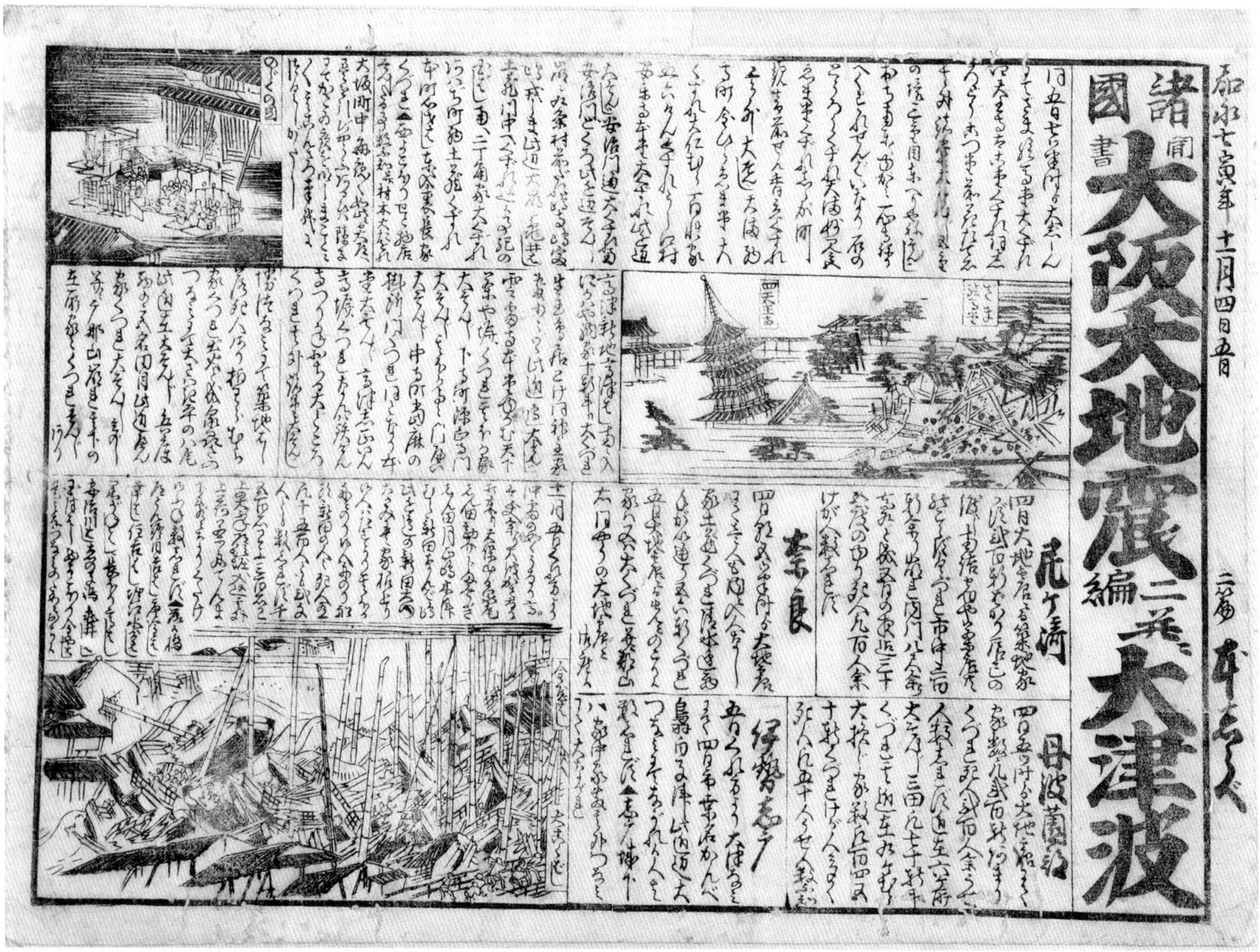


参考10　大阪大地震二編幷ニ大津波　公益財団法人絲原記念館（奥出雲町）蔵

# 浜田地震
## 近代日本が経験した初めての震災

明治五年（一八七二）二月六日（旧暦）の午後五時頃、浜田市沖の日本海を震源として発生した浜田地震（推定マグニチュード七・一）では、石見国を中心に死者五百名以上を出す大きな被害が生じた。記録に残る中では島根県で最悪の地震災害である。明治維新を迎えた日本が最初に体験した大規模地震災害を、石見の人々はどのようにして乗り越えたのであろうか。

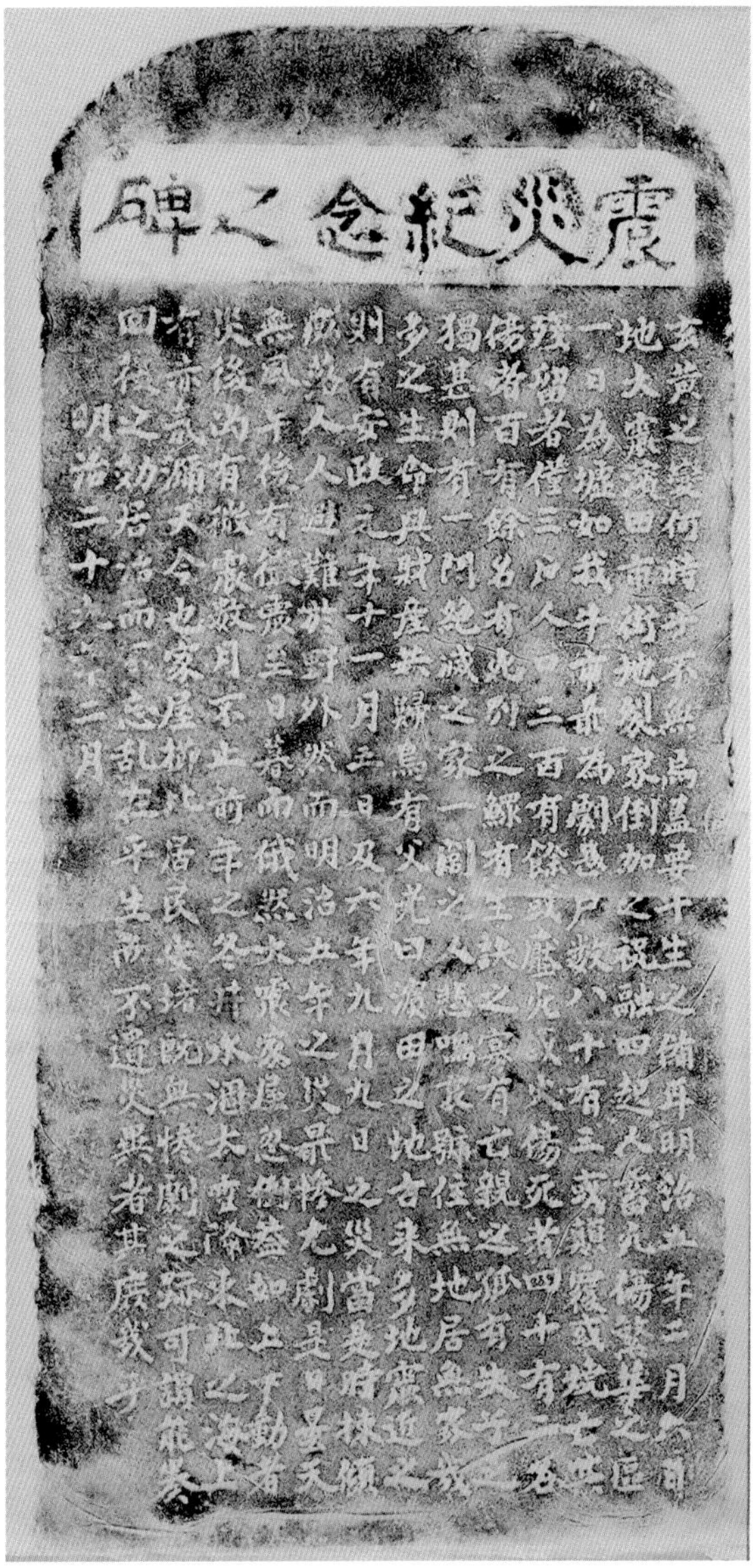


**19　震災紀念之碑（拓本）**
明治二十九年（一八九六）　浜田市立中央図書館蔵

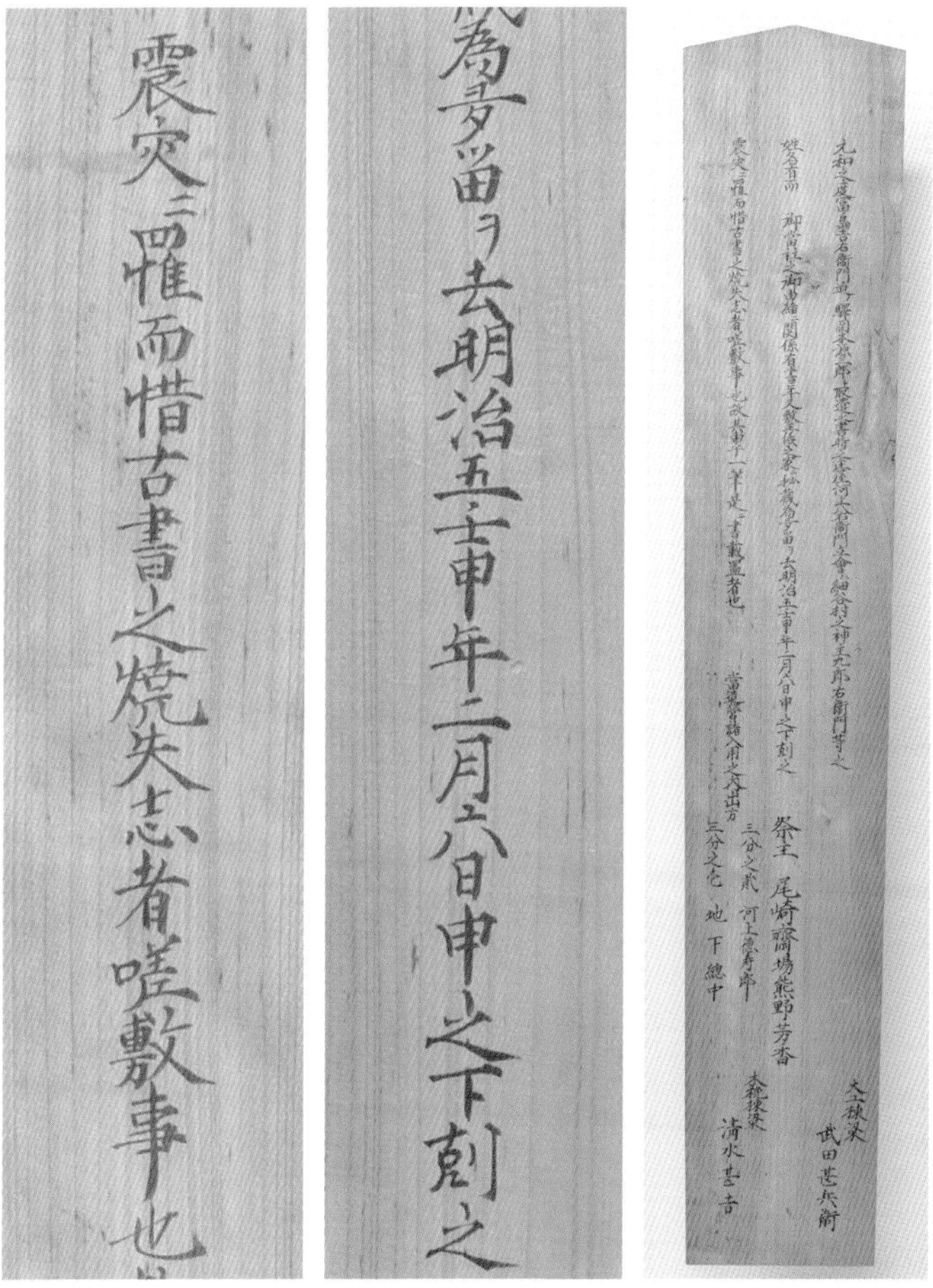


**20　浅井《あさい》神社棟札**
明治六年（一八七三）　浅井神社（浜田市）蔵

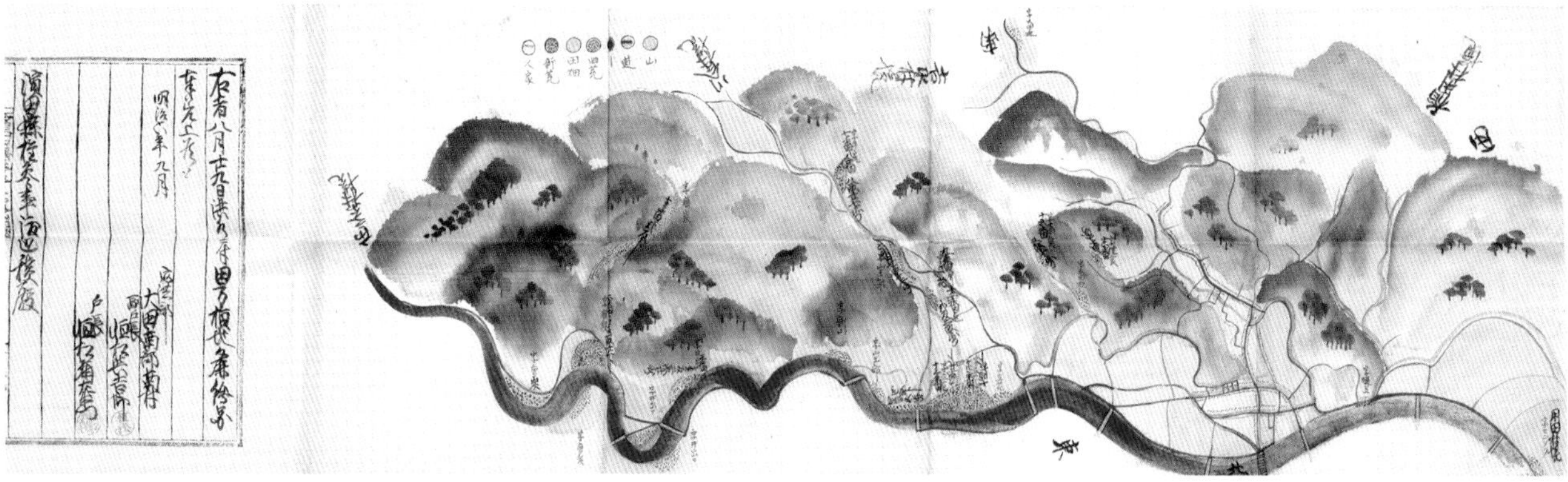

21　大田南村絵図(浜田地震が原因で発生した水害の状況)
明治六年(一八七三)　当館蔵

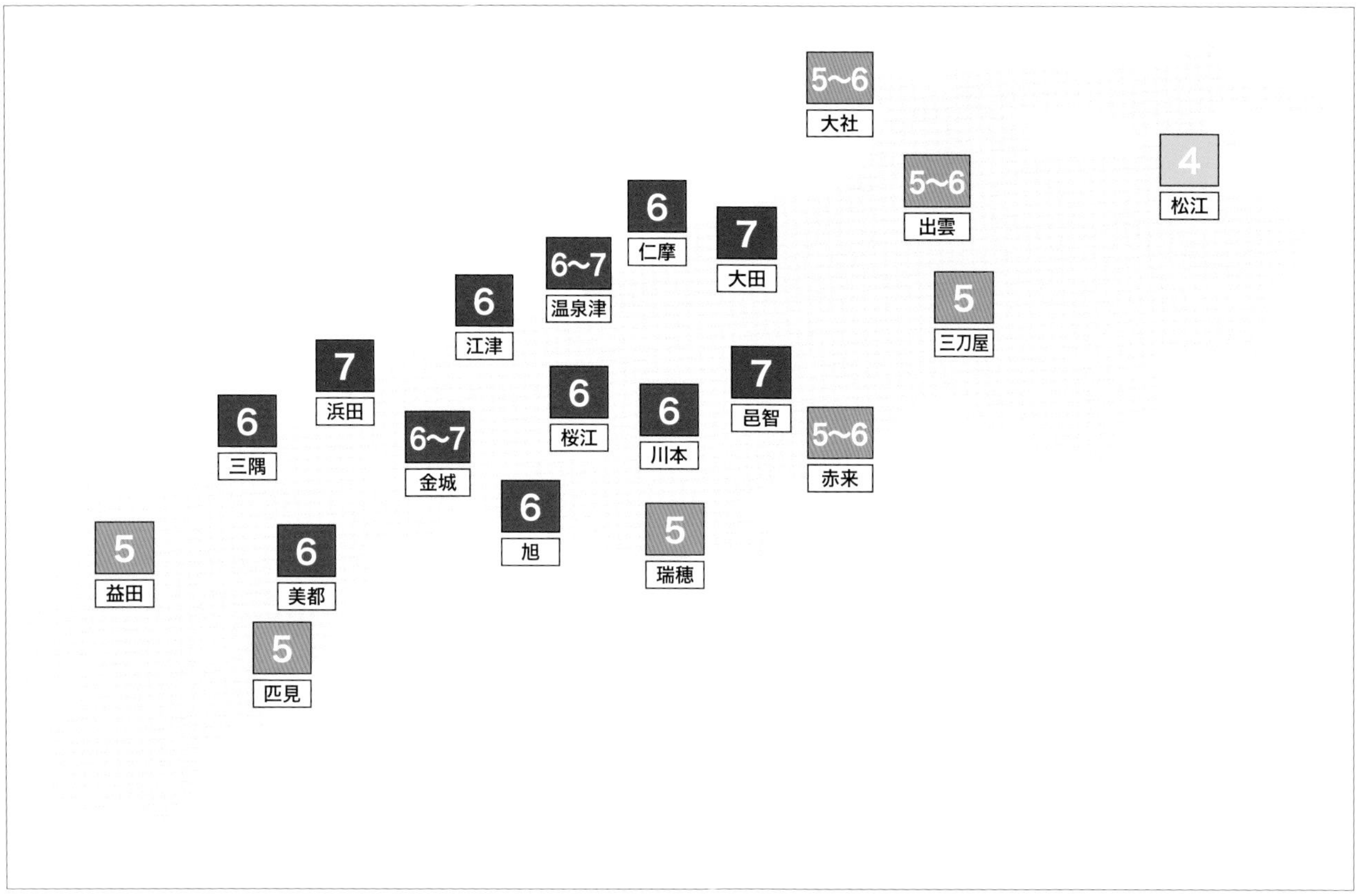


参考11　浜田地震の推定震度分布図　(参考:『日本被害地震総覧599-2012』)

| 被害 | 石見国 | | | | | | | 出雲国 | その他 | 合計 |
|---|---|---|---|---|---|---|---|---|---|---|
| | 那賀郡 | | 邑智郡 | 邇摩郡 | 安濃郡 | 美濃郡 | 小計 | | | |
| | | 浜田 | | | | | | | | |
| 山崩れ（ヵ所） | 2522 | 0 | 1927 | 1487 | 124 | 507 | 6567 | 0 | 66 | 6633 |
| 焼失した家（軒） | 188 | 92 | 20 | 19 | 3 | 0 | 230 | 0 | 0 | 230 |
| 潰家（軒） | 2303 | 543 | 485 | 742 | 440 | 79 | 4049 | 457 | 21 | 4527 |
| 半潰家（軒） | 2396 | 210 | 868 | 1294 | 671 | 200 | 5429 | 643 | 19 | 6091 |
| 大損家（軒） | 2391 | 168 | 0 | 2317 | 2026 | 0 | 6734 | 0 | 0 | 6734 |
| 死者（人） | 288 | 97 | 80 | 137 | 32 | 0 | 537 | 15 | 4 | 556 |
| けが人（人） | 378 | 201 | 75 | 101 | 18 | 2 | 574 | 8 | 3 | 585 |

参考12　浜田地震の各地の被害　(『日本被害地震総覧599-2012』より)　(注)鹿足郡は集計されていない。

# 浜田地震からの復興

当時の浜田県権令《ごんれい》（現在の県知事に当たる）の佐藤信寛《さとうのぶひろ》（一八一六～一九〇〇）は、ただちに浜田市街地の片付けと仮県庁の設置に着手した。簡単な作業には自立支援のため被災者に従事させて労賃を支払っているが、それでも人手が足りない時は、江津の有力者の小川《おがわ》家（第２章参照）を通じて大勢の労働者を確保したとみられる。また、専門的な工事には、石見国各地の大工・左官・瓦屋根葺きなどの職人が携わっている。

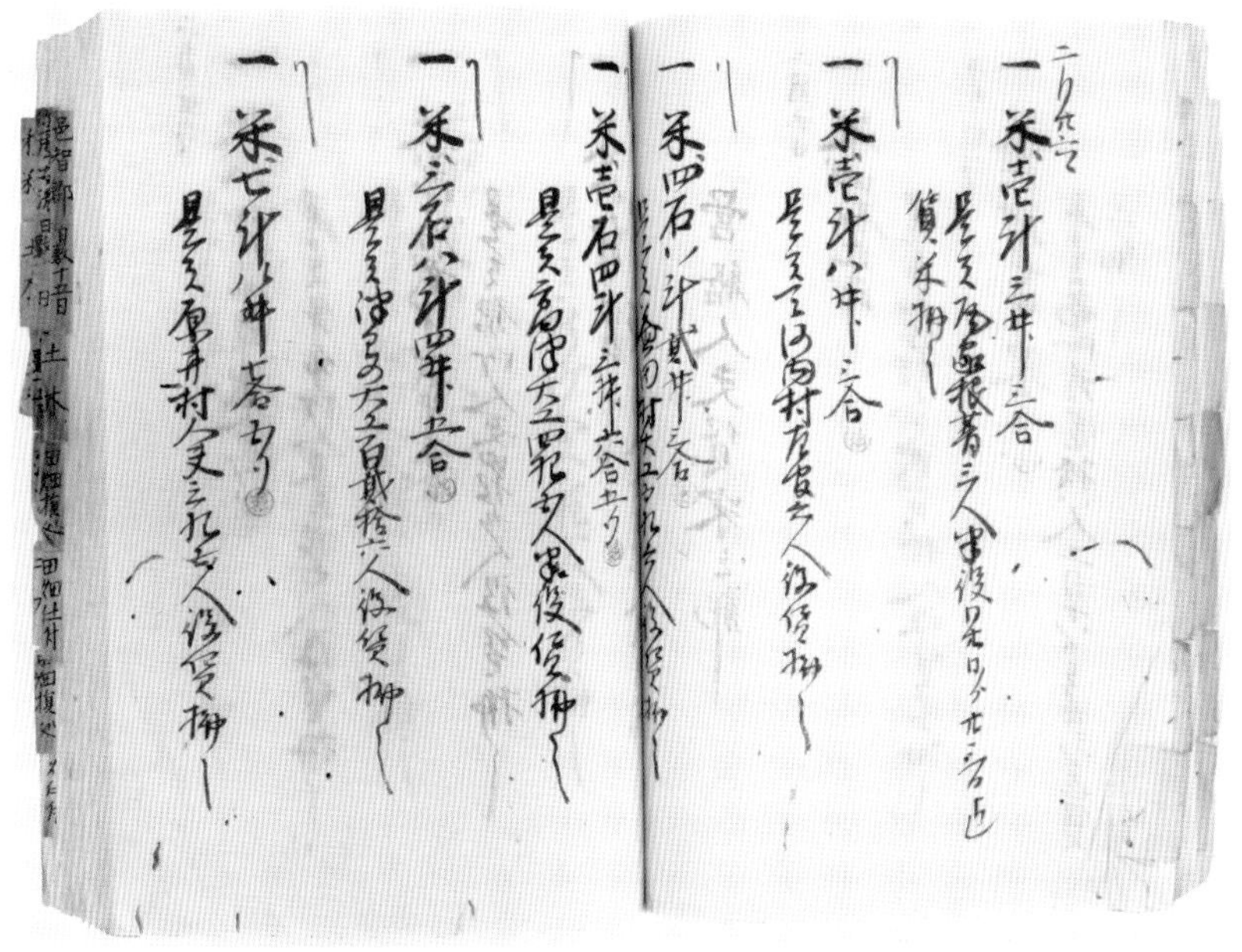

22　震災ニ付米方正払帳
（浜田での復旧工事に従事した人々へ支払った賃米の台帳）
明治五年（一八七二）　島根県公文書センター蔵

参考13　復旧工事に従事して賃米を支給された職人の延べ人数
（明治5年2月20日～同年7月22日）

| 郡名 | 住所（現市町） | 木挽 | 大工 | 左官 | 瓦屋根師 | 檜皮師 | 石工 |
|---|---|---|---|---|---|---|---|
| 那賀郡 | 浜田（浜田市） | 183 | 438 | 111 | 16 | 102 | 10 |
| | 浅井村（浜田市） | | 41 | | | | |
| | 七条村（浜田市） | | | | | 7 | |
| | 浅利村（江津市） | | 297 | | | | |
| | 田野村（江津市） | | 562 | | | | |
| | 渡津村（江津市） | | 87 | | | | |
| 邇摩郡 | 天河内村（大田市） | | | 25 | 8 | | |
| 美濃郡 | 益田村（益田市） | 101 | 507 | | | | |
| | 高津村（益田市） | 43 | 274 | | | | |
| 鹿足郡 | 津和野（津和野町） | 123 | 648 | | | | |
| 総　計 | | 450 | 2,854 | 136 | 24 | 109 | 10 |

注1：『旧浜田藩引継雑款』（島根県公文書センター蔵）所収の「震災ニ付米方正払帳」の那賀郡「営繕人夫賃米之部」に基づく。
注2：住所が読み取れない者などは集計から除いた。

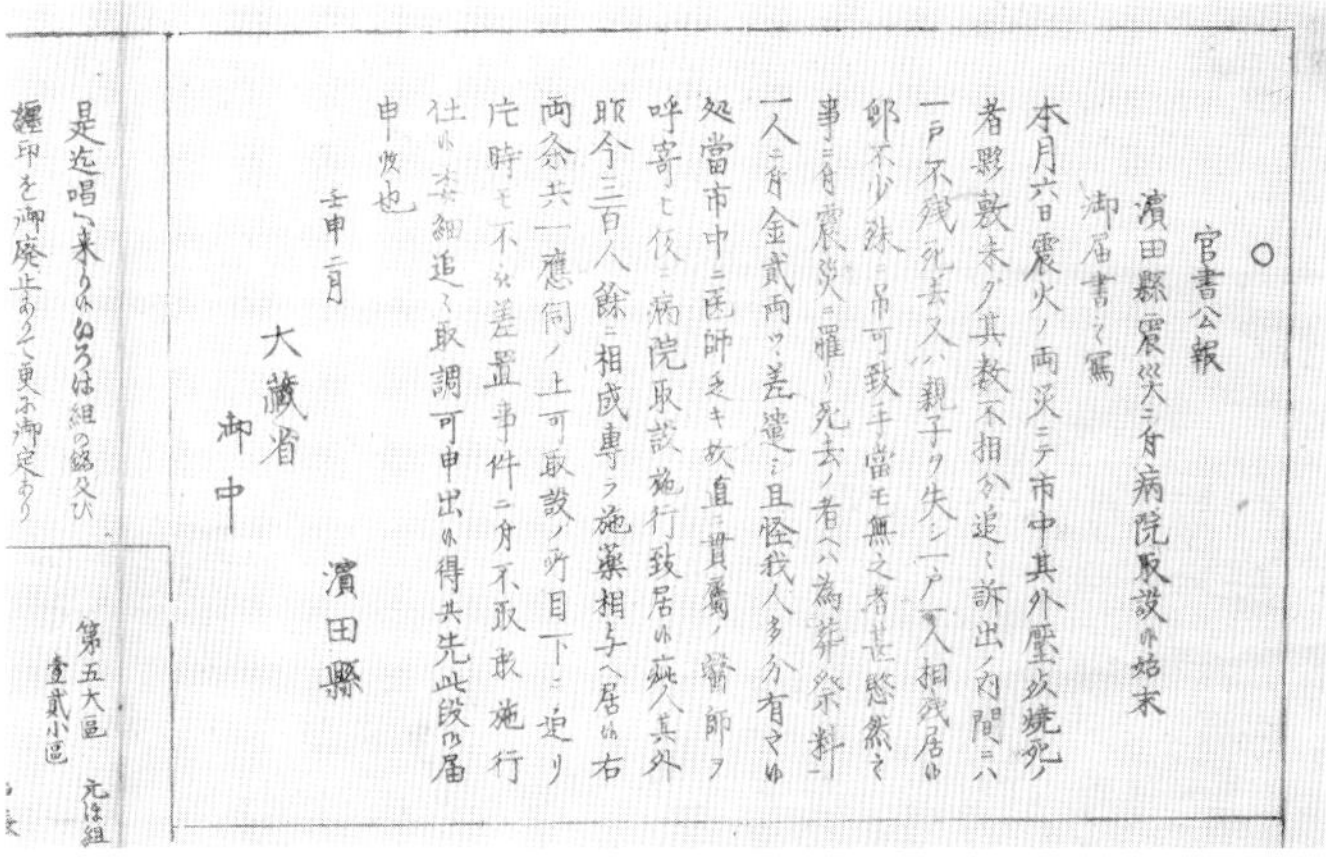

参考14　震災による負傷者のための病院開設を報じる新聞
東京日日新聞13号　東京大学法学部附属明治新聞雑誌文庫写真提供

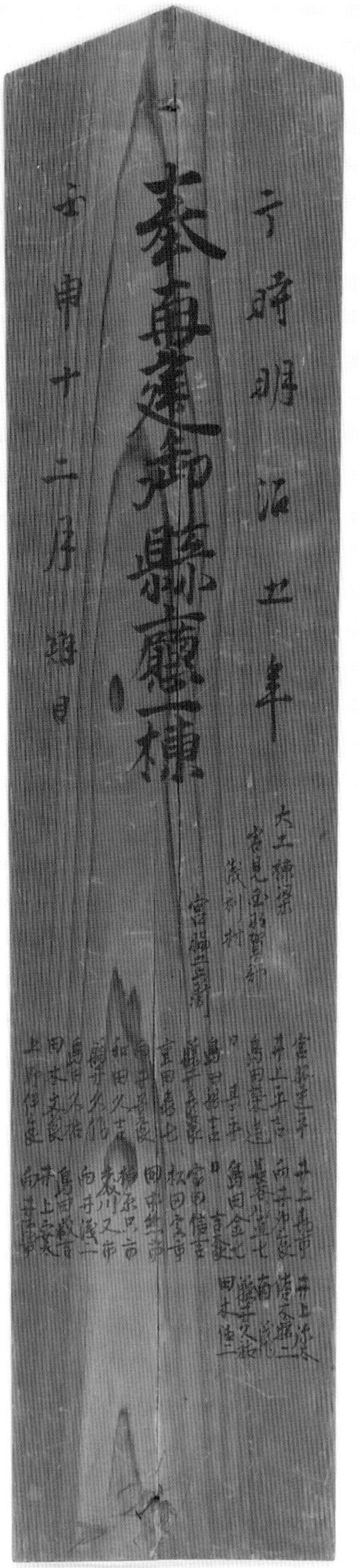

23　浜田地震後に再建された浜田県庁舎の棟札
明治五年(一八七二)　浜田市教育委員会蔵

参考15　浜田県権令佐藤信寛
小川典子氏写真提供

24　浜田地震後に再建された浜田県庁舎の屋根瓦
明治五年(一八七二)　浜田市教育委員会蔵

参考16　旧浜田県庁
『明治·大正·昭和　写真集はまだ』より

# 復興と職人たち

浜田地震の発生直後から、浜田市街には津和野・高津（益田市）・益田・田野《たの》村（江津市）・浅利《あさり》村（江津市）・天河内《あまこうち》村（大田市）など石見国各地から大工・左官・木挽などの建築関係の職人が多く集まった。特に石見国西部の美濃郡と鹿足郡は地震の被害は比較的軽く、この地域の職人は復興特需の恩恵を受けたようだ。

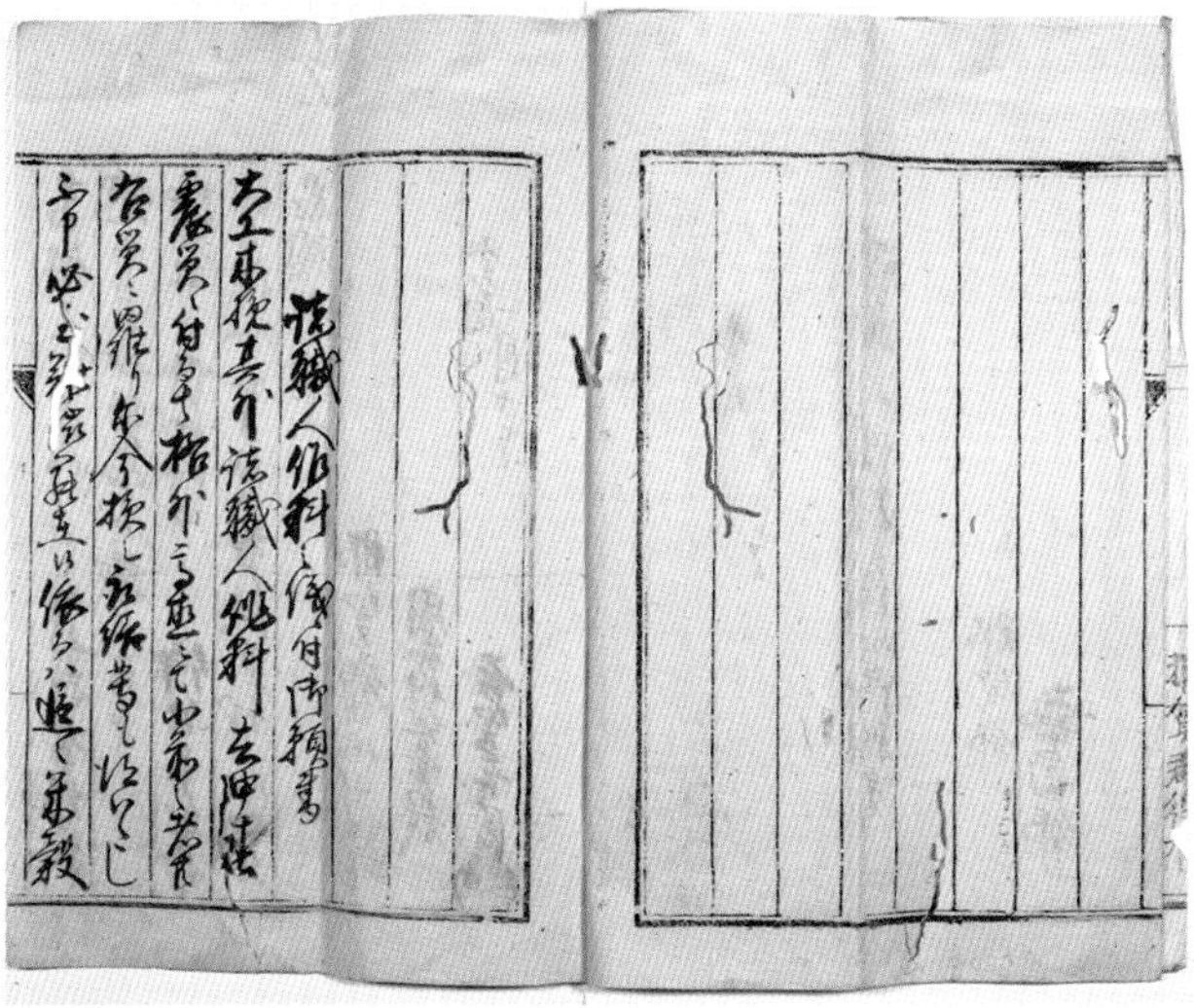

25　諸職人作料之儀ニ付御願書（高騰《こうとう》する職人賃金の値下げを求める書類）

明治六年（一八七三）　個人蔵

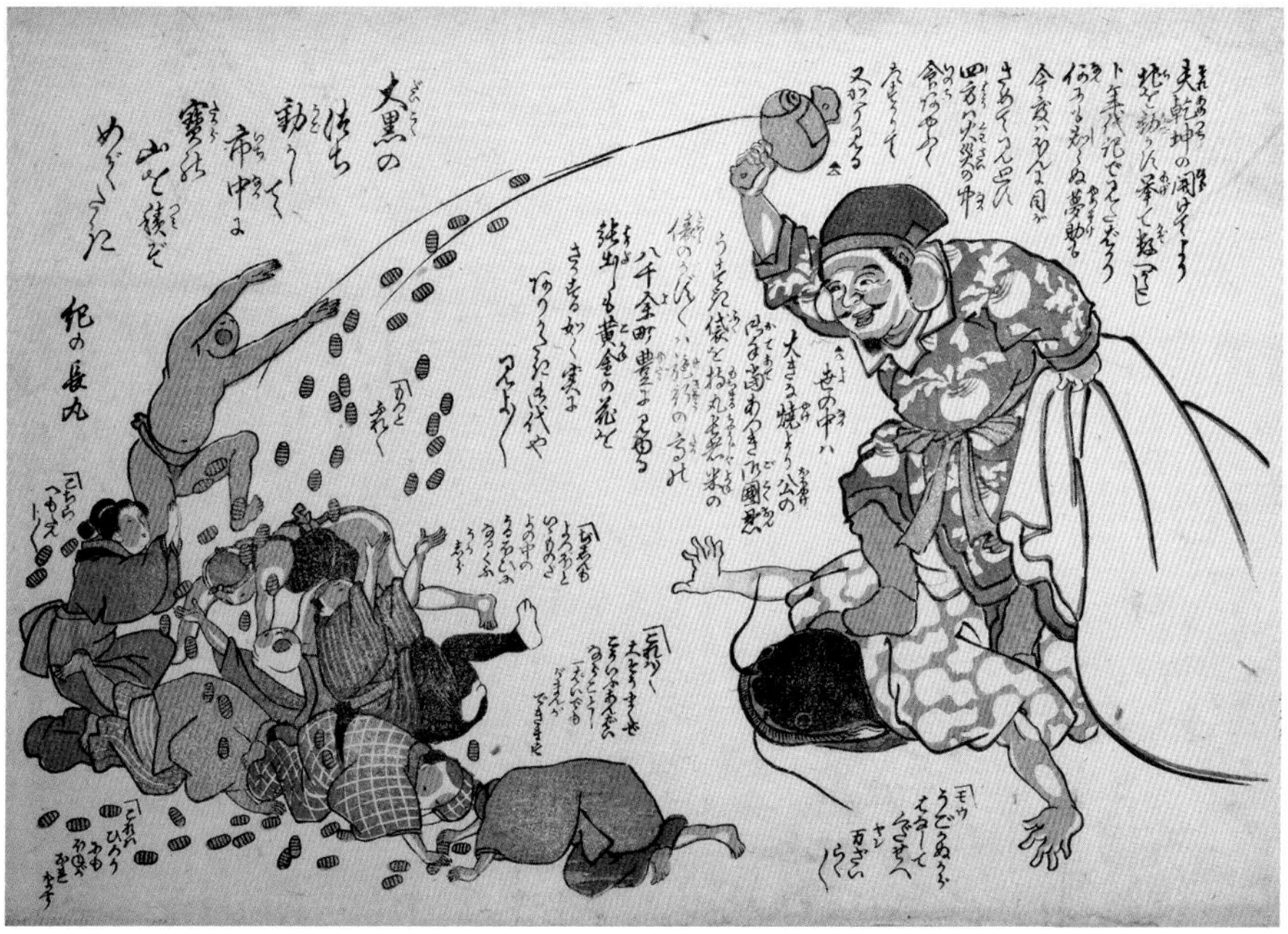

26-1　大黒のつち（鯰絵）

江戸時代末期（十九世紀）　当館蔵

26-2　安政町二年目神無月屋（鯰絵）

江戸時代末期（十九世紀）　当館蔵

# 温泉津温泉の「震湯《しんゆ》」

温泉津《ゆのつ》温泉（大田市）の公共浴場の一つ「新（震）湯」は、浜田地震がきっかけで新たに出現したという。大蔵省（当時）の記録にも、震災翌年に温泉津から新しい温泉営業の出願があったとあり、このことを裏付けている。浜田地震で温泉津も町の大半が焼失する被害を蒙《こうむ》るが、山陰を代表する温泉地の一つとして復活し、今も多くの観光客が訪れている。

竹材製紙原料等農林産物の集散盛なり。
温泉
舊温泉＝起源は不詳なれども口碑に二千年以前古狸の浴せるによつて發見せらると傳ふ。
新温泉＝明治五年雲石大地震の際湧出せり
温泉の効用＝兩温泉共成分全様にしてラヂウムを多量に含有する鹽類泉なり消化不良、慢

27　島根県温泉津案内
昭和十年（一九三五）頃　当館蔵

参考18　現在の温泉津温泉

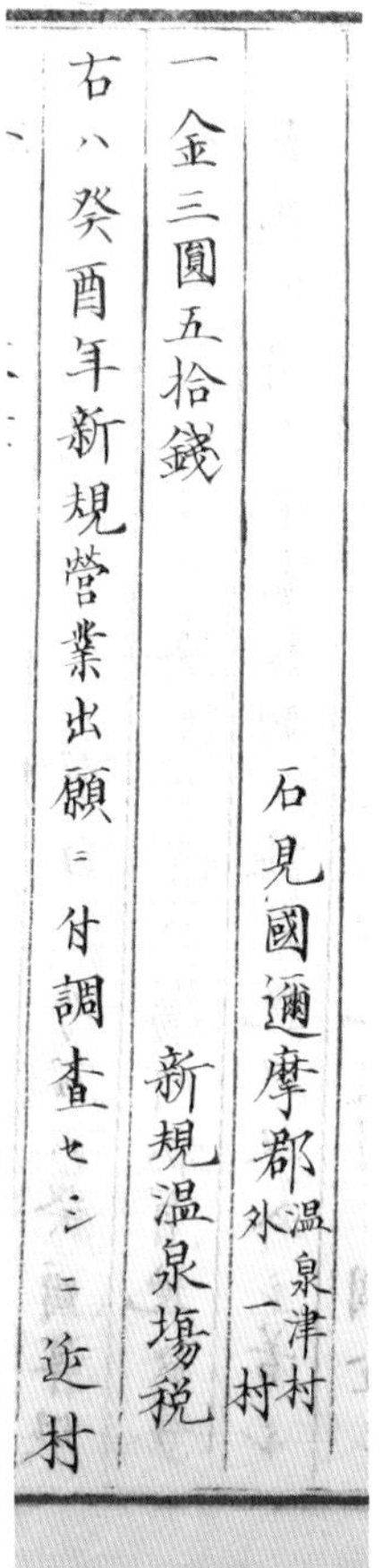

石見國邇摩郡温泉津村外一村
新規温泉場税
一金三圓五拾錢
右ハ癸酉年新規營業出願ニ付調査セシニ近村

参考17　大蔵省考課状廿三
国立公文書館蔵

# 次への備え

地震後の津波への警戒と早期避難の重要性を説き、津波防災の教材として注目される物語「稲むら火」の誕生に、小泉八雲と島根県出身の文部官僚井《いの》上赳《うえたけし》という二人の島根ゆかりの人物が、深く関わっている。二人の取り組みとともに、災害に備えておく必要性を説く文化財と、災害を乗り越えて次世代に伝えられた文化財を紹介する。

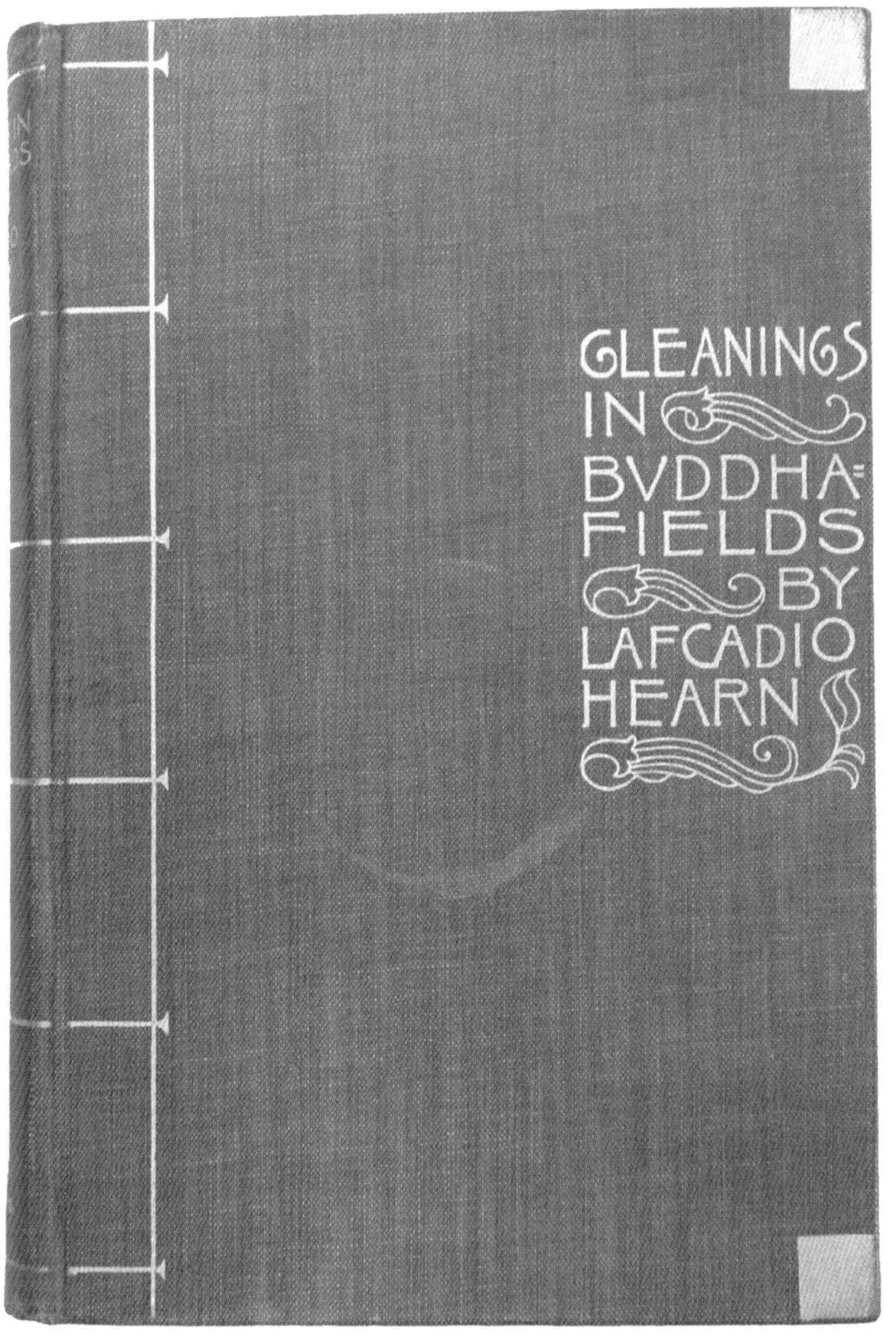


28　A Living God（邦題・生き神様）（小泉八雲作）
明治三十年（一八九七）　松江市立中央図書館蔵

## 「稲むらの火」と小泉八雲・井上赳

津波防災教材の「稲むらの火」は、小泉八雲の「生き神様」を改作したもので、昭和十二年（一九三七）に発行された小学五年生用の教科書に採用された。その教科書の編さん責任者が、大国村《おおくに》（大田市）に生まれて布部村《ふべ》（安来市）で育った井上赳である。小泉八雲は、「地震と国民性」というエッセーでも日本での災害に注目し、繰り返し日本を襲う災害が忍耐強い日本人の国民性を形成したと説いている。

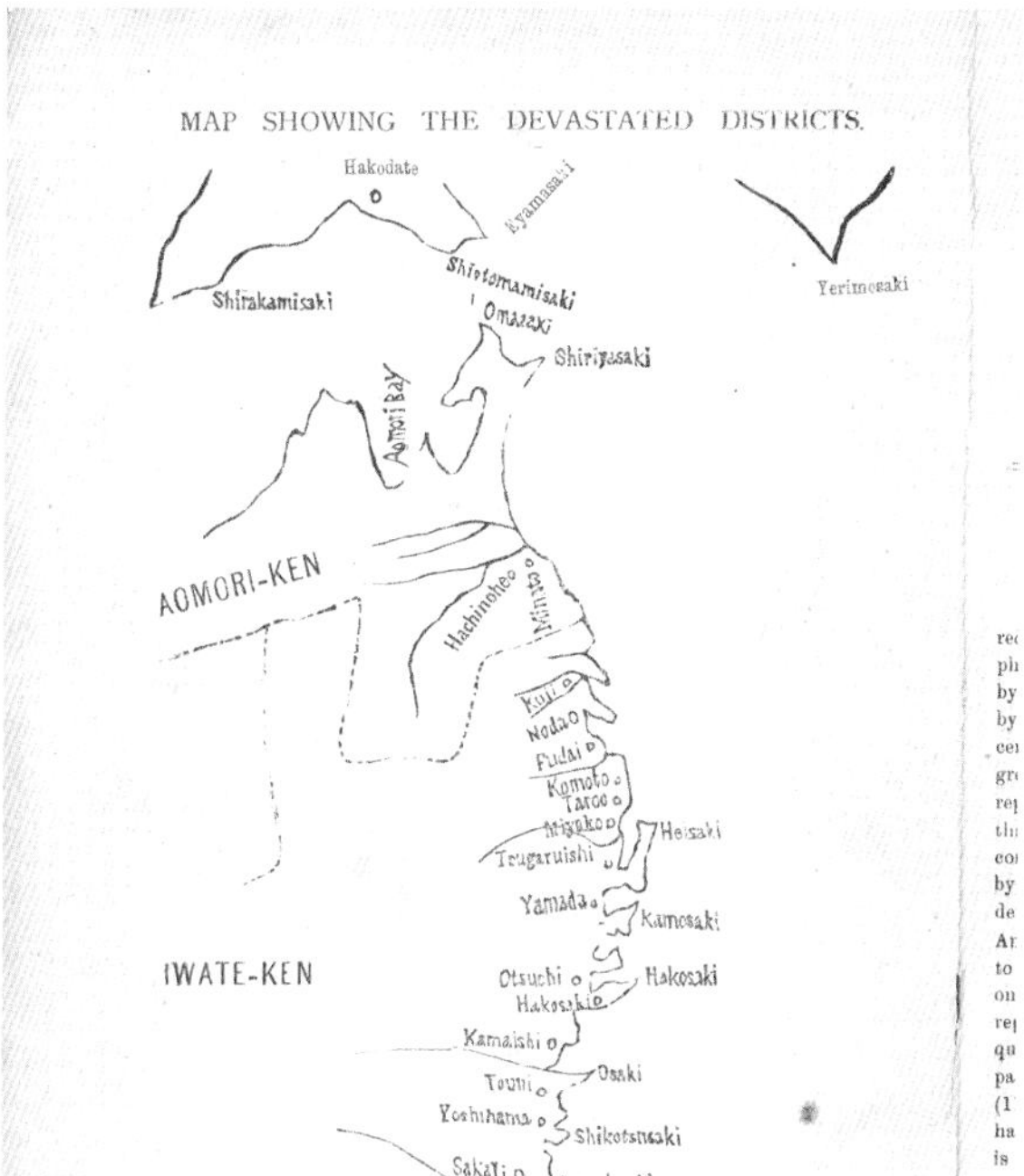

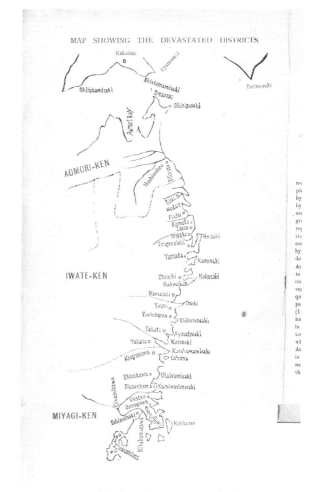

参考19　明治三陸津波の英文パンフレット（小泉八雲旧蔵）
富山大学附属図書館写真提供

参考20　文部省で小学国語読本を編さんした井上赳

藤富康子氏写真提供

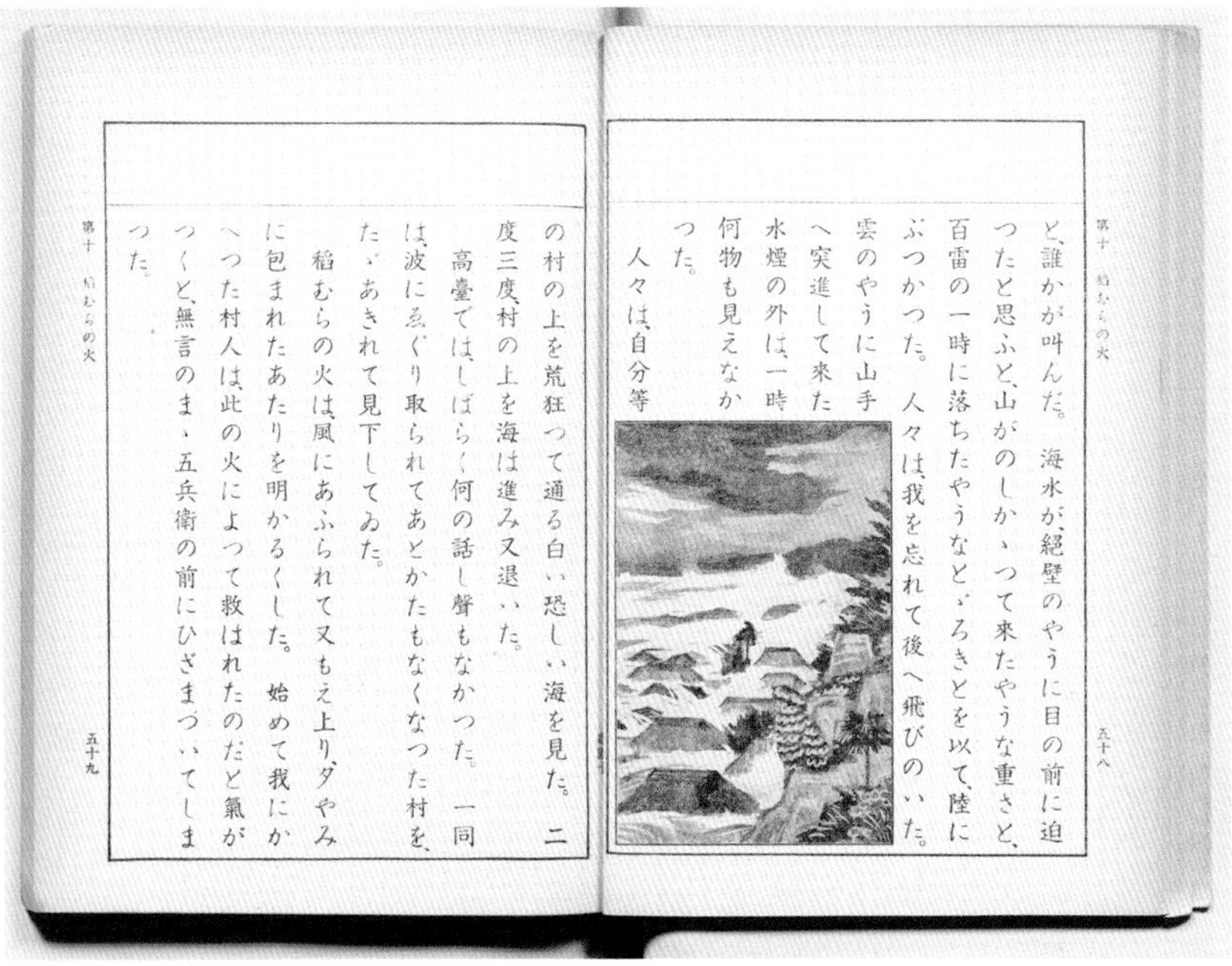

第十　稲むらの火

と、誰かが叫んだ。海水が、絶壁のやうに目の前に迫つたと思ふと、山がのしかゝつて来たやうな重さと、百雷の一時に落ちたやうなとゞろきとを以て、陸にぶつかつた。人々は我を忘れて後へ飛びのいた。雲のやうに山手へ突進して来た水煙の外は、一時何物も見えなかつた。

人々は自分等の村の上を荒狂つて通る白い恐しい海を見た。二度三度村の上を海は進み又退いた。

高臺ではしばらく何の話し聲もなかつた。一同は波にゑぐり取られてあとかたもなくなつた村を、たゞあきれて見下してゐた。

稲むらの火は風にあふられて又もえ上り、夕やみに包まれたあたりを明かるくした。始めて我にかへつた村人は、此の火によつて救はれたのだと氣がつくと、無言のまゝ五兵衛の前にひざまづいてしまつた。

五十八　五十九

29-1　**小学国語読本（巻十）（稲むら火の部分）**

昭和十四年（一九三九）（初版：昭和十二年）　島根大学附属図書館蔵　広島大学図書館写真提供

# 「稲むらの火」のあらすじ

今までにない、長いゆったりと揺れる地震を体験した庄屋の五兵衛老人が海辺を見ると、潮が引いて海底が露出していた。彼は、すぐに津波が押し寄せることを確信し、高台にある自分の田んぼに積み上げておいた稲束（稲むら）に次々と火を付けた。火事だといって村人全員が高台の田んぼに集合したとき、巨大津波が村を飲み込んだ。人々は五兵衛のとっさの判断と自己犠牲で九死に一生を得たのであった。

（解説）

安政南海地震の津波が紀伊《きい》国広村（和歌山県）を襲ったときに、当時三十五歳だった庄屋濱口《はまぐち》梧陵《ごりょう》がとった行動に基づく物語。

全て実話ではなく、稲むらに火を付けたのは津波到達後で、暗闇の中を避難する村人に安全な避難路を示すためであった点などが事実と異なっている。

参考21　濱口梧陵が津波後に築いた堤防
（和歌山県広川町）

# 浄善寺《じょうぜん》の襖絵《ふすまえ》が伝えるもの

大田市三瓶町池田にある浄善寺の本堂の襖絵には中央に噴煙を上げる火山が大きく描かれている。本作品は浜田地震で被災した同寺が本堂再建後の明治四十三年（一九一〇）に、地元出身の日本画家田平玉華《たびらぎょくか》（一八七八～一九二三）が奉納したものである。田平玉華はこの直前に浅間山《あさまやま》を描いており、本作品も浅間山がモデルであろうか。

本作品は、穏やかな自然も突然牙をむいて襲いかかることを意味しているとされ、作者の無常観を表現したものとも、自然災害への備えを怠らないよう住民に伝えるために、当時の住職が制作を依頼したとも伝わる。なお、田平玉華の生家は、浜田地震で一家全滅に近い被害を受けており、また彼の兄繁治郎は、被災した池田地区の復興に尽力している。

参考22　現在の浄善寺

30　浄善寺襖絵(田平玉華作)

明治四十三年(一九一〇)　浄善寺(大田市)蔵

参考23　平成三十年島根県西部地震で倒壊した石燈籠
（大田市内）

# 災害を乗り越えた文化財

平成三十年（二〇一八）四月九日、大田市東部を震源とするマグニチュード六・一の地震が発生し、大田市内で震度五強の揺れを観測した。大田市教育委員会は地震直後から歴史資料の散逸を防ぐため市民に協力を呼びかけた。この活動によって発見されたのが地元出身の日本画家西晴雲《にしせいうん》（一八二八～一九六三）が描いた未確認の屏風《びょうぶ》で、その後保存修復が実現した。

災害の増加により、地域の文化財の多くが危機にさらされており、人々の叡智が求められている。

31　竹林七賢図《ちくりんのしちけんず》（西晴雲《にしせいうん》作）
大正六年（一九一七）　個人蔵

# 第二章

# 大地に挑む

島根の人々は、ただ自然の脅威にじっと耐えていただけではなく、利用もしてきた。大地を切り崩して得る砂鉄と、山野の樹木から生産した大量の木炭を必要とした「たたら製鉄」はその代表例といえるだろう。それ以外にも、山野の草木は田畑の肥料として活用され、時には「行き過ぎた開発」が社会問題にもなった。本章では、自然との折り合いをつけようと試行錯誤を繰り返してきた島根の人々の営みを振り返える。

# 開拓者たち

『出雲国風土記』に記された「国引神話」は、八束水臣津野命《やつかみずおみづぬのみこと》が海の向こうの余った土地を鋤で突き刺して切り分け、綱をつかって引き寄せ、出雲国を広げたという話で、古代出雲での開発の歴史を象徴する神話とも解釈されている。古代以来、多くの人々の努力によって島根の大地は切り開かれてきた。

32　○男神立像（八束水臣津野命を表現したとする見解もある）
平安時代（十二世紀）　鰐淵《がくえん》寺（出雲市）蔵

# 三木《みき》与《よ》兵《へ》衛《え》と大《おお》梶《かじ》七《しち》兵《べ》衛《え》

江戸時代の初め、出雲平野では大規模な開発が相次いだ。その主導者として特に有名なのが、三木与兵衛と大梶七兵衛である。三木与兵衛は、菱根池《ひしねいけ》（出雲市大社町菱根付近にあった池）を新田に開発した人物である。大梶七兵衛は複数の開拓事業を手がけており、特に延宝年間（一六七三～八一）の荒木《あらき》浜《はま》（出雲市大社町の南西部一帯）の開発と、貞享四年（一六八七）に完成した高瀬川と差海《さしみ》川の開削が知られている。

33　三木与兵衛《みきよへえ》像
昭和時代（二十世紀前半）
出雲中央図書館蔵

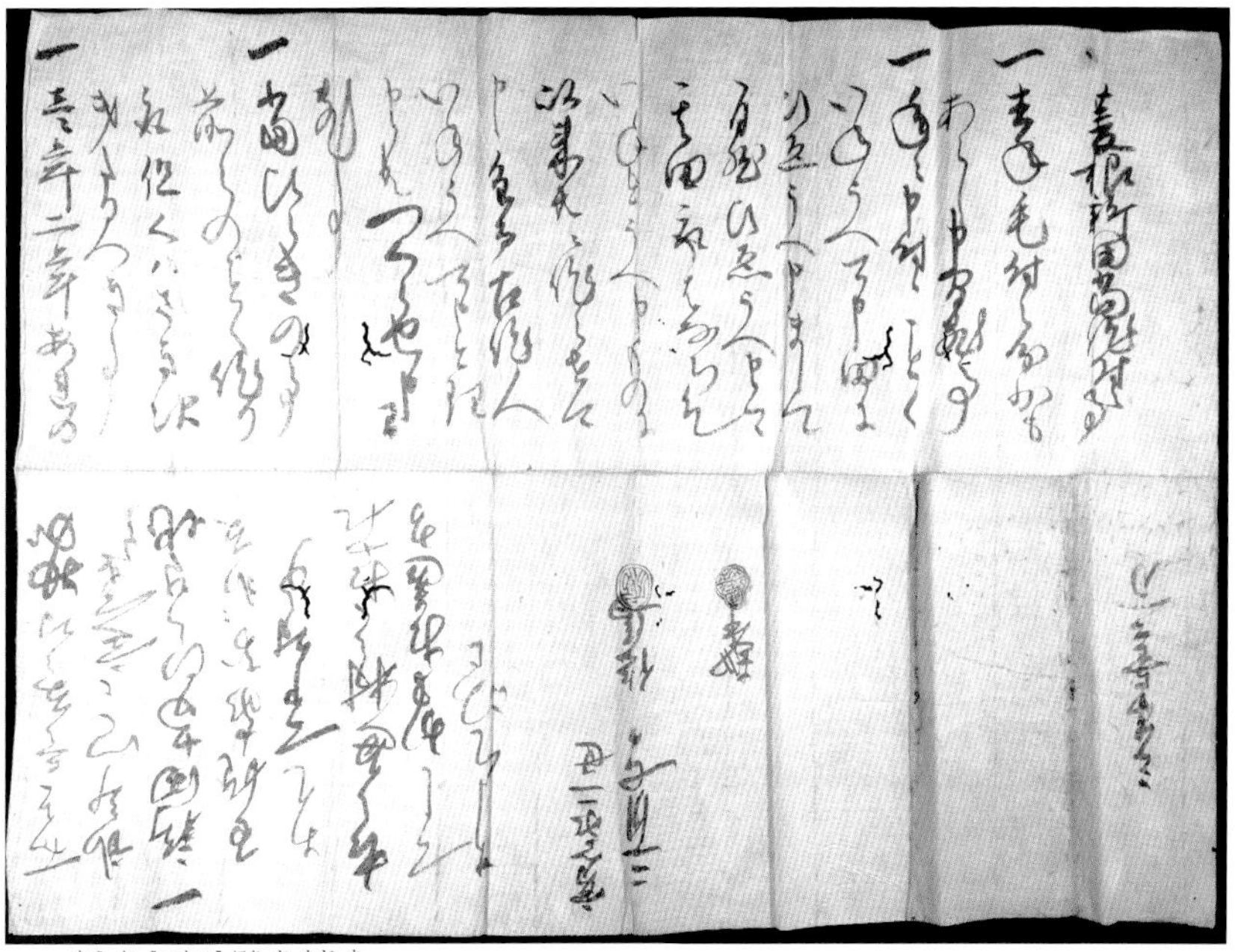

34　村尾越中《むらおえっちゅう》・堀尾但馬《ほりおたじま》連署書状
（三木与兵衛に宛てた、菱根池の新田での耕作に関する堀尾氏からの命令書）
寛永二年（一六二五）　個人蔵

35-2　大梶七兵衛像

昭和時代（二十世紀）　出雲中央図書館蔵

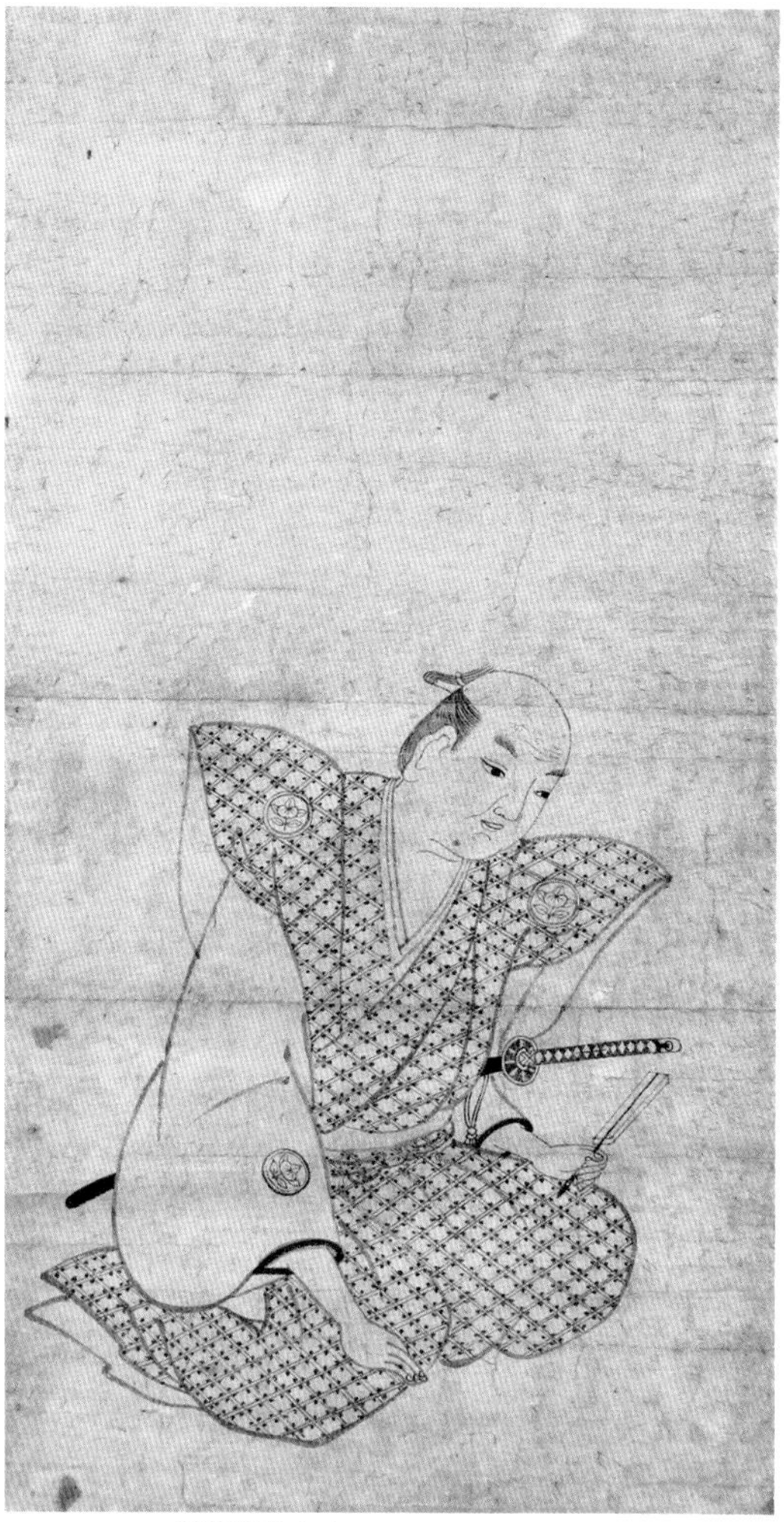

35-1　◇伝大梶七兵衛《おおかじしちべえ》画像

江戸時代（十七～十九世紀）　個人蔵

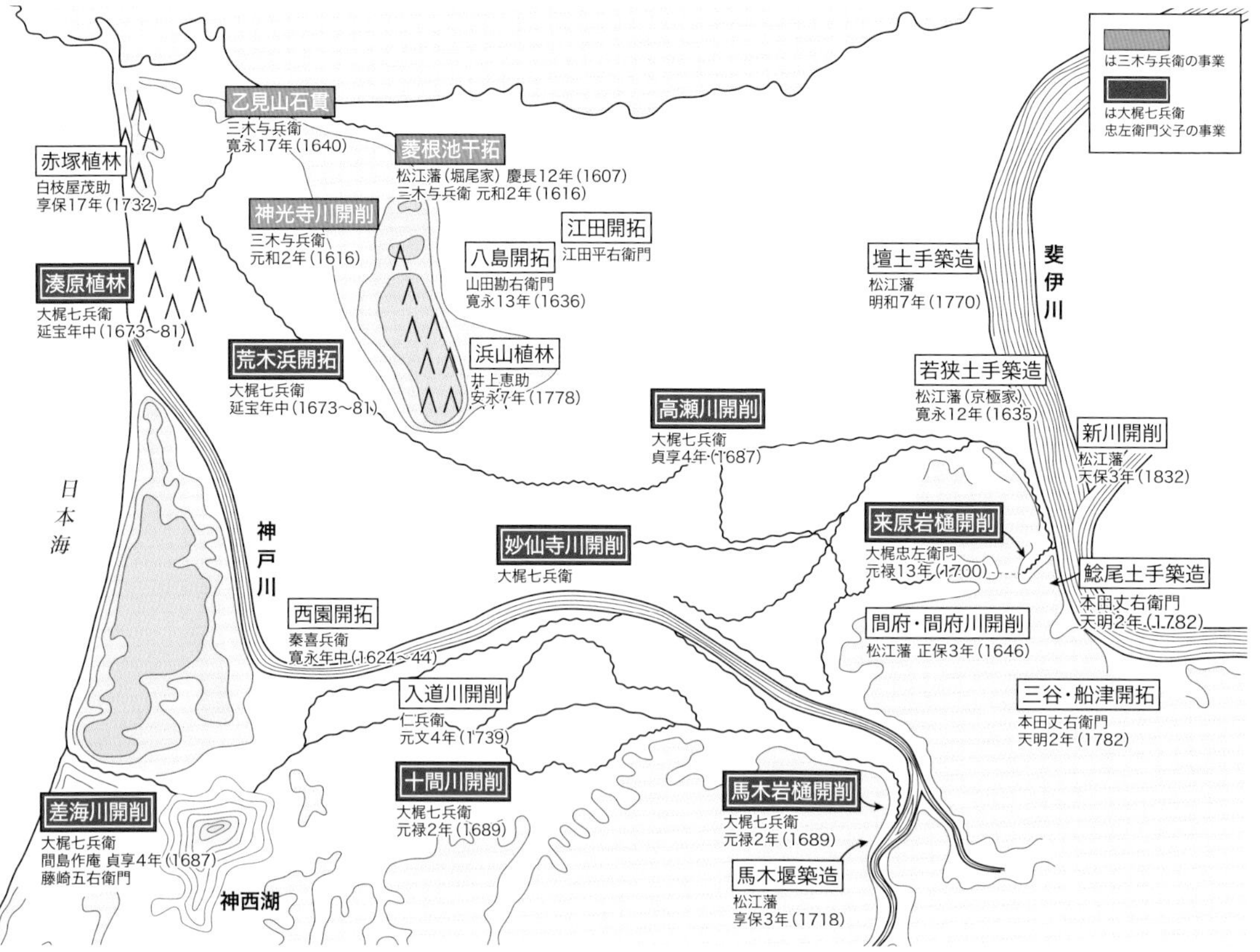


参考24　江戸時代の出雲平野での開発　石塚尊俊『大梶七兵衛朝泰伝』より

# 小川《おがわ》家による石見海浜の開発

小川家は、江戸時代に和木《わき》村（現江津市和木）の村役人を代々務めたほか、漁業の網元《あみもと》やたたら製鉄を経営した有力者である。和木村は耕作地に乏しく、そのため小川家は代々海岸の荒地の開拓を行った。とりわけ小川家中興の祖八左衛門《はちざえもん》（一八二四～七九）による開拓はよく知られている。八左衛門は嘉永五年（一八五二）より、山麓での鉄穴流しで生じた大量の土砂を幅三尺ほどの板樋を通して不毛の白浜へ流し込み、また海浜には松苗を植え付けて防風砂林に仕立て、長い年月をかけて約六十町歩の開作を実現した。

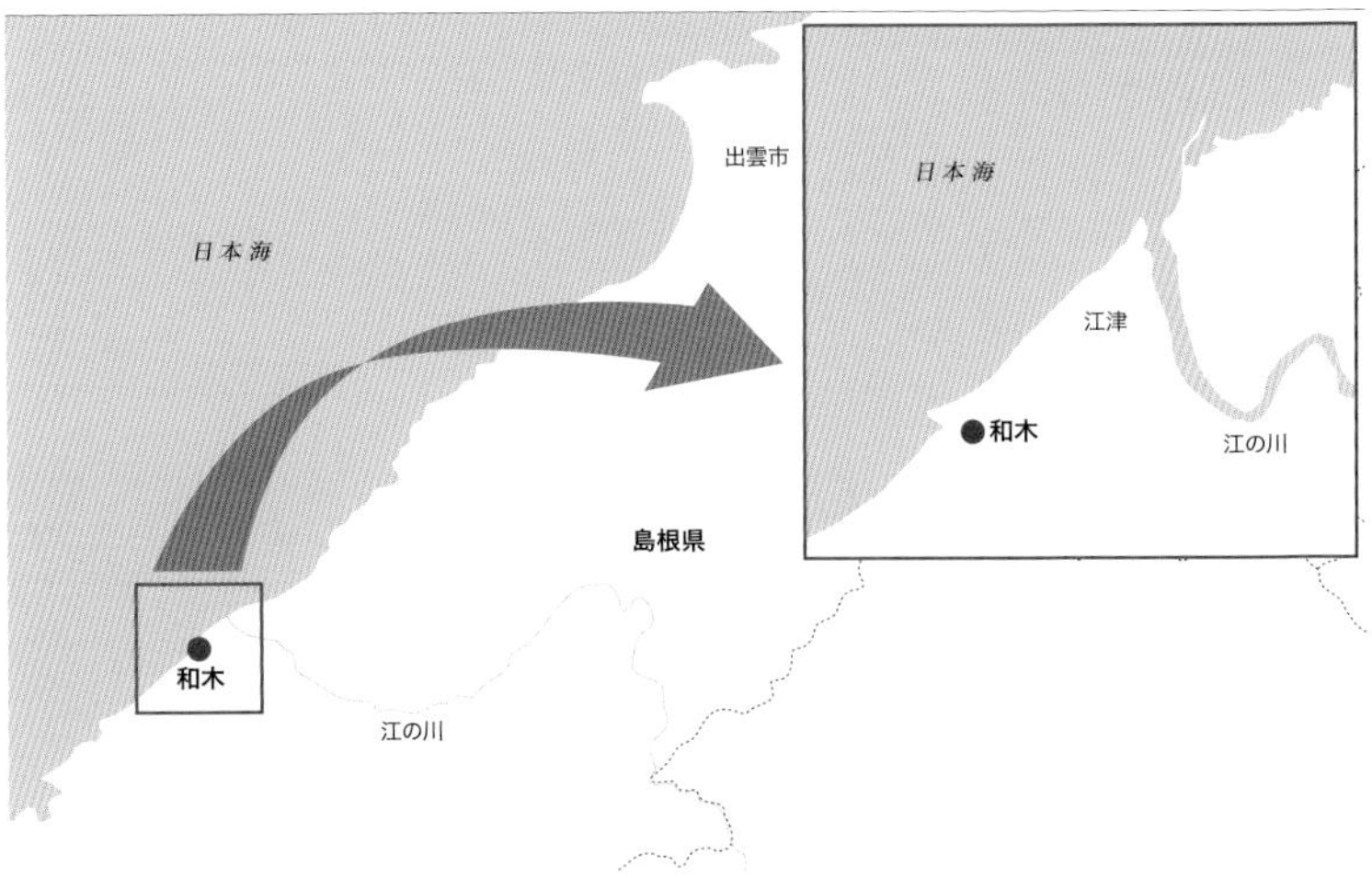


参考25　和木の位置

36-1　和木《わき》景況図
江戸時代末期(十九世紀)　小川典子氏蔵

参考26　和木村開拓の様子　帽子をかぶった人物が小川八左衛門と伝わる　小川典子氏写真提供

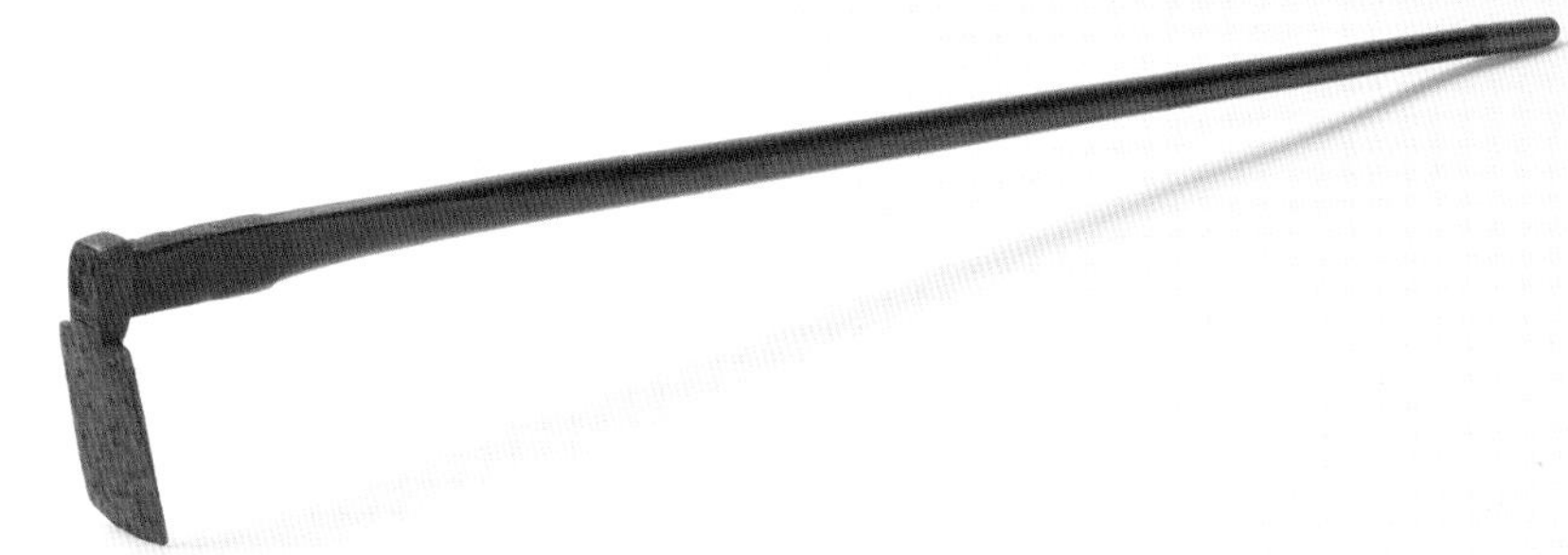

36-2　鍬（小川八左衛門が使ったものと伝わる）
江戸時代末期から明治初期（十九世紀）　小川典子氏蔵

36-4　夫駒（開拓に従事した人々に銭のかわりに支払われたと伝わる）
明治二年（一八六九）　小川典子氏蔵

36-3　帽子（小川八左衛門が使ったものと伝わる）
明治時代初期（十九世紀）　小川典子氏蔵

コラム3

# 古代古志《こし》郷《ごう》の開発と災害

池淵俊一

## はじめに　大梶七兵衛による出雲平野の開発と古志郷

江戸時代は日本の開発史上の一大画期であり、出雲平野でも多くの用水路の開削や斐伊川下流の川替えによって、多くの美田が生まれた。特に元禄二年（一六八九）の大梶七兵衛による十間川《じっけんがわ》の開削は、長年旱魃《かんばつ》に悩まされ、俗謡に「嫁にやるまい古志知井宮へ」と謡《うた》われてきた古志・知井宮《ちいみや》地区を穀倉地帯に一変させた開発として特筆される。

しかし当然のことながら大梶七兵衛による開発以前にも、多くの先人たちがこの地の開発に挑んできた。ここでは出雲平野で最も発掘調査が進んでいる出雲市古志地区の調査成果から、古代の開発と災害との関わりの一部を垣間見てみたい。

## 古志郷の灌漑水利網のルーツ

出雲市古志地区（上古志町・下古志町・芦渡《あしわた》町）一帯は、『出雲国風土記』に古志郷と記されている地域にほぼ相当する。この地に所在する遺跡は、弥生時代の生活面が地表から非常に浅い所にあるのが大きな特徴となっている。これは、当地では弥生時代以降には洪水による土砂堆積が殆ど無かったことを意味する。このように、当地は洪水がなく安定した集落を営みやすい地域で、実際に各時代の遺構が密集してみつかっている。しかしその一方では、先に述べたように十間川の開削以前には慢性的な水不足に悩まされた地域であった。

現在の古志地区の農業用水は基本的には大梶七兵衛が開削した十間川から取水している（図1）。この十間川を用水源として、現在思案橋《しあんばし》川《がわ》用水や妙蓮寺川《みょうれんじがわ》用水などの基幹水路が分岐し、このエリア一帯を灌《かん》

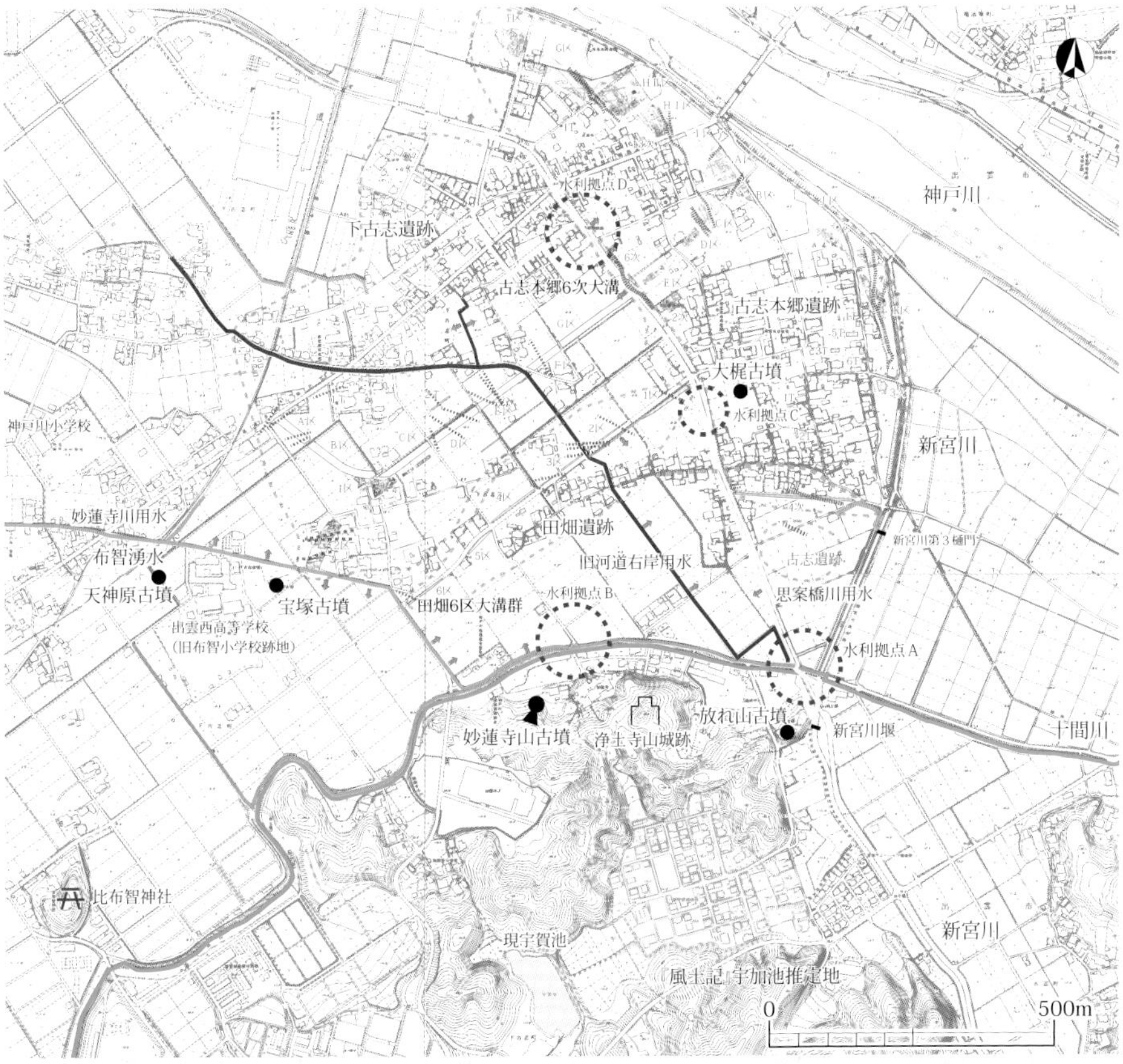


図1　古志郷の水利と主要遺跡

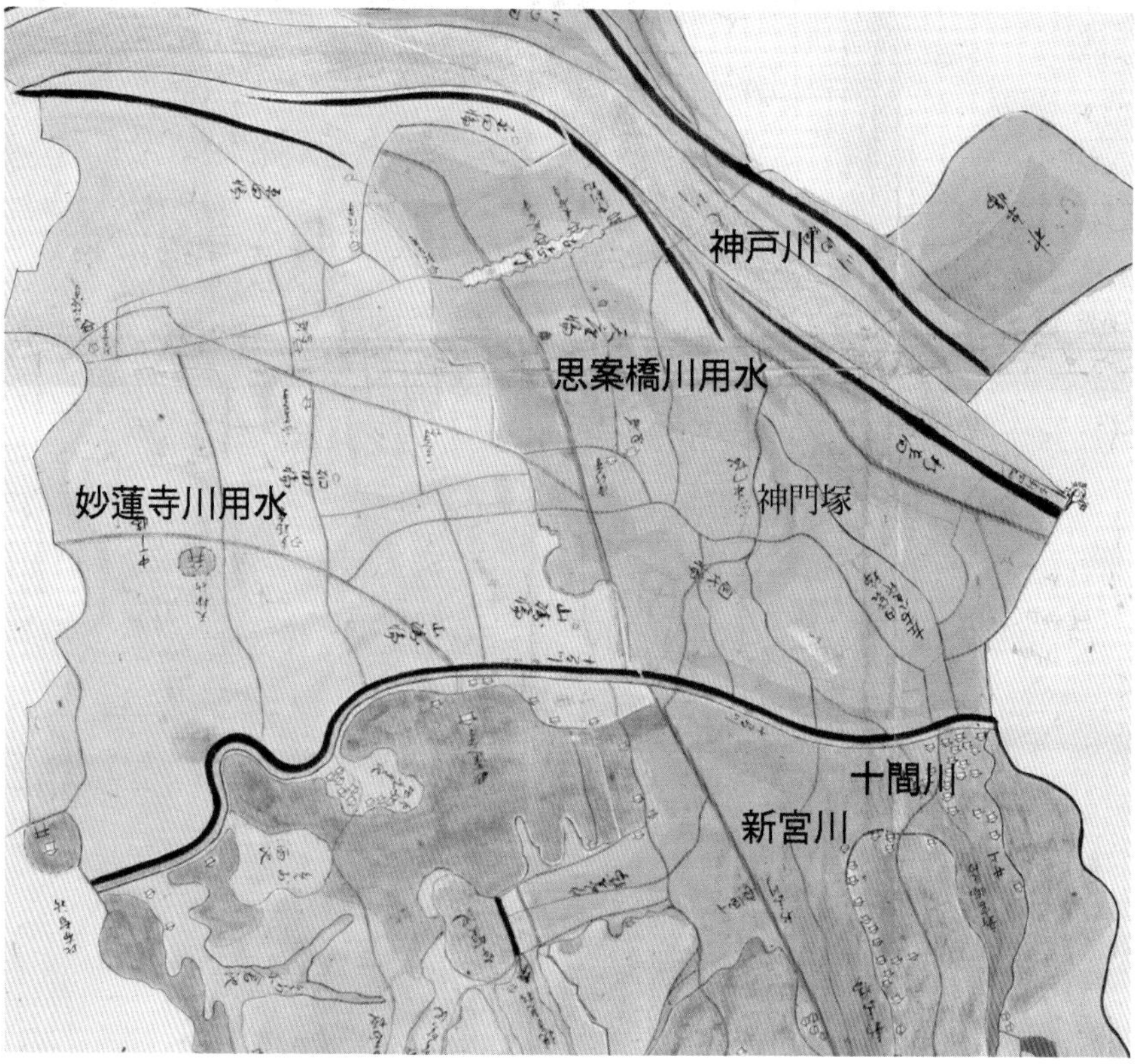

図2　古志郷天保年間開発図面（古志公民館蔵）

漑《がい》している。この用水体系の起源は「天保《てんぽう》年間開発図面」から確実に十九世紀前半まで遡る（図2）。

さらに近年の発掘調査によって、これらの基幹水路のルーツが弥生時代まで遡る可能性も想定されるようになってきた。例えば、古志本郷遺跡や田畑《たばた》遺跡では、現在の思案橋川用水・妙蓮寺川用水に沿って弥生中期〜古墳前期の大溝が多数見つかっており、その一部は近世まで引き継がれている。現在の灌漑用水の起源が弥生時代まで遡るという仮説はいささか突飛に聞こえるが、出雲平野では他にも同様な事例が存在することから、単なる偶然とは考えにくい。灌漑用水路は周囲の水田面よりやや高い微高地に通す必要があり地形的な制約を受ける。古志地区は弥生時代から地形が殆《ほとん》ど変化していないことから、同じ箇所に繰り返し用水路が営まれたものと考えられる。

このように、十間川という取水源は別として、現在の古志地区の灌漑水利大系のかなりの部分は弥生時代まで遡り、その枠組みが温存・更新されてきた可能性が高い。

## 古志郷の集落動態とその背景

図3は古志地区の遺跡から出土した土器量の変化を示したもので、当地の人口動態をある程度反映しているものとみてよい。このグラフが意味する重要な点は、当地の人口が必ずしも順調な右肩上がりの増加を示さず、顕著なアップダウンを示している点である。当地の場合、三世紀後半に際立ったピークが認められた後に急激に土器出土量が減少し、五世紀後半から六世紀にかけてはほぼ無住の地となってしまう。こうした五世紀前後における集落の急激な衰退は、古志郷だけでなく出雲平野全域で共通して見られる現象である。さらに同じ現象は、同時期の岡山平野や福岡平野など列島各地で報告されており、汎列島的な現象であったと考えられる。この時期の集落衰退が汎列島的な現象である点に着目するならば、その原因は広域的な環境変化によって引き起こされた可能性が高い。

水稲耕作を基調とする前近代の日本列島では、災害の中で最も頻繁に生じ、かつ影響が大きかったのは水に関わる災害であった。しかし、古志地区内の遺跡では大規模な河川氾濫の痕跡は全く確認できない。水害でないとすると、当地が長年水不足に悩まされた地域であったことを考慮すれば、旱魃《かんばつ》がその主たる要因として考えられるのではないだろうか。

旱魃の痕跡を遺跡から探るのは殆ど不可能に近いが、ひとつ参考となるのは当時の用水路である大溝の消長である。古志郷内の大溝は、弥生時代を通じて溝浚い等の管理によってその機能が維持されるが、四世紀後半には水が流れなくなり、その大半が埋没してしまう。このような点から、四世紀後半には当地の灌漑水利システムに重大な障害が生じていたと考えられるのである。

では、この時期に進行しつつあった灌漑水利上の障害とは具体的には何か。一つには、例えば神戸川の河道変化によって従来の場所での取水が困難になった可能性、または気候変動や海水面の低下などによって神戸川などの河床が低下し、やはり従来の位置での取水が困難となった可能性などが考えられる。現時点ではこれを検証するための具体的なデータはない。ただ、昨今の環境・気候変動の研究では、古墳時代を急激に寒冷化が進行する「古墳寒冷期」と理解する見方もある（阪口一九九五）。さらに中国の気候変動に関する研究でも、三〇〇〜六三〇年頃の中国大陸は寒冷かつ乾燥した時代であり、政治的動乱など人間活動に重要な影響を及ぼした可能性が指摘されている（佐川二〇〇八）。実際に中国ではこの時期に大幅な人口減少が認められる点は、列島の集落動態と一致しており、興味深い（吉野一九九五）。

このような点からみて、古墳時代前期から進行しつつあった寒冷化・乾燥化が当地の農業経営に重大な打撃を与えたか、または河道変更や河床低下により従来の灌漑システムに甚大な影響をもたらした可能性が想定されるのである。

## 洪水と旱魃　出雲平野の場合

古志郷とは対照的に、水不足ではなく頻繁に洪水の影響を受け続けた事例として、出雲平野北部に位置する山持《ざんもち》遺跡がある。ここでは洪水砂の堆積状況から、弥生時代から近世にかけて頻繁な洪水を受けていたことが判明してる。特に二世紀前半に起きた斐伊川の大洪水は、当時の集落に壊滅的な打撃を与えたにもかかわらず、集落は間隙無く復旧している。古志地区の弥生集落と山持遺跡の様相は、古代において耕地復旧のため最も必要な条件は用水の確保であって、洪水はこれに次ぐ条件であったことを明白に物語っているのである。

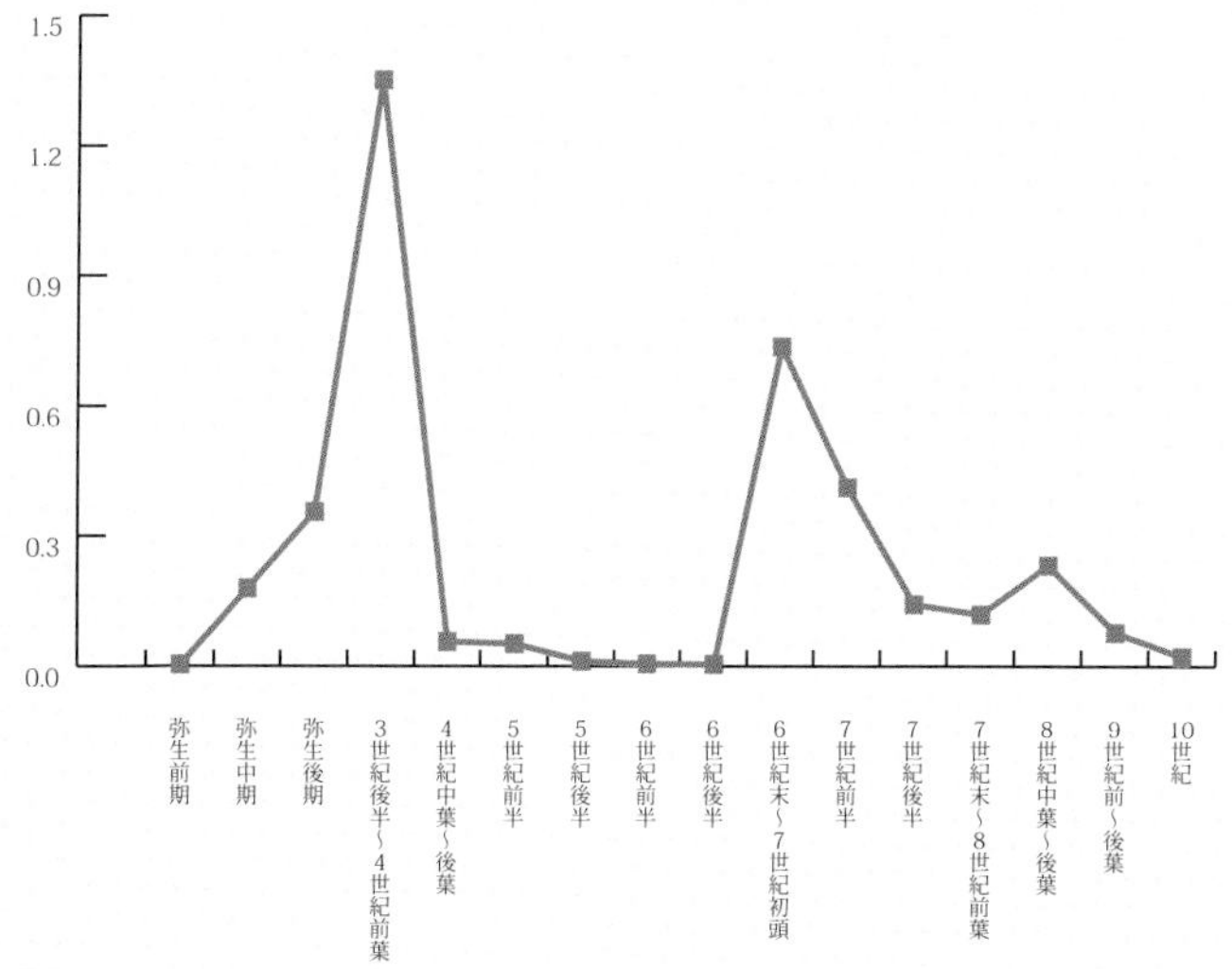


図3　古志地区における土器出土量の推移（100㎡あたりの出土点数）


【参考文献】
阪口　豊　「過去一万三〇〇〇年間の気候の変化と人間の歴史」吉野正敏・安田喜憲『歴史と気候』朝倉書店　一九九五年
佐川英治　「魏晋南北朝時代の気候変動に関する初歩的考察」『時空間情報を用いた歴史情報の刷新』岡山大学文学部　二〇〇八年
吉野正敏　「東アジアの歴史時代の気候と人間活動」吉野正敏・安田喜憲『歴史と気候』朝倉書店　一九九五年

# たたら製鉄の光と影

鉄は江戸時代の島根を代表する特産品として大きな利益をもたらしたが、鉄をつくる過程では自然環境に大きな負荷をかけた。まず、砂鉄をとる鉄穴流しによって大量の土砂が河川に流入するために、下流では川の底が上昇して洪水が繰り返された。また、燃料として一回の操業で約十三トンもの木炭（森林面積に換算して約一万平方メートル）を消費したため、広大な森林を伐採する必要があった。

37　**割鉄**

富田川河床遺跡（安来市）　江戸時代初期（十七世紀）　島根県埋蔵文化財調査センター蔵

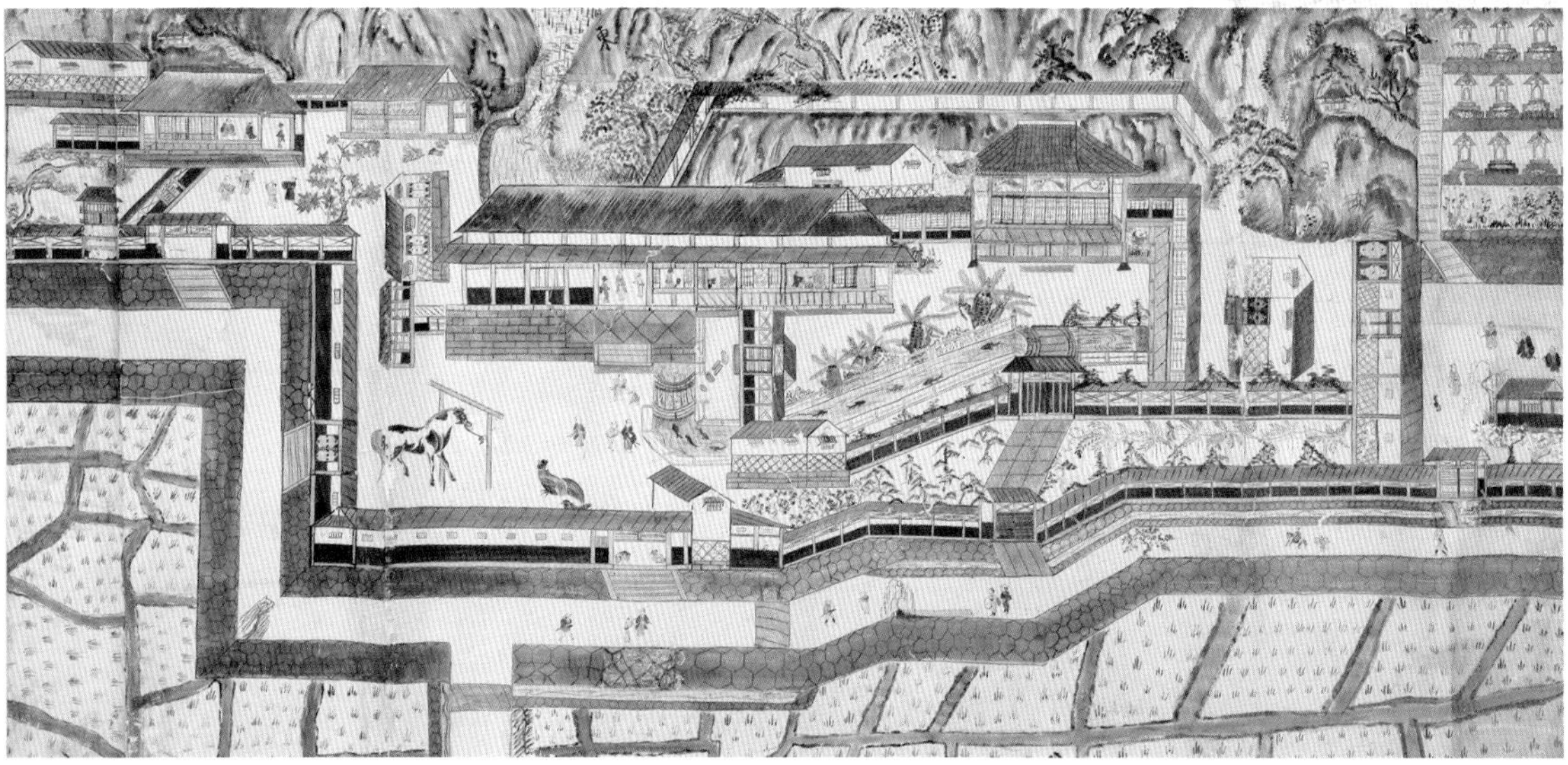

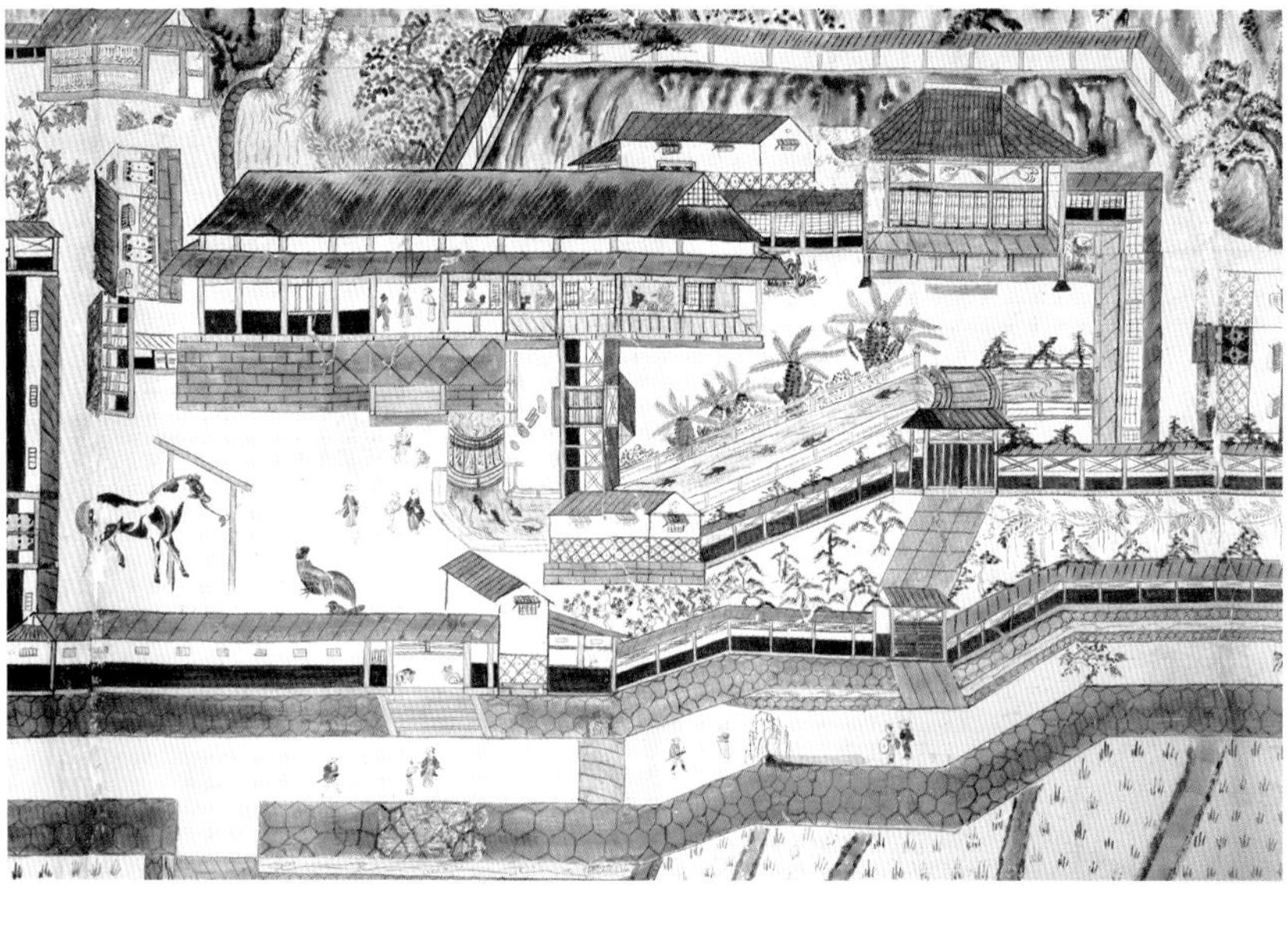

38　**家嶋《いえじま》家旧宅図（能義《のぎ》郡の鉄師《てっし》家嶋家の邸宅）**

江戸時代末期（十九世紀）　個人蔵

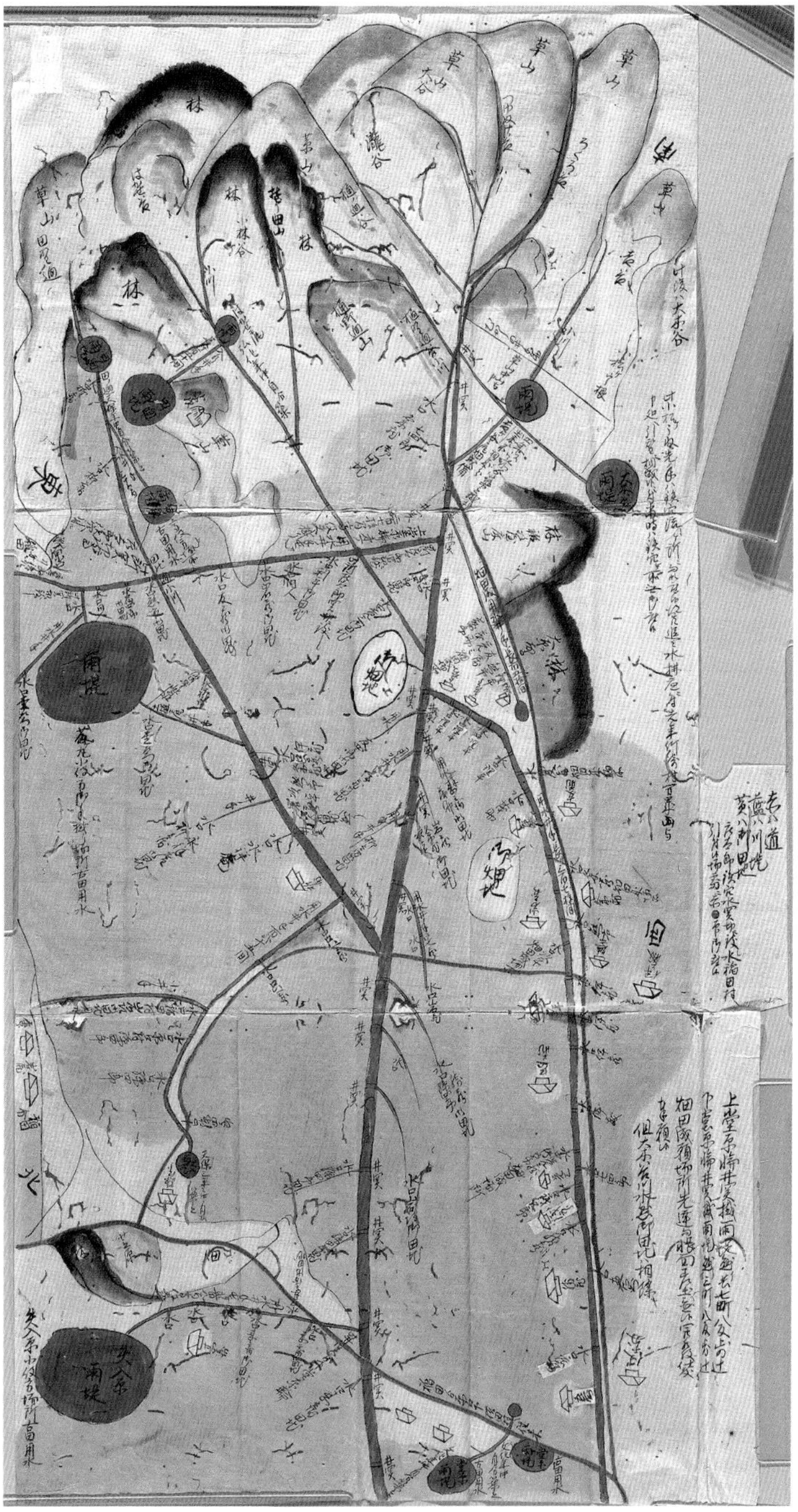

39　仁多郡稲田村原口村鉄穴流し絵図（藍色が鉄穴流し用の水路）
江戸時代末期（十九世紀）　島根県立図書館蔵

参考28　たたら製鉄の様子

参考27　鉄穴流しの様子
（鍬で岩を切り崩し、土砂を水に
流しているところ）

# たたら製鉄は歓迎?・迷惑?

鉄穴流しは下流に洪水を招くだけでなく、土砂が混じった濁り水が流れるため、河川の水を生活用水として使用する住民を困らせた。一方で「たたら場」は山村の人々の働き口であり、また木炭生産のために樹木が伐採されるので、獣害の防止にもなったという。

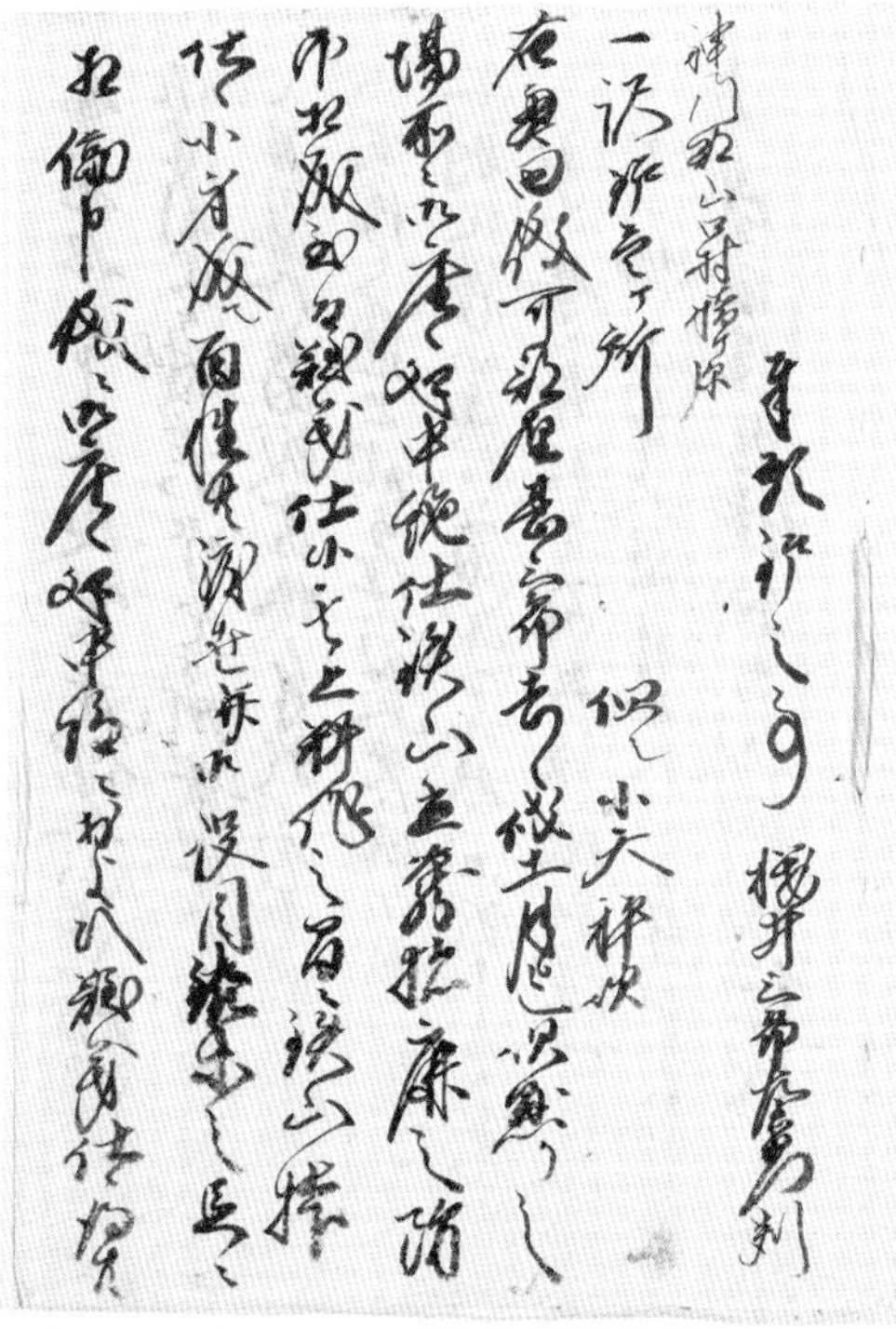

40　奉願鈩《ねがいたてまつるたたら》之《の》事《こと》（たたらの操業再開を求める住民の願書）
明和五年（一七六八）　出雲市蔵

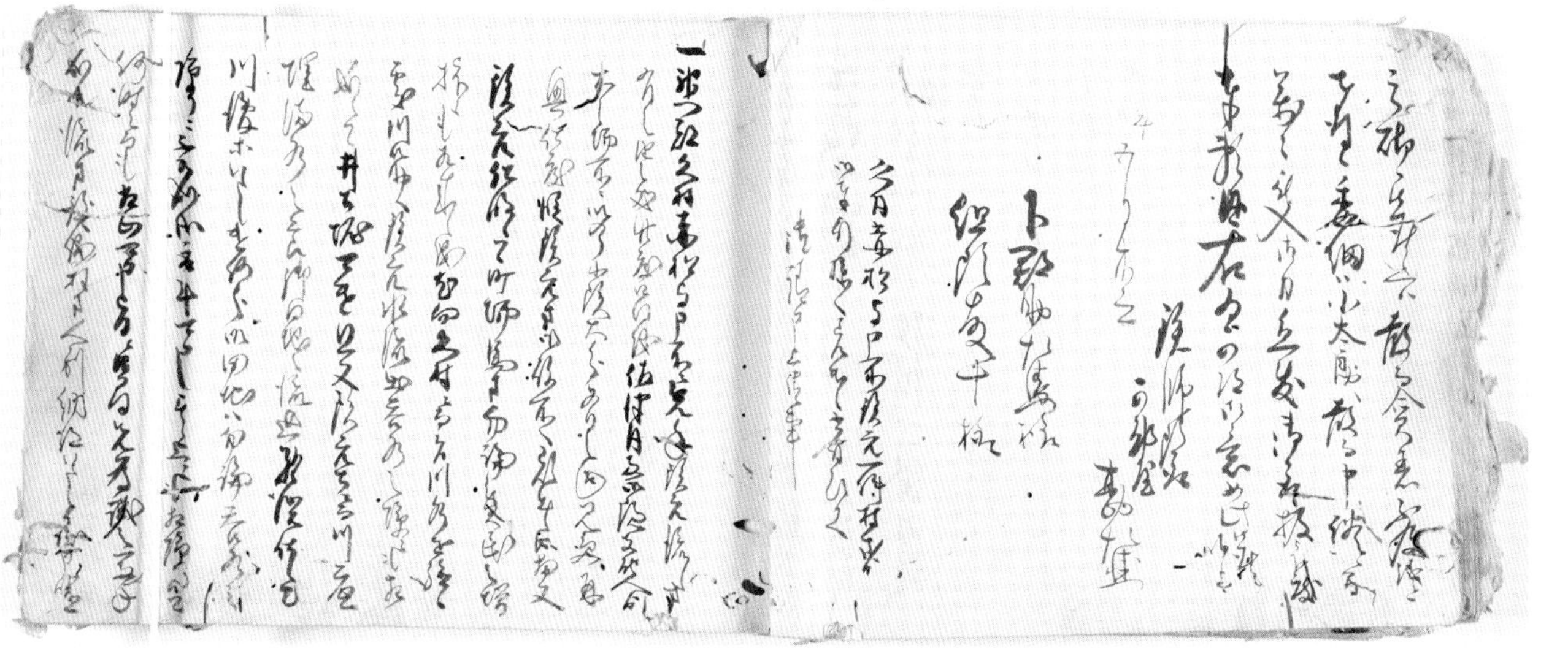

41　久村赤松与申所鉄穴一件村方より御奉行様へ差出候書付ひかへ（鉄穴流しに反対する住民の声が記録されている）
江戸時代後期（十九世紀）　出雲市蔵

【読み下し】
鉄穴流し再開のための地元交渉
（列品番号41の読み下し）

久村赤松与申所鉄穴一件村方より御
奉行様へ差出候書付ひかへ
御請申上御事
一、神門郡久村赤松与申所ニ、先年
鉄穴流し方有之由之処、此度口
田儀・佐津目両御鑪支配人より
右之場所ニ今以小鉄大分有之趣
見受、再興仕度段鉄穴方御役
所へ願出候由、扨又鉄穴仕明候
ハヽ、町馬場方勿論貧民之増挊ニ
も相成候儀、尤向久村ニ而者川
水を繕候処、川筋へ鉄穴水流出
呑水之障ニも相成候ハヽ、井土（戸）
堀可遣、且又鉄穴土ニ而川底埋
満水之節御田地へ流込難渋仕候
ハヽ、川浚等いたし遣、何分御
田地ハ勿論呑水之障りニ不相成
様取斗可申、其上ニも相障り候
ハヽ、何時ニ而も相止可申旨ニ
候間、先為試之着手成共流方致
儀村方人別納得いたし候様申置
（以下略）

# 宝の「山」

石油もガスも電気もない時代、調理・暖房・工房などで使う燃料は、薪《まき》や木炭に頼っていた。また、新芽・若葉は貴重な肥料であった。人々にとって、山林は文字通りの宝の「山」であったといえるだろう。ただ、必要不可欠な存在であったがために、山林の行き過ぎた開発が問題にもなった。江戸時代の記録には山々を指して柴山・草山・毛無《けなし》山という表記が多く見られ、現在のように樹木が生い茂る景色ではなかった場所もあった。

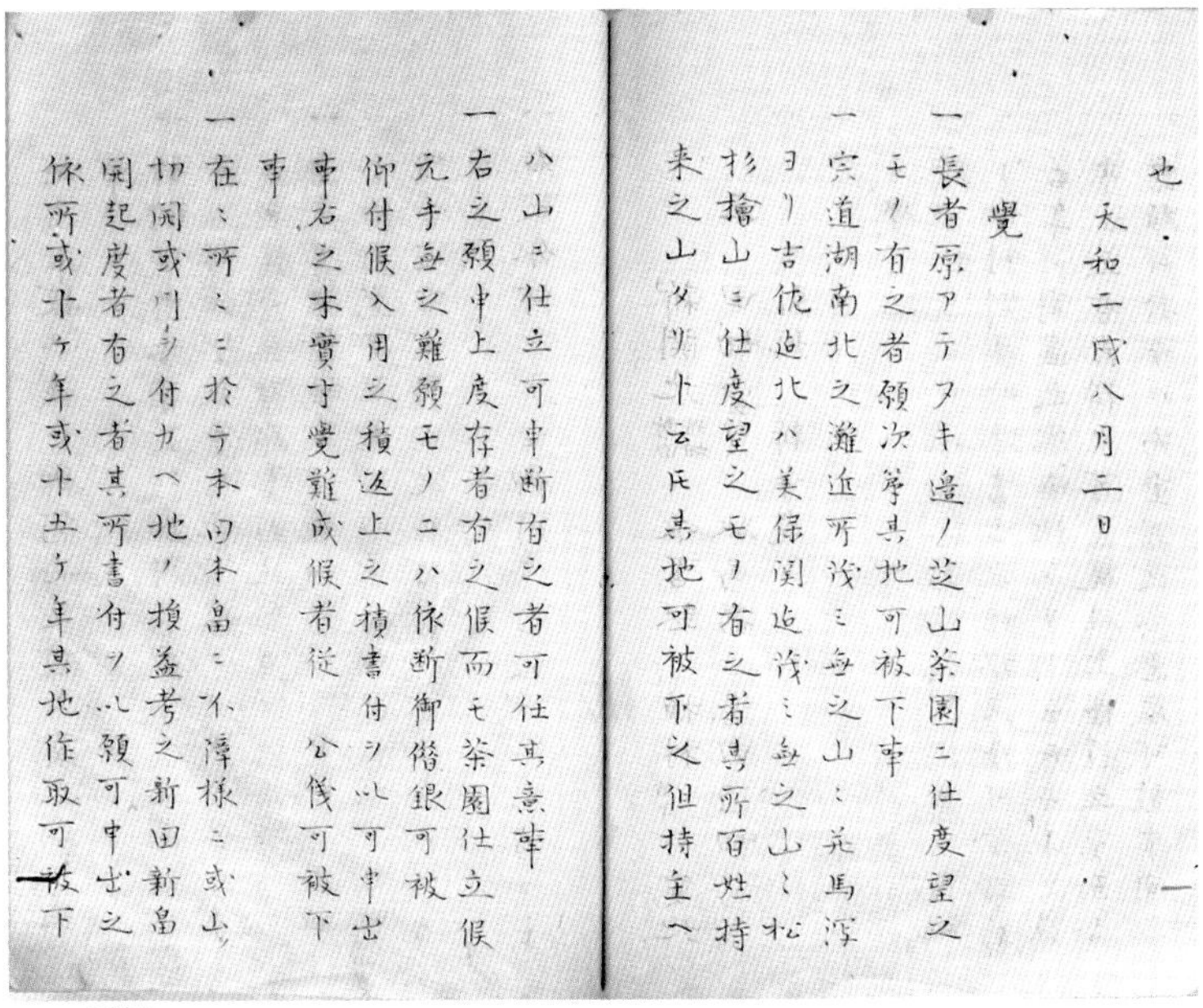

42　国令《こくれい》（宍道湖・中海周辺の茂みのない山での植林を奨励）
天明年間（一七八一〜八九）　島根県立図書館蔵

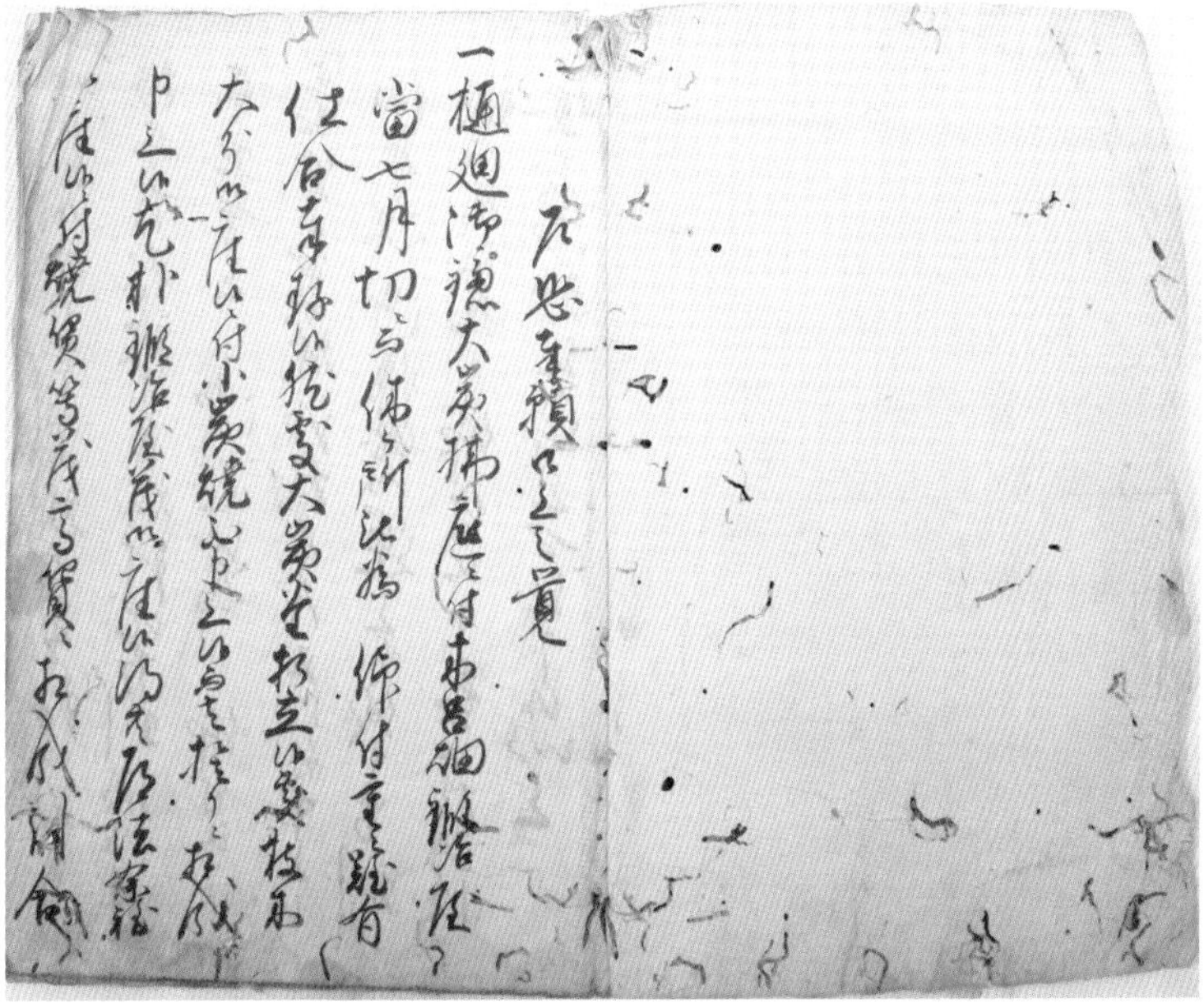

43　万日記（木炭が確保できないためたたらの操業を縮小）
文政十二年〜天保十一年（一八二九〜四〇）　個人蔵

44　山入札《やまいりふだ》
明治時代中頃から昭和時代初期（二十世紀）
個人蔵

参考29　たたら製鉄で使用する大炭を出荷する様子

コラム4

# 禿《は》げ山の近世

面坪 紀久

## 一．江戸時代の森林保護政策

「火を熾《おこ》す」という作業がプロパンガスや電気に移り変わって久しい。軒先にうずたかく積まれた薪《まき》の光景を見かけることも今やまれである。かつて薪風呂であった筆者の家でも、本格的な冬の到来を前に、山から伐り出した原木に斧をふるい一冬分の薪をたくわえたものである。夕暮れ時になると、銅製の風呂焚き口から前日の燃えさしや灰を掻きだし、新しい薪をくべて火をおこす。これは我が家では主に子供らの仕事であったが、よくさぼっては叱られた。

電気やガスの普及率がほぼ一〇〇％に到達している現代においては、日常の暮らしの中で薪炭を扱う機会は減ってきている。しかし、数十年遡れば、薪炭は日々の暮らしを支える台所燃料として欠かせない生命線であった。それ故に過去、山に対する人間の圧力は時に熾烈《しれつ》を極め、大規模な自然災害を誘発し、さらには山の利用権をめぐる争いが幾度となく繰り返されてきたのである。

近年、世界的に広がる環境問題への意識の高まりをうけて、日本では江戸時代の暮らしに関心が寄せられつつある。持続可能な循環型社会、或いはエコ・リサイクル社会として高い評価を受けてきた江戸時代。しかし、そうしたイメージの背後で、実は環境破壊や公害などの深刻な問題を抱えていたことは意外にも知られていない。

近年、研究者の間で衝撃的な研究成果が次々と報告されている。十七世紀初頭、大規模な耕地開発によって原野は次々と田畑へ作り替えられていった。城下町の建設や、膨大な燃料を要する窯業・製塩業・製鉄業といった諸産業の発展によって木材や燃料の需要が急増すると、各地で大規模な森林伐採が行われた。ところが、無尽蔵に繰り返される乱伐はやがて山林の草地化や荒廃を招き、これに及んで幕府諸藩では政策的に伐採量を減らし、森林管理体制の整備や植林・育林を始めとする森林保護政策へと舵を切っていった。しかし、拡大する燃料需要に歯止めはかからず、幕末に至ると各地で禿げ山（裸地化）の景観が生み出されていた、というのである。それは、松江藩も例外ではなかった。明治三十年（一八九七）に記された「出雲国旧松江藩官林習例及其外取調書」(1)は、幕末の出雲国の景観について次のような記録を残している。

大海崎《おおみさき》（島根郡内）上来海村《かみきまち》（意宇《おう》郡内）ノ二ヶ所ハ古昔ヨリ林木最モ多キ土地トスシ然レトモ近年薪炭用ノタメ伐採スルヲ以テ大ニ耗哀ニ属セリ

――耗哀ニ属セリ。では、この光景を生み出すに至ったという松江藩の薪炭生産とはどのようなものであったのだろうか。

## 二．松江藩における薪生産の実態

十七世紀に入ると、松江藩でも藩直轄林「御立山《おたてやま》」の設置や植林・育林などの積極的な森林整備に着手していく。元禄八年（一六九五）には「米」や「大豆」などと併せて「薪炭」の領外移出を禁止するなど、燃料となる資源の囲い込みを図り、安定的な燃料供給体制を確立していった。特に山野資源の乏しい松江城下において、日々膨大に消費される薪炭の安定的な確保は、江戸時代全体を通じた至要課題のひとつであったといえる。こうした藩の燃料需要に応えたのが、豊富な山野を有した大

【表1】嘉永2(1849)年9月時点における薪生産高（貫.目）

| 村名 | 年間割付高 | 生産高 | 達成率 |
|---|---|---|---|
| 新庄村 | 13000.0 | 15379.900 | 118% |
| 本庄村 | 16000.0 | 13009.900 | 81% |
| 邑生村 | 5000.0 | 4337.800 | 87% |
| 別所村 | 5000.0 | 4944.0 | 99% |
| 野原村 | 5000.0 | 6179.300 | 124% |
| 長海村 | 9000.0 | 8125.170 | 90% |
| 手角村 | 3000.0 | 3016.0 | 101% |
| 下宇部尾村 | 8100.0 | 9819.280 | 121% |
| 森山村 | 5800.0 | 33883.640 | 584% |
| 福浦 | 3500.0 | 1658.0 | 47% |
| 美保関 | 10000.0 | 13100.200 | 131% |
| 雲津浦 | 8000.0 | 4539.800 | 57% |
| 諸喰浦 | 4000.0 | 3868.500 | 97% |
| 七類浦 | 2000.0 | 1793.200 | 90% |
| 片江浦 | 12000.0 | 9279.100 | 77% |
| 菅浦 | 3000.0 | 7103.500 | 237% |
| 北浦 | 5000.0 | 4471.900 | 90% |
| 千酌浦 | 10000.0 | 6007.400 | 60% |
| 野波浦 | 20000.0 | 19472.100 | 97% |
| 合計 | 147400 | 169988.690 | 115% |

※正月時点の総割付高は143700貫目であったが、その後3700貫目の追加移出が命じられた(下宇部尾村2400貫目増・森山村800貫目増・福浦500貫目増)。

原郡・意宇郡・島根郡などの松江城下近隣の村々であった。

かつて島根郡東組二十三ヶ村の与頭《くみがしら》として薪生産の指揮をとった片江浦の寺本家には、弘化元年（一八四四）から幕末にかけての薪運送記録が残されている。同家に残る一連の文書群からは、島根郡の村浦が松江城下で用いる燃料用薪の生産を請け負い、年間を通じて膨大な数の木々が伐り出されていた様子を窺うことができる。海岸の背後まで迫る豊富な森林を有し、日本海や中海に囲まれた島根半島。豊富な資源と海運の便を以て、松江城下の台所を支える重要な役割を果たしてきた。嘉永二年（一八四九）、島根郡東組に課せられた年間の薪生産量は、一四七四〇〇貫目（およそ、五五二・七五トン）にも及んだ。

薪生産にあたったのは各村浦の農民らであった。総世帯数のおよそ七割が関与していたと考えられ、村全体が従事する村請負型の生産形態を採っていたことが分かっている。伐り出された木々は、用途に応じて生木（生材）・干木（乾燥材）に加工され、松江城下の御手船場《おてせんば》へと運搬されていった。これらは、松江藩が独占的に買い上げ領内に流通させる専売制が採られ、村浦の貴重な貨幣収入源ともなったが、伐り出しから運搬の一切を担う村浦の負担を考えれば、薪生産によって得られる収入はあまりに僅少なものであった。さらに、江戸時代を通じて幾度となく大火に見舞われた松江城下では、復興用材としての木材の需要が高まり、その都度村浦には膨大な量の伐り出しが命じられた。また、天保三年（一八三二）に意宇郡下意東村（松江市東出雲町）への新たな陶物場（窯場）の設置が承認されると、庶民の間には燃料不足の不安が広がり、薪の売り渋りが横行するなど、薪炭の市場価格は著しく高騰した。ところが、薪や用材の需要が拡大するいっぽうで、これを請け負う村浦では運送の遅滞が深刻化していた。松江藩では、運送が滞りがちな東組の村浦に対して「心得違不致急速ニ令運送候様」や「運送手間取候ニおゐてハ厳敷御咎可被仰付」などと厳しい態度で臨んでいる(2)。

さて、嘉永二年、島根郡東組に命じられた年間の薪生産量は一四七四〇〇貫目であった。では、実際にどれほどの薪が移出されたのだろうか。結論から言えば、この年、当初の想定を大幅に上回る一六九九八八貫目が松江城下へと運送された【表1】。ところが、村浦別に見ていくと、森山村や菅浦のような極めて高い生産量を誇る村浦があるいっぽうで、福浦《ふくうら》や雲津浦《くもつうら》などの割付高のわずか六〇％にも満たない村浦があることに気が付く。組全体にみる一一五％という達成率は、実際には不足しがちな多くの村浦を補って余りある、少数の村浦によって確保されたものであったことが分かる。さらに、不足分を抱える村浦には「樵出次第《きりだししだい》」として順次移出が命じられるなど、薪の生産は農間稼ぎという範疇《はんちゅう》を遥かに超えた過酷な労働であったことが窺えるのである。

「運送遅滞」の要因のひとつとして考えられるのが、薪や用材となる木そのものの減少である。当初、松江藩が伐り出しの対象林としたのは、藩が島根郡内に抱える御立山であった。ところが弘化四年（一八四七）に至ると、薪用木として優秀な雑木を多く抱える個人所有林や村の共有林からの伐り出しが命じられ、次第にその範囲を拡大させていった。

45　枕木山上之展望(堀芙峯作)
昭和時代初期(二十世紀)　当館蔵

江戸時代、城下の営みを支え、諸産業の発展に重要な役割を果たしてきた島根郡の山林。しかし、人間の生活を豊かにするための営みは、自然の更新力を遥かに凌駕《りょうが》する過剰な収奪となって、幕末には赤い山肌の覗く禿げ山の景観を生み出すこととなったのである。

## 三．新たな問題

遡ってみると、人間は何世紀にも渡って自然との果てしない探り合いを続けてきた。豊沃《ほうよく》な大地と豊かな山野が育む多様な資源は、人々に住処《すみか》や糧を、そして知恵や技術の発展をもたらしてきた。しかしそのいっぽうで、地震・大雨・洪水・土砂崩れといった自然の猛威は容赦なく人々の生活を脅かし、その都度人々は恩恵をもたらすだけではない自然の残酷な側面とも向き合ってきたのである。このとき、人間が豊かな営みを目指していく中で山野に向けてきた圧力が、土砂崩れなどの新たな災害を呼び起こしてきたことも忘れてはならない。

「美しさ」「豊かさ」などと形容される日本の山林。しかし、過剰収奪を繰り返した江戸時代から現代に至り、人々が自然に向けてきた過剰な圧力は、今や無関心という新たな暴力にかわって山を蝕んでいる。今、地方の山間部では山林の放置化が進み、山そのものの弱体化が問題となっている。自然災害が多発する今、改めて山に対する人間の姿勢が問われているといえよう。

【注】
(1) 木村健次編『明治三十年　広島・山口・島根・鳥取・岡山旧藩山林習例取調』財団法人林野弘済会大阪支部、一九九三年
(2) 島根大学附属図書館蔵「無題(御請申上一札之事　美保関と記載あり)」(寺本家文書一一三)

【参考文献】
水本邦彦編『環境の日本史』4、吉川弘文館、二〇一三年
片江郷土史編さん委員会『片江郷土史』一九六五年

【出典】
【表1】島根大学附属図書館蔵「嶋根郡東組村々當西春薪割府運送受合書出張／與頭文十組下」(寺本家文書九十九)、「嶋根郡東」(同一〇九)より作成。

# 須《す》美《み》禰《ね》神社の柴《しば》草《くさ》祭

須美禰神社（雲南市）で遅くとも寛延二年（一七四九）から続くこの祭礼は、神社の裏山の山柴を肥料としたところ不作が止んだことに始まると伝わり、祭りの最後には、拝殿に積まれた柴草を氏子が互いに頭から掛け合い、たいへん盛り上がる。化学肥料のない江戸時代以前には、代掻《しろかき》きの後に若草や新芽・若葉を肥料として田に踏み込む「刈敷《かりしき》農法」が広く行われており、この歴史を伝える祭礼である（雲南市指定無形民俗文化財）。

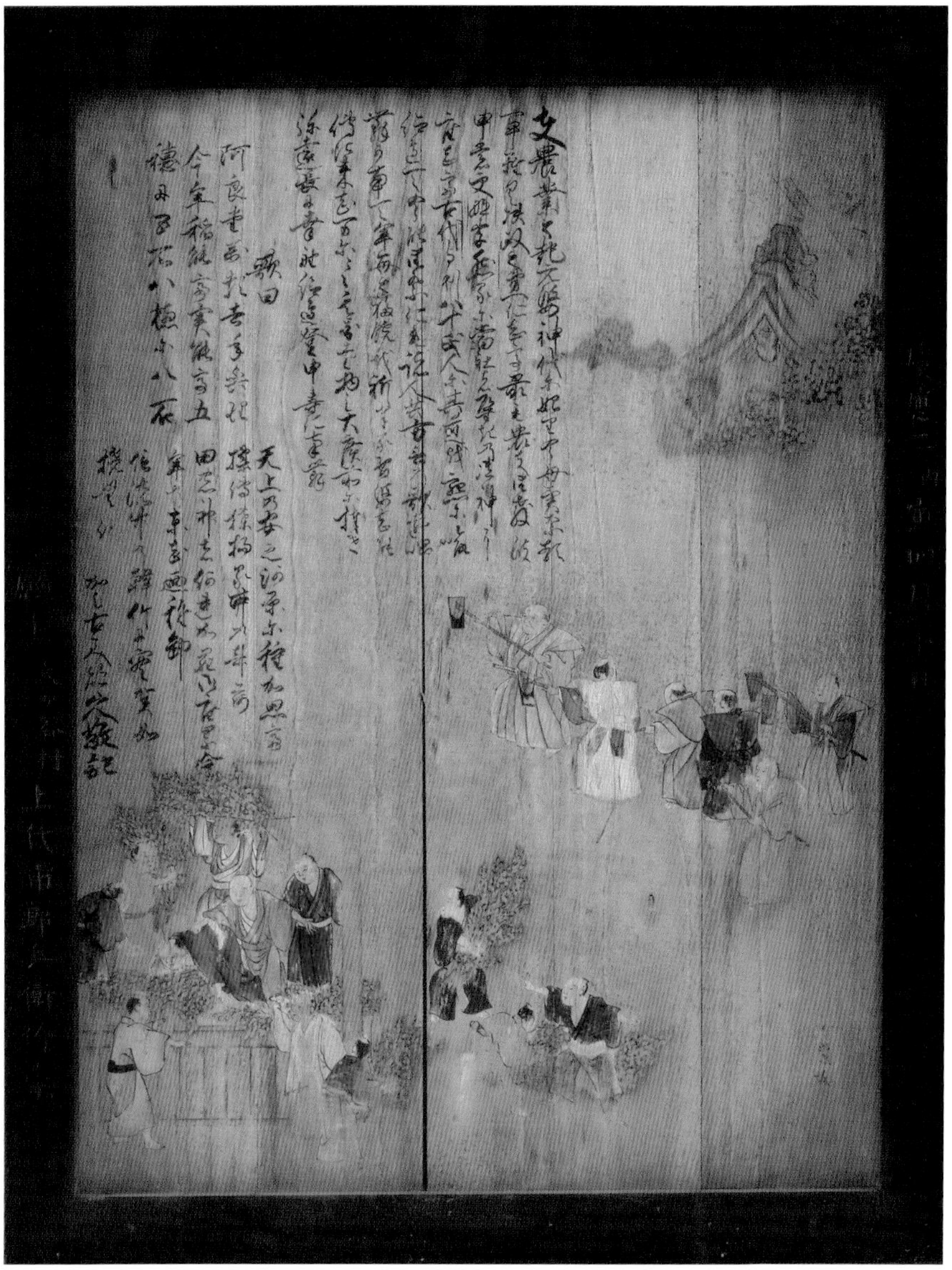

**46-1　柴草祭絵馬**
慶応二年（一八六六）　須美禰神社（雲南市）蔵

46-2　柴草祭で使用していた獅子頭《ししがしら》
年未詳　須美禰神社(雲南市)蔵

46-3　柴草祭で使用していた鼻高面《はなたかめん》
年未詳　須美禰神社(雲南市)蔵

46-4　太鼓《たいこ》(天保十四年の柴草祭にあわせて奉納か)
天保十四年(一八四三)　須美禰神社(雲南市)蔵

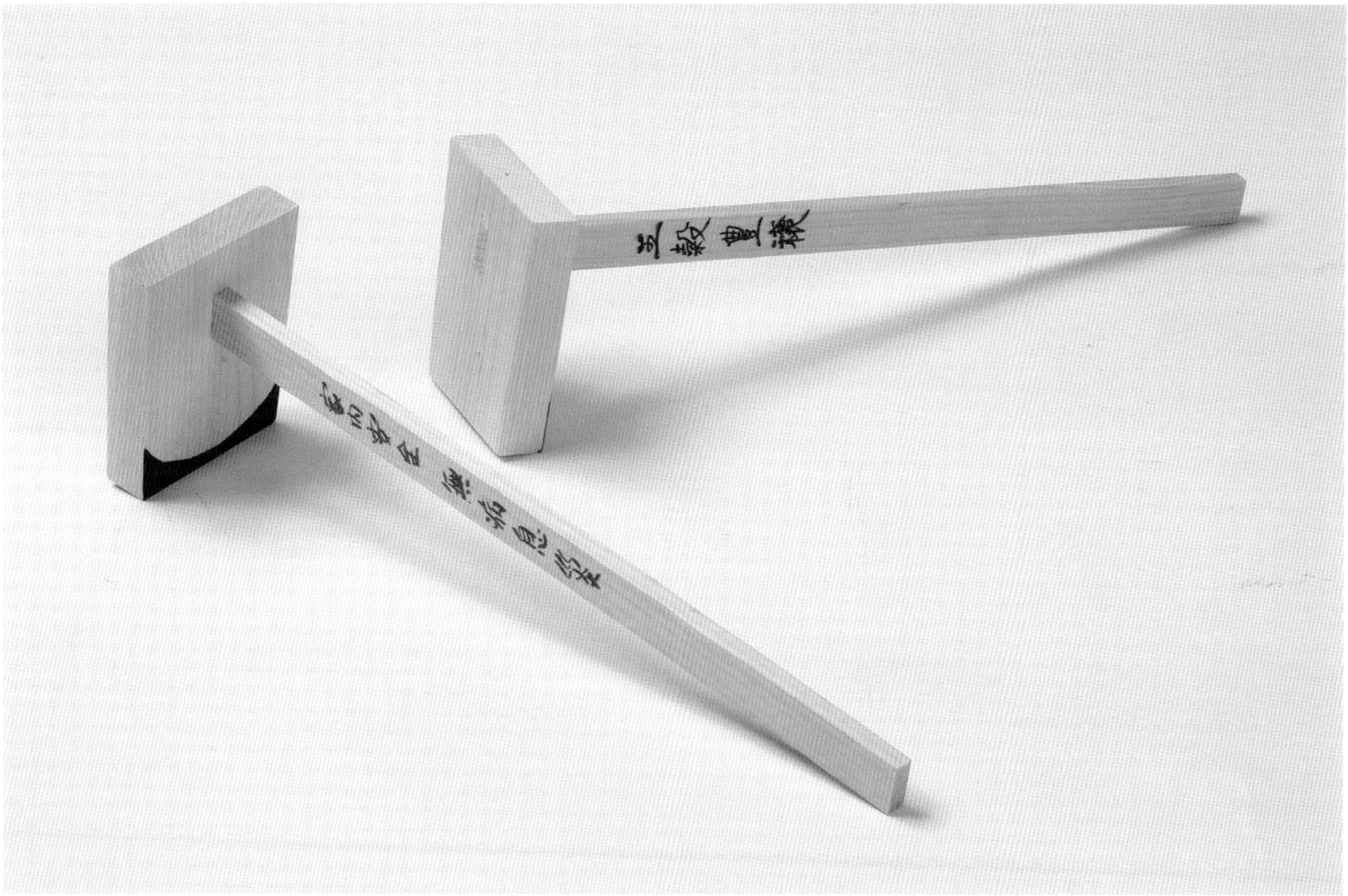

**46-5　木鍬《きぐわ》**

令和二年（二〇二〇）　須美禰神社（雲南市）蔵

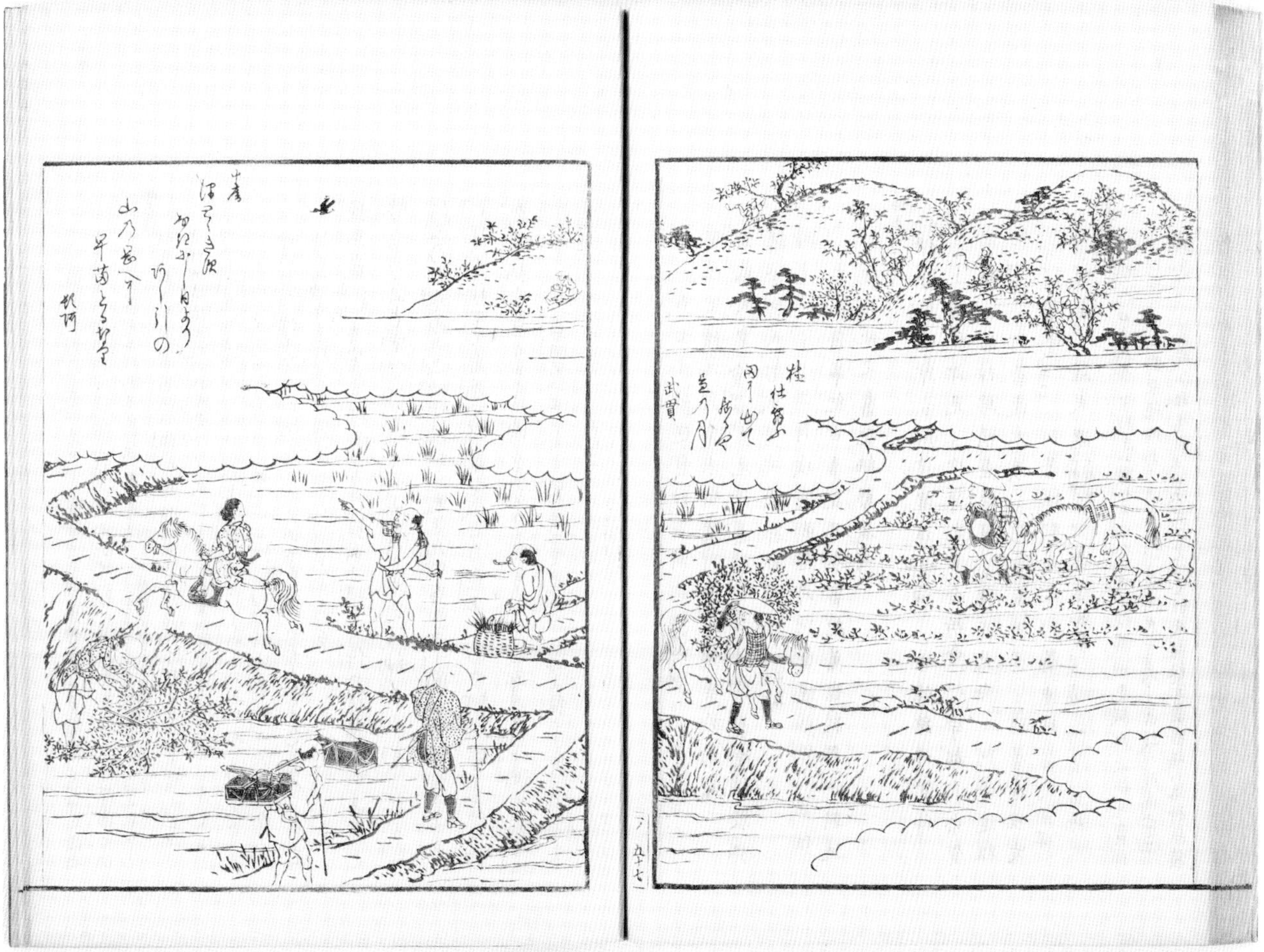

**参考30　山から刈り取った木の枝を田に敷き込む農民たち**

（『善光寺道名所図会』より）　京都府立京都学・歴彩館写真提供

# 第三章

# 大河とともに

最も多く島根の大地を襲った災害は水害であり、相次ぐ水害で多くの人命・財産が失われた。その一方で人々は生活に欠かすことのできない水の近くに住み続けた。そして洪水と水不足が起こらぬよう神仏に祈りを捧げた。本章では水をめぐる人々の格闘と祈りの歴史を見てゆこう。

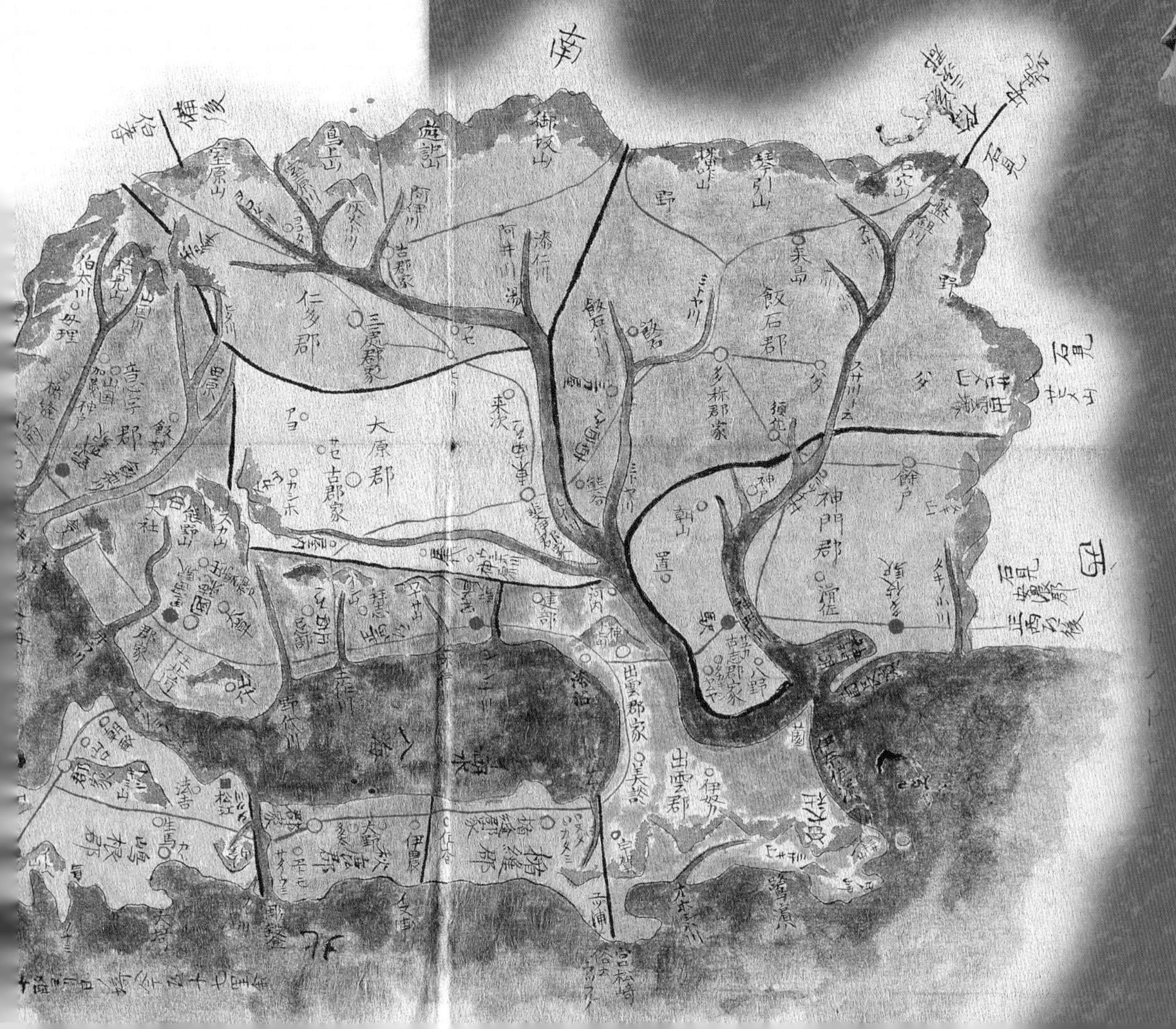

# 川の流れ常ならず

出雲国の大河斐伊川《ひい》は、かつては下流が現在とは逆の西に向かい、日本海に注いでた。永《えい》禄《ろく》年間（一五五八～七〇）には現在と同じ宍道湖《しんじこ》方向つまり東側に向う流路が出現し、十七世紀の初めに流路は東方向に完全に変化した。

ただし、その後も流路の変更、沿岸の新田開発などで斐伊川とその沿岸の地形の変化は続くのである。

## 西流時代の斐伊川

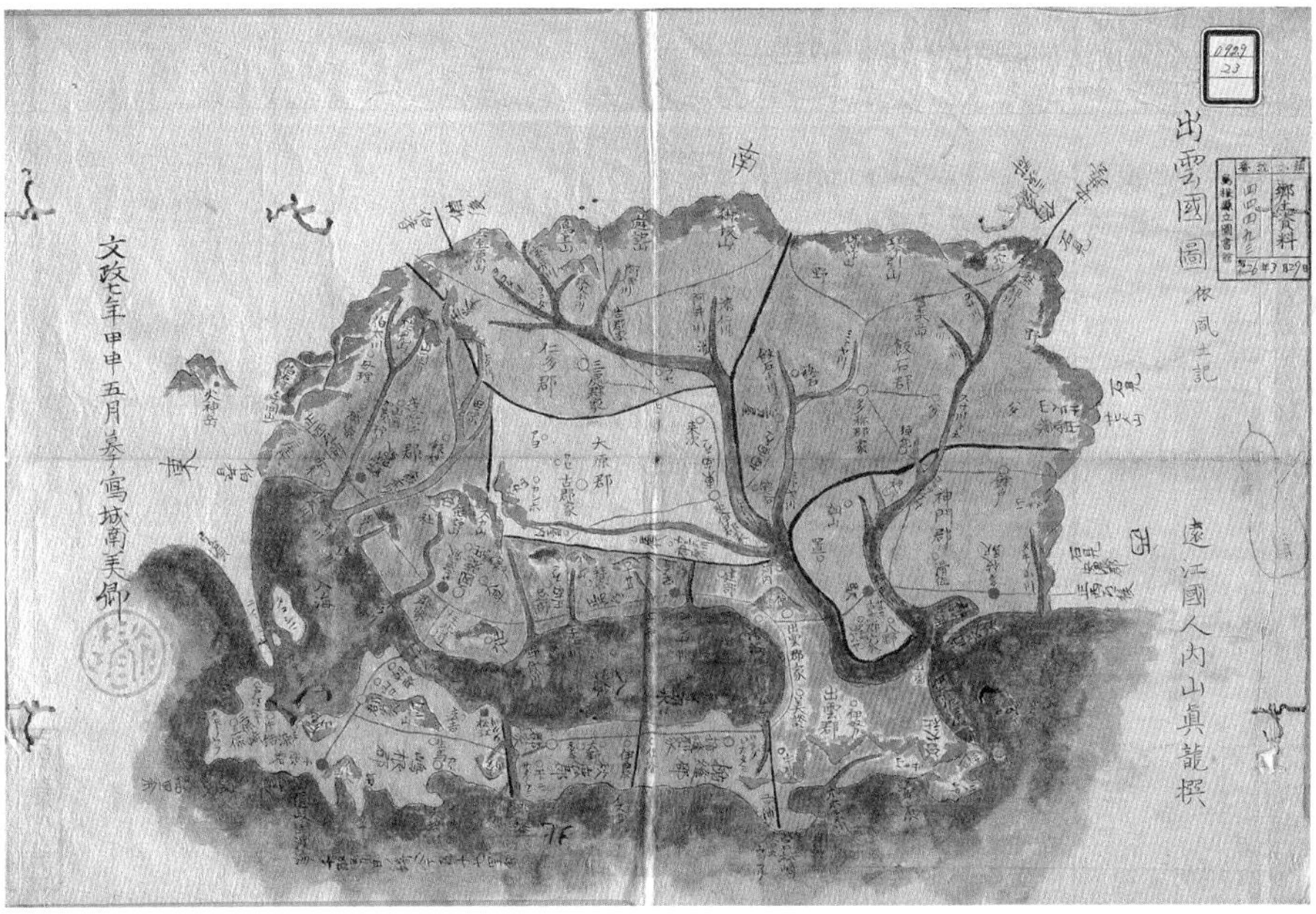


**47　出雲国図（依風土記）**
文政七年（一八二四）　島根県立図書館蔵・写真提供　（注）南を上に描いている。

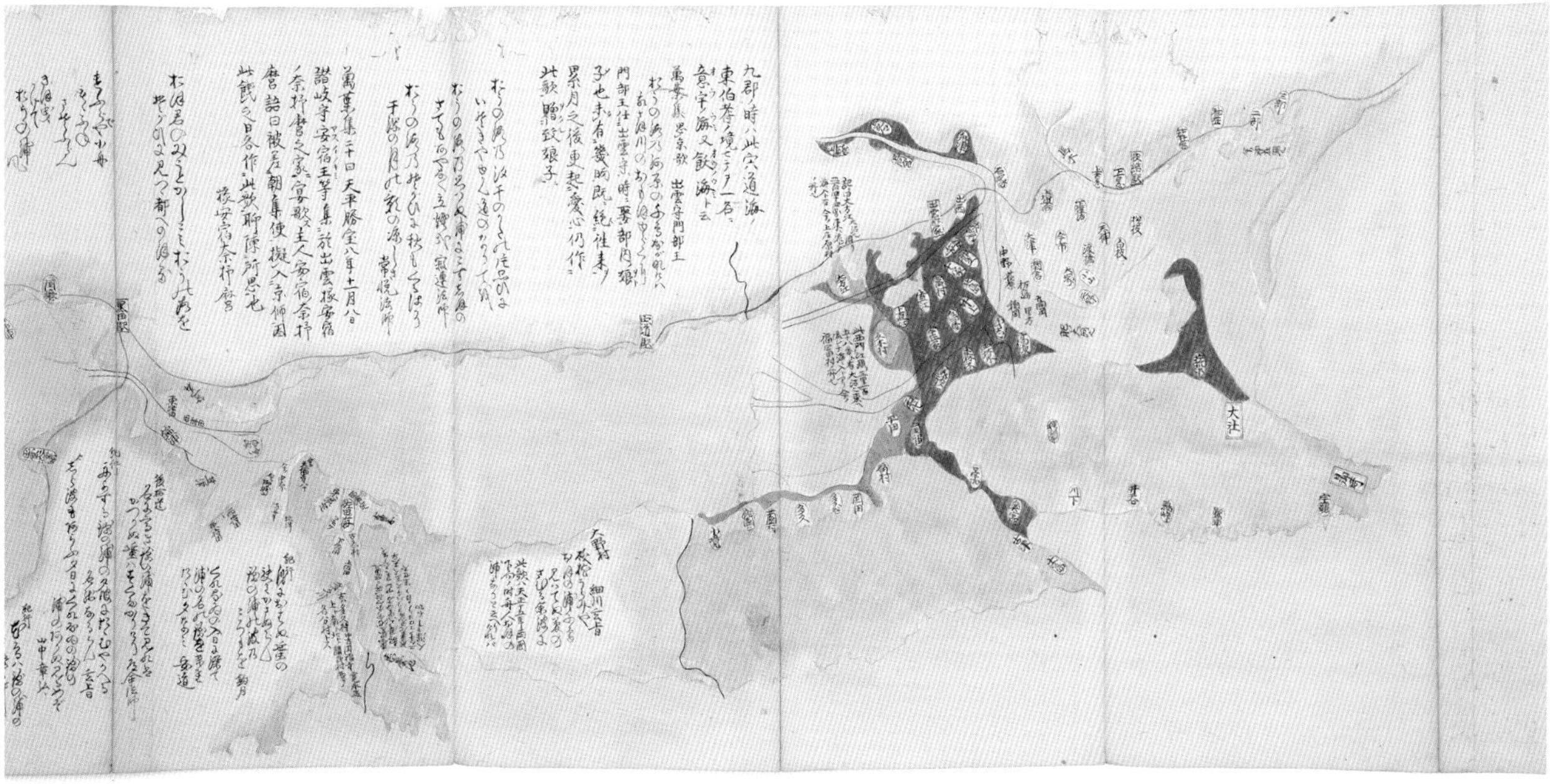

**48　出雲稽古知今図説《いずもけいこちこんずせつ》**
明治時代（十九世紀）　（原本：天保年間（一八三〇～四四））　当館蔵　（注）南を上に描いている。

## 東流後の斐伊川

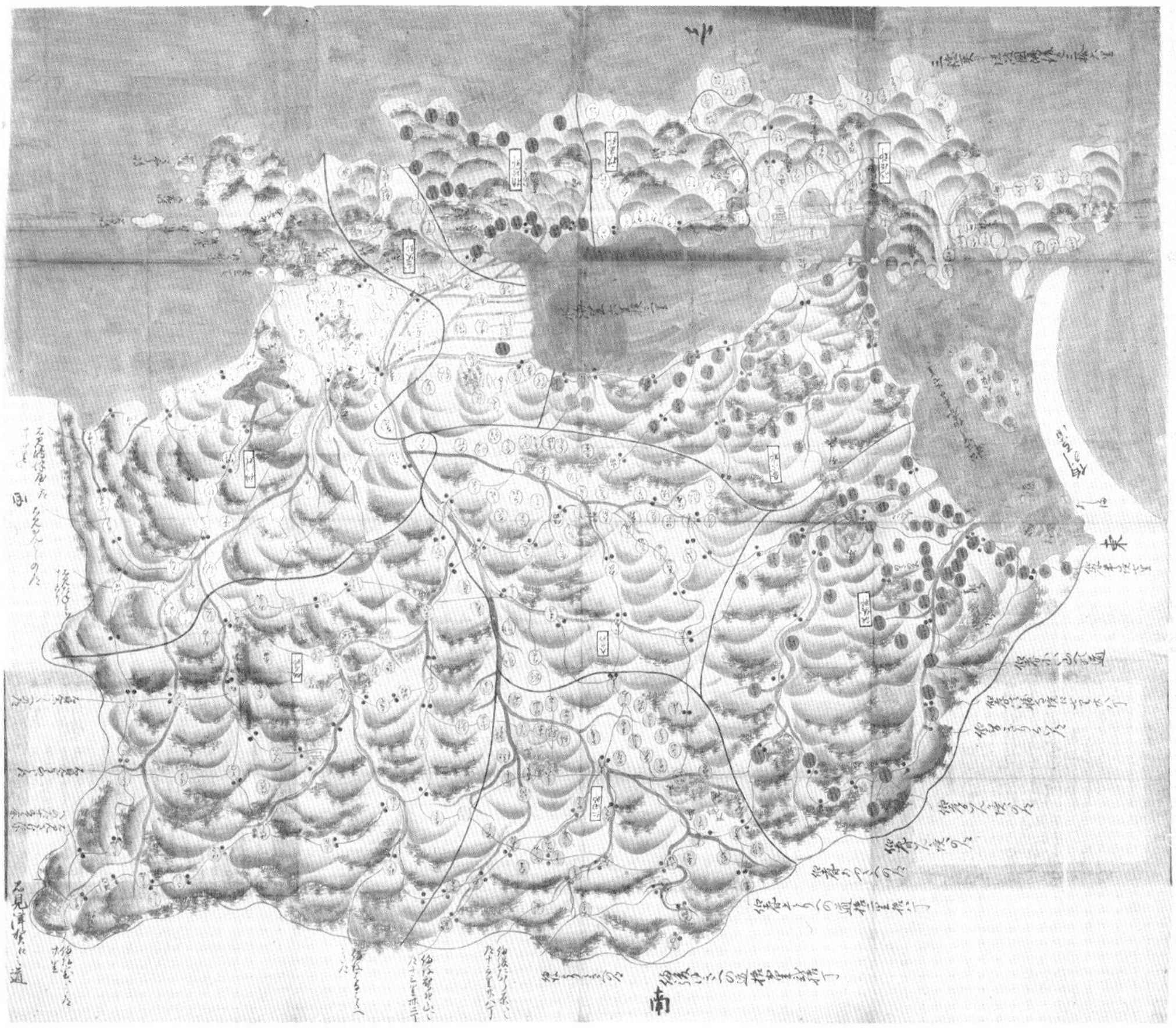


49　寛永出雲国絵図

寛永十五年(一六三八)か　当館蔵

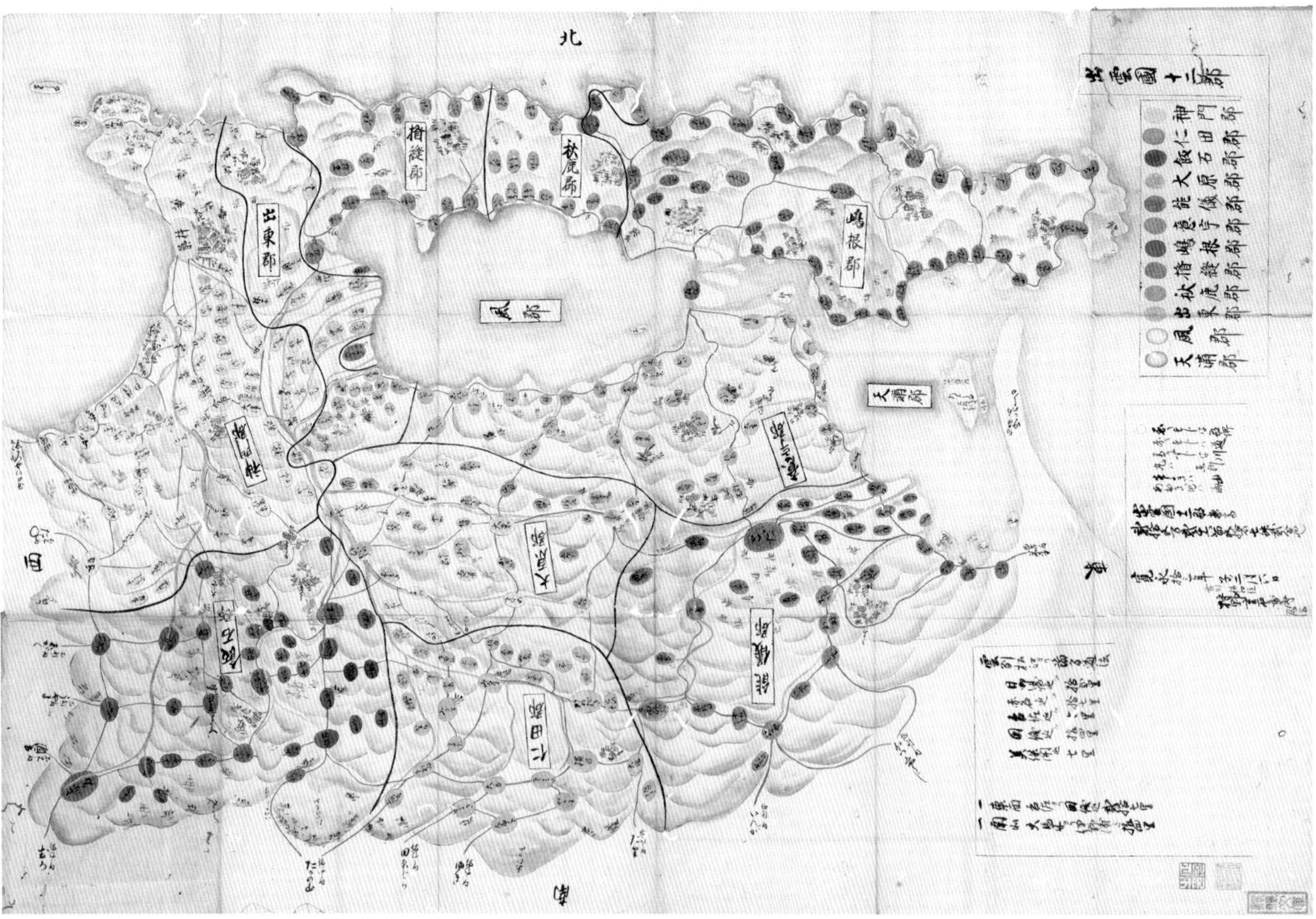


50　出雲国十二郡図

寛永十三年(一六三六)　島根大学附属図書館蔵･写真提供

# 水との闘い

『出雲国風土記《いずものくにふどき》』に斐伊川堤防の記事があるように、治水は古代から重要な課題であった。水害は沿岸の人家・人命を損なうだけでなく、地形や環境を変え、水害後も流域に住む人々の生活に影響を与えた。

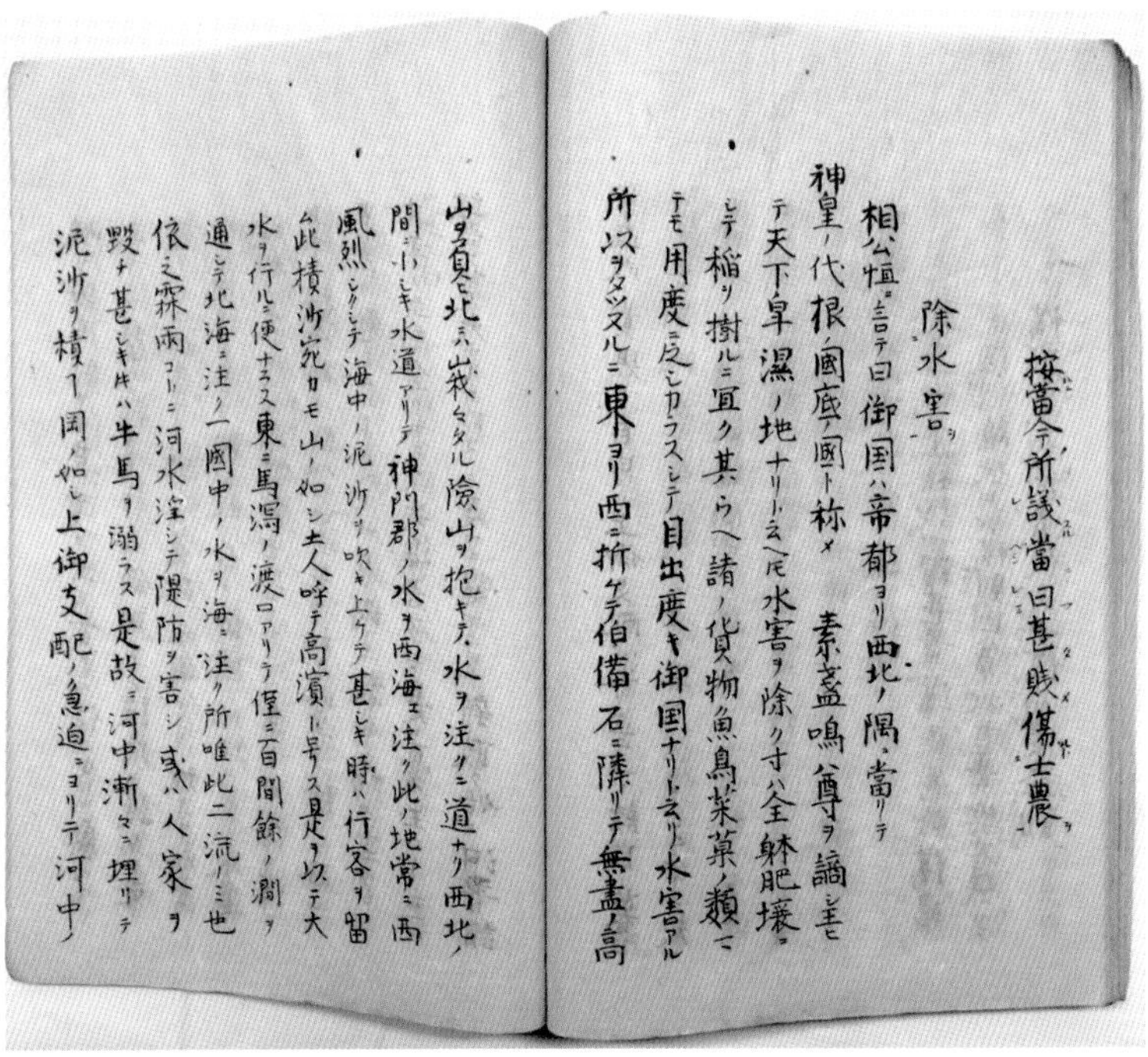

51　治国譜《ちこくふ》
江戸時代（十八～十九世紀）（原本：安永四年（一七七五））　松江歴史館蔵

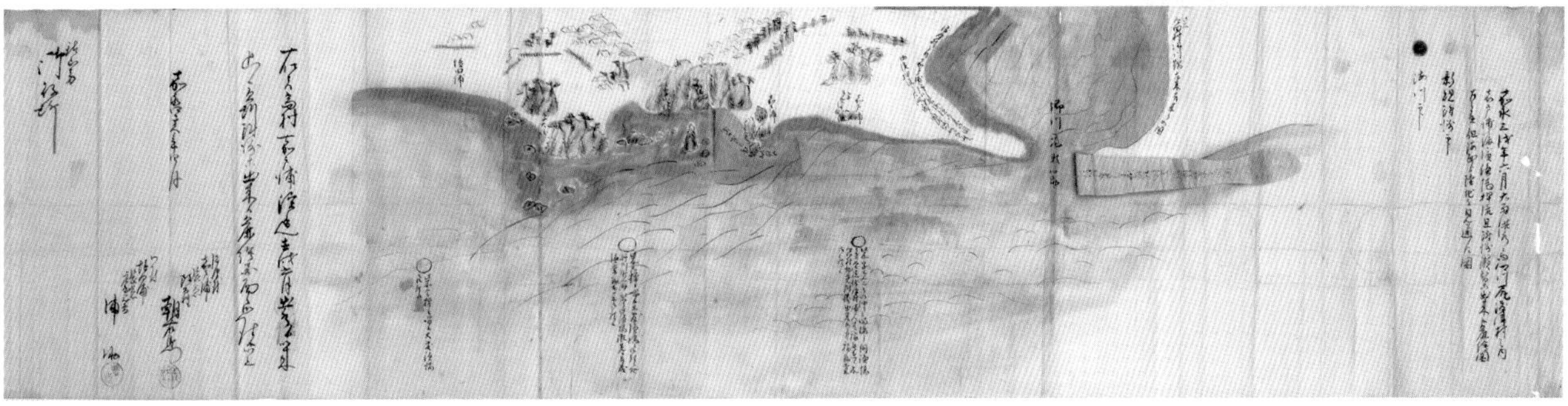

52　嘉戸浦海浜漁場等麁絵図《かとうらかいひんぎょじょうなどあらえず》（幕末の江の川洪水で漁民が蒙った被害）
嘉永四年（一八五一）　当館蔵

52　拡大図1
洪水前の江の川河口の様子。河口右岸の砂洲で嘉戸浦の住民は網漁を営んでいた。

52　拡大図2
洪水後の江の川河口の様子。網漁をしていた右岸の砂洲が流失している。

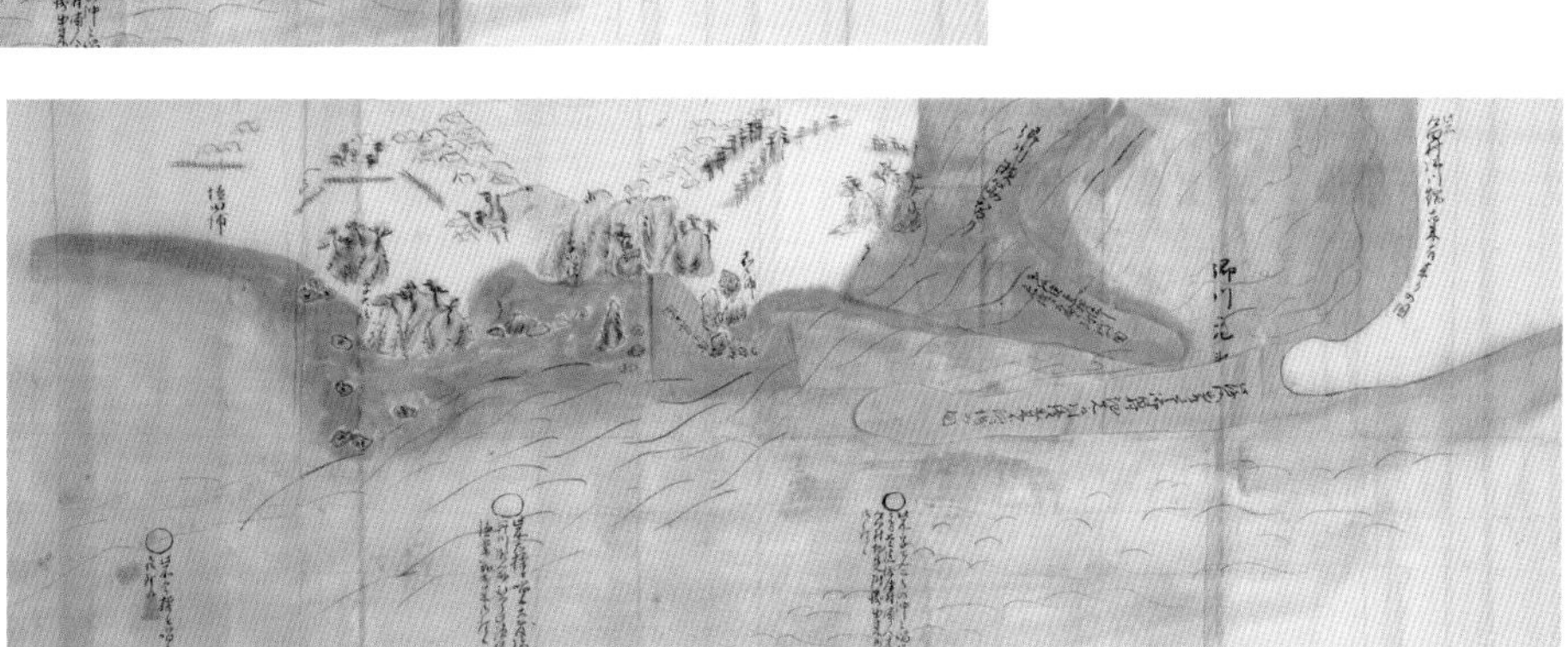

53　艱民図《なんみん》（暴風傷禾黍）（山本琹谷作《やまもときんこく》）

明治三年（一八七〇）　太皷谷稲成《たいこだにいなり》神社（津和野町）蔵・津和野町教育委員会写真提供

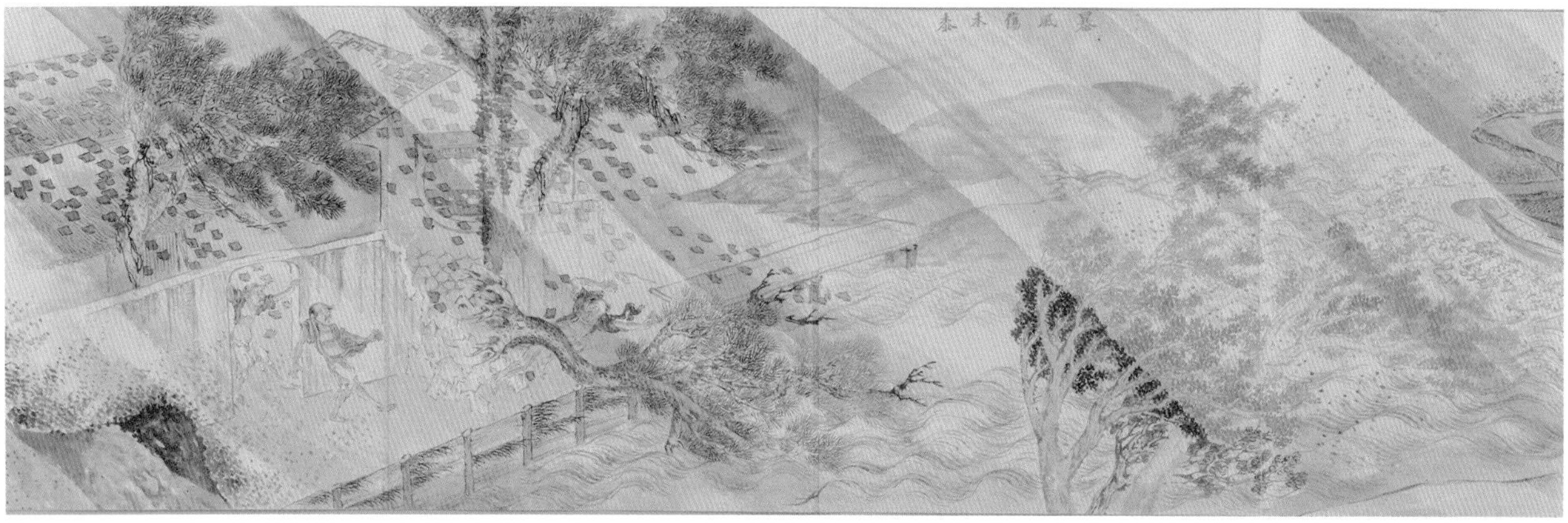

53　艱民図（洪水流人家）

# 戦国時代の斐伊川の治水

出雲市内の旧家の由緒書《ゆいしょがき》には、天正《てんしょう》元年（一五七三）八月二十八日に斐伊川で大洪水が発生したと記録されており、戦国時代の人々も水害に悩まされていた。そのため、通常は戦国大名の介入を許さない特権をもつ有力寺院領の村であっても、決壊した斐伊川堤防の修復には条件付きではあるが寺院領の村の人々が動員された。

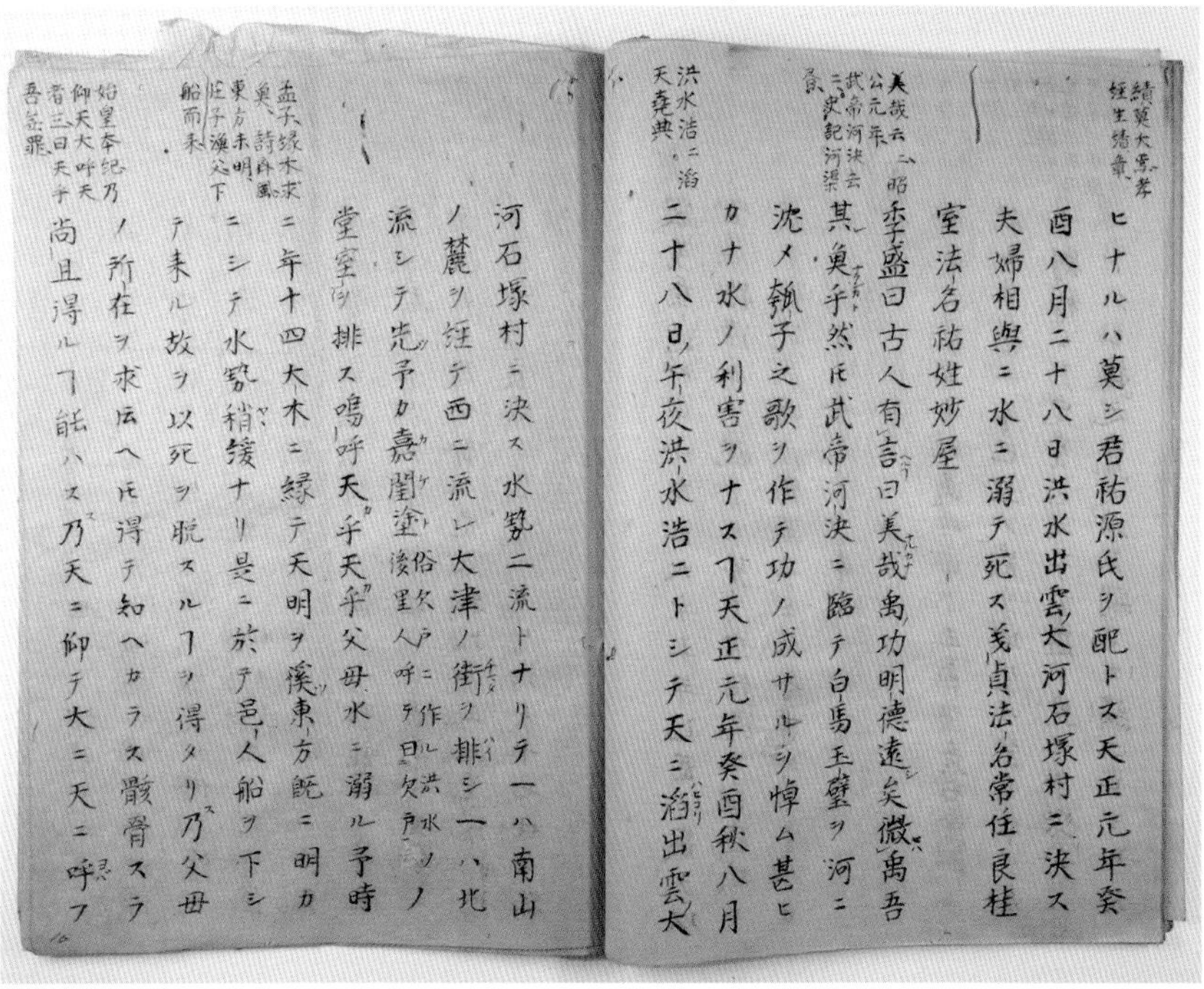
ヒナルハ莫シ君祐源氏ヲ配トス天正元年癸
酉八月二十八日洪水出雲大河石塚村ニ決ス
夫婦相與ニ水ニ溺テ死ス義貞法名常任良桂
室法名祐姓妙屋
李盛曰古人有言曰美哉禹功明徳遠矣微禹吾
其魚乎然トモ武帝河決ニ臨テ白馬玉璧ヲ河ニ
沈メ瓠子之歌ヲ作テ功ノ成サルヲ悼ム甚ヒ
カナ水ノ利害ヲナス了天正元年癸酉秋八月
二十八日午夜洪水浩ニトシテ天ニ滔出雲大
河石塚村ニ決ス水勢二流トナリテ一ハ南山
ノ麓ヲ経テ西ニ流レ大津ノ街ヲ排シ一ハ北
流シテ先予カ嘉闔塗ノ
堂室ヲ排ス嗚呼天乎天乎父母水ニ溺ル予時
ニ年十四大木ニ縁テ天明ヲ溪東方既ニ明カ
ニシテ水勢稍緩ナリ是ニ於テ邑人船ヲ下シ
テ来ル故ヲ以死ヲ脱スル了ヲ得タリ乃父母
ノ所在ヲ求ムトモ得テ知ヘカラス骸骨スラ
尚且得ル了能ハス乃天ニ仰テ大ニ天ニ呼了

54　森広譜系《もりひろふけい》（天正元年に斐伊川で大洪水があったと記す）
江戸時代（十七～十九世紀）　個人蔵

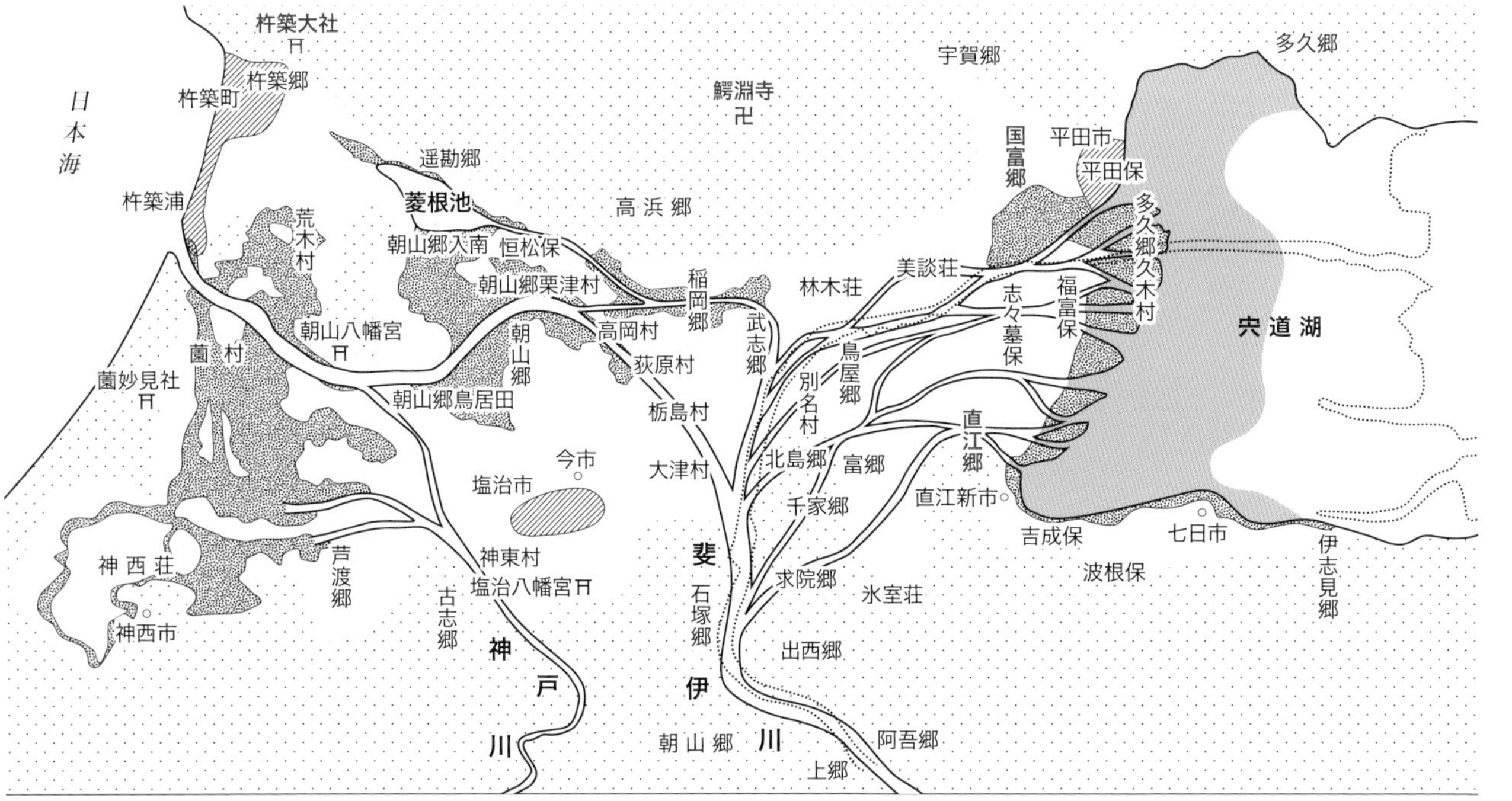


16世紀の市町（推定を含む）
中世後期の推定河川流路・湖岸線（細かい流路は頻繁に変化）
池・低湿地が特に多く分布したと推測され、湖であった可能性も高い場所
現在の標高10m以上の山地（標高10m以下の部分には中世に低湿地も広く分布）
現在の河川流路・湖岸線・海岸線

参考31　中世の出雲平野　長谷川博史『戦国大名尼子氏の研究』所収の図を加工

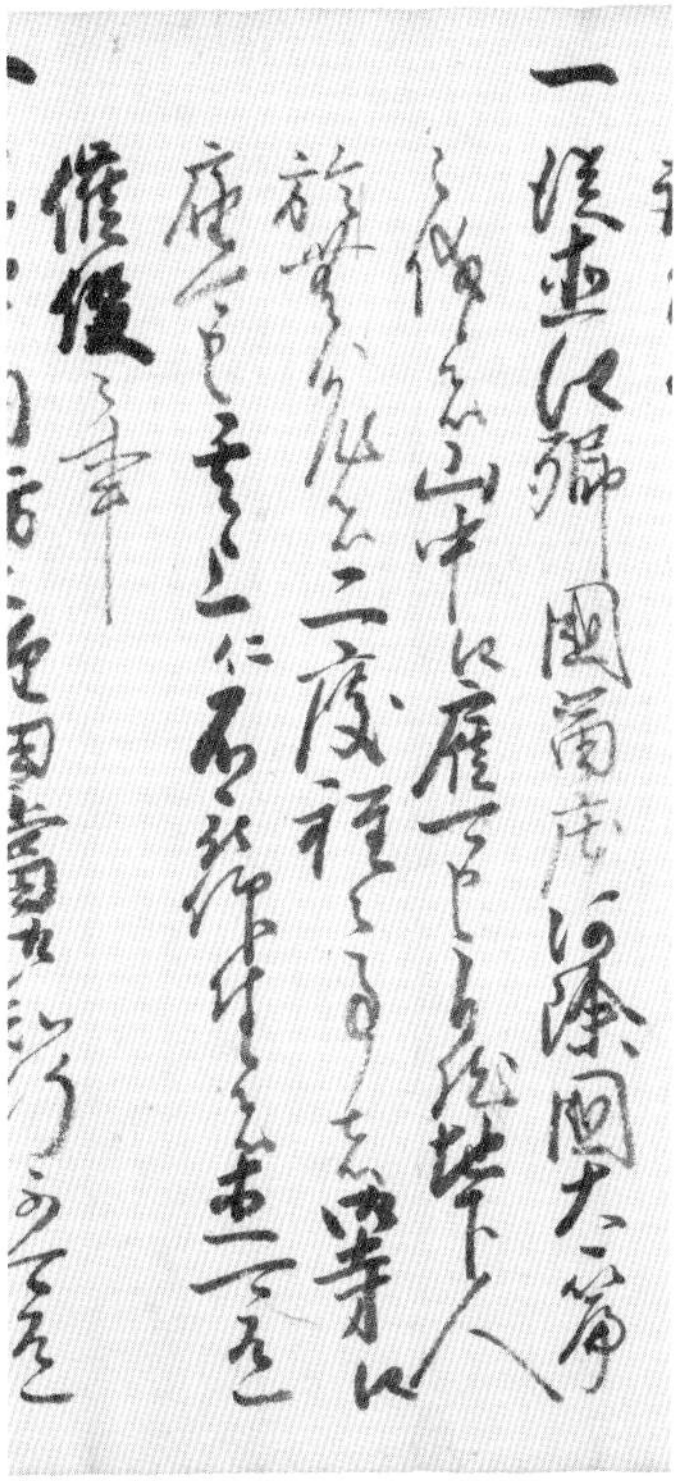

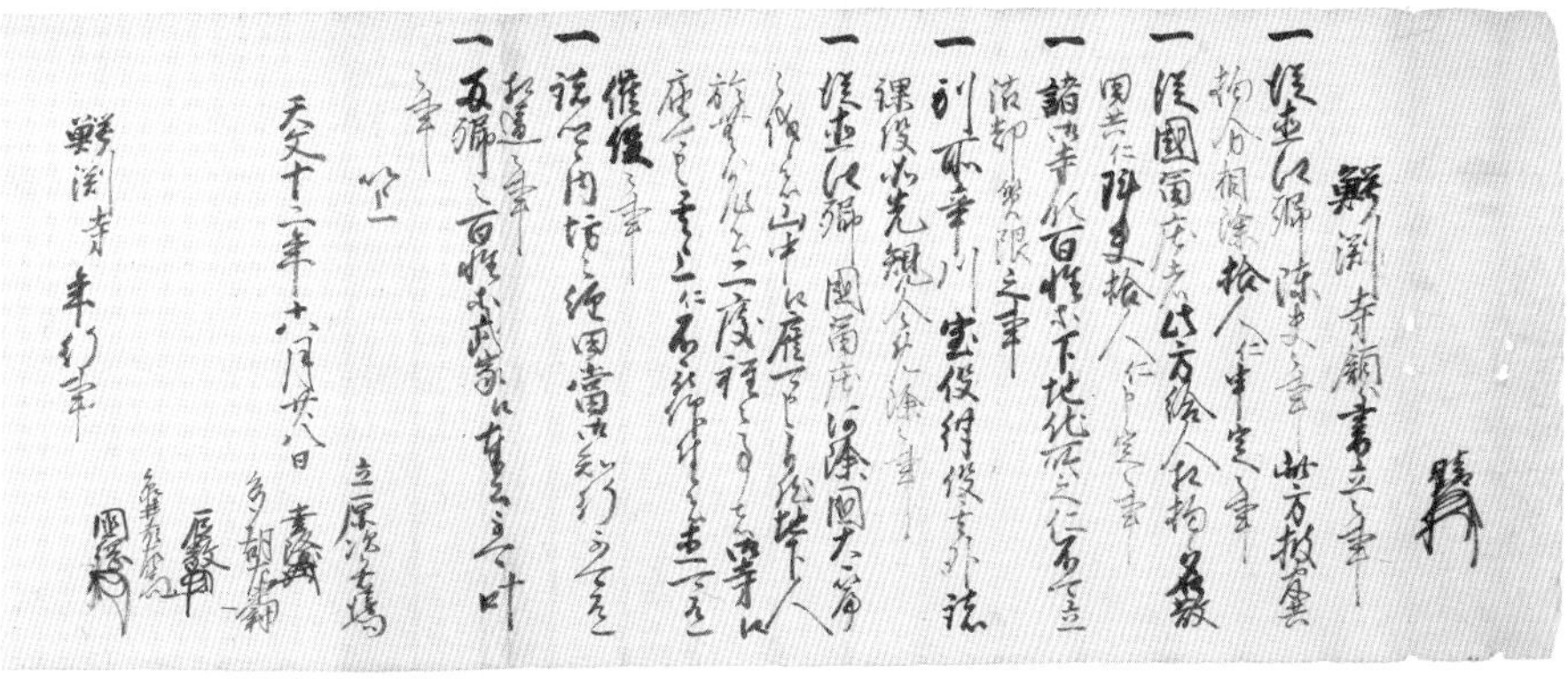

55-1　◎尼子《あまご》晴久《はるひさ》袖判《そではん》鰐淵寺《がくえんじ》領《りょう》書立《かきたて》

天文十二年（一五四三）　鰐淵寺（出雲市）蔵

【読み下し】（部分）

一、従直江郷・国富庄、河除国太篇之儀候者、山中江雇可申候、自然地下人於無沙汰者、二度程之事者、御寺江届可申候、其上仁不被仰付候者、直可有催促之事、

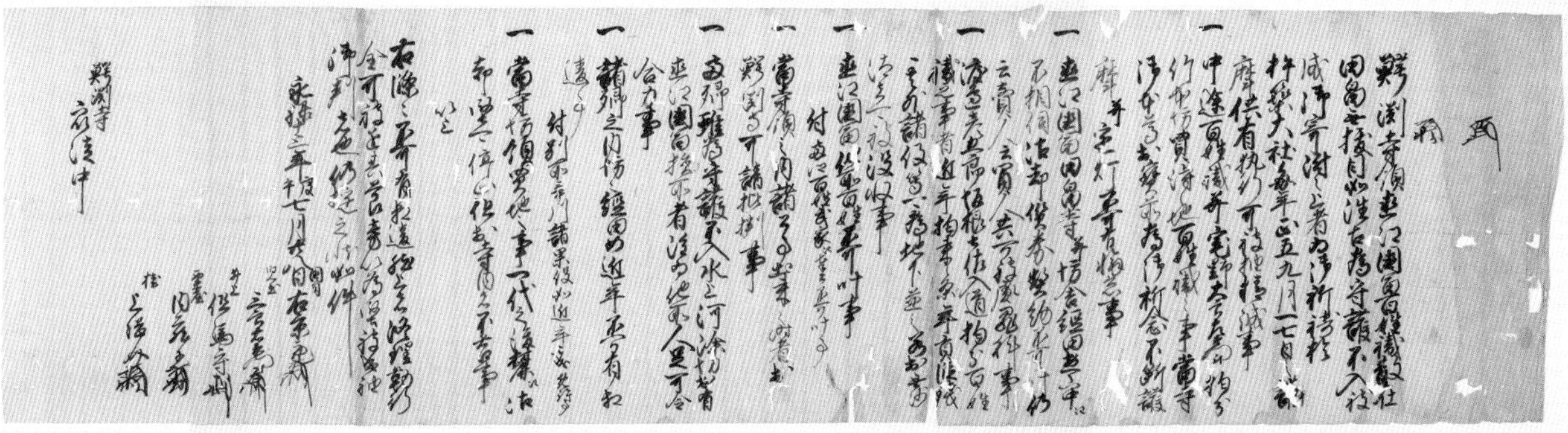

55-2　◎毛利《もうり》家《け》掟書《おきてがき》

永禄十三年（一五七〇）　鰐淵寺（出雲市）蔵

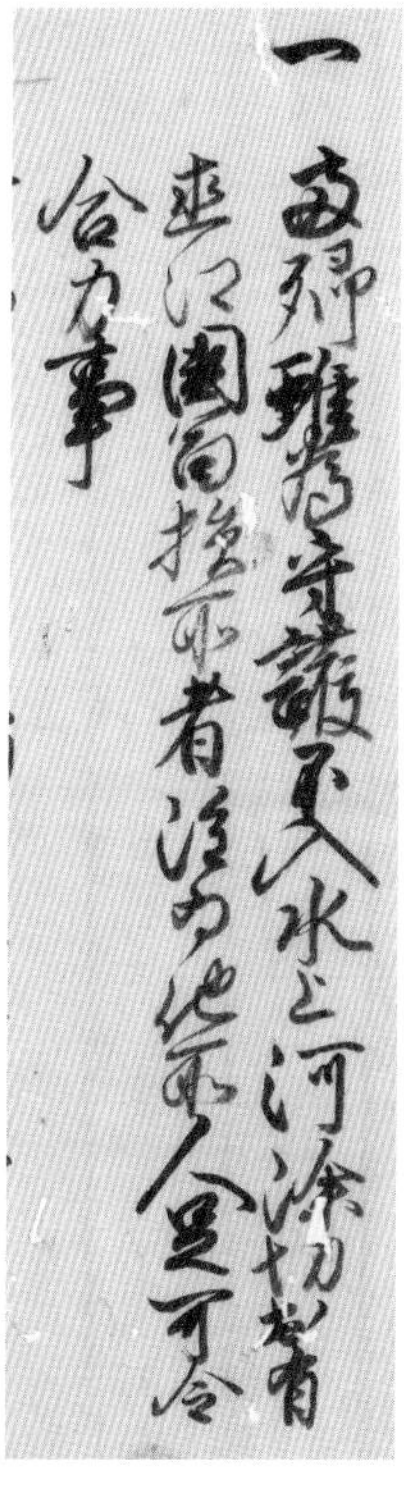

【読み下し】（部分）

一、両郷雖為守護不入、水上河除切、於有直江・国富損所者、雖為他所、人足可令合力事、

# 富田城下町、壊滅す

月山《がっさん》富田《とだ》城（安来市）の城下町・富田は、寛文六年（一六六六）八月、富田《とだ》川（現在の飯梨《いいなし》川）の洪水に襲われた。この水害で富田の町は大打撃をうけ、五町ほど（約五百四十五メートル）の町並みしか残らなかったという。そして翌年には広瀬《ひろせ》藩によって川の対岸に新たな町づくりが始められた。

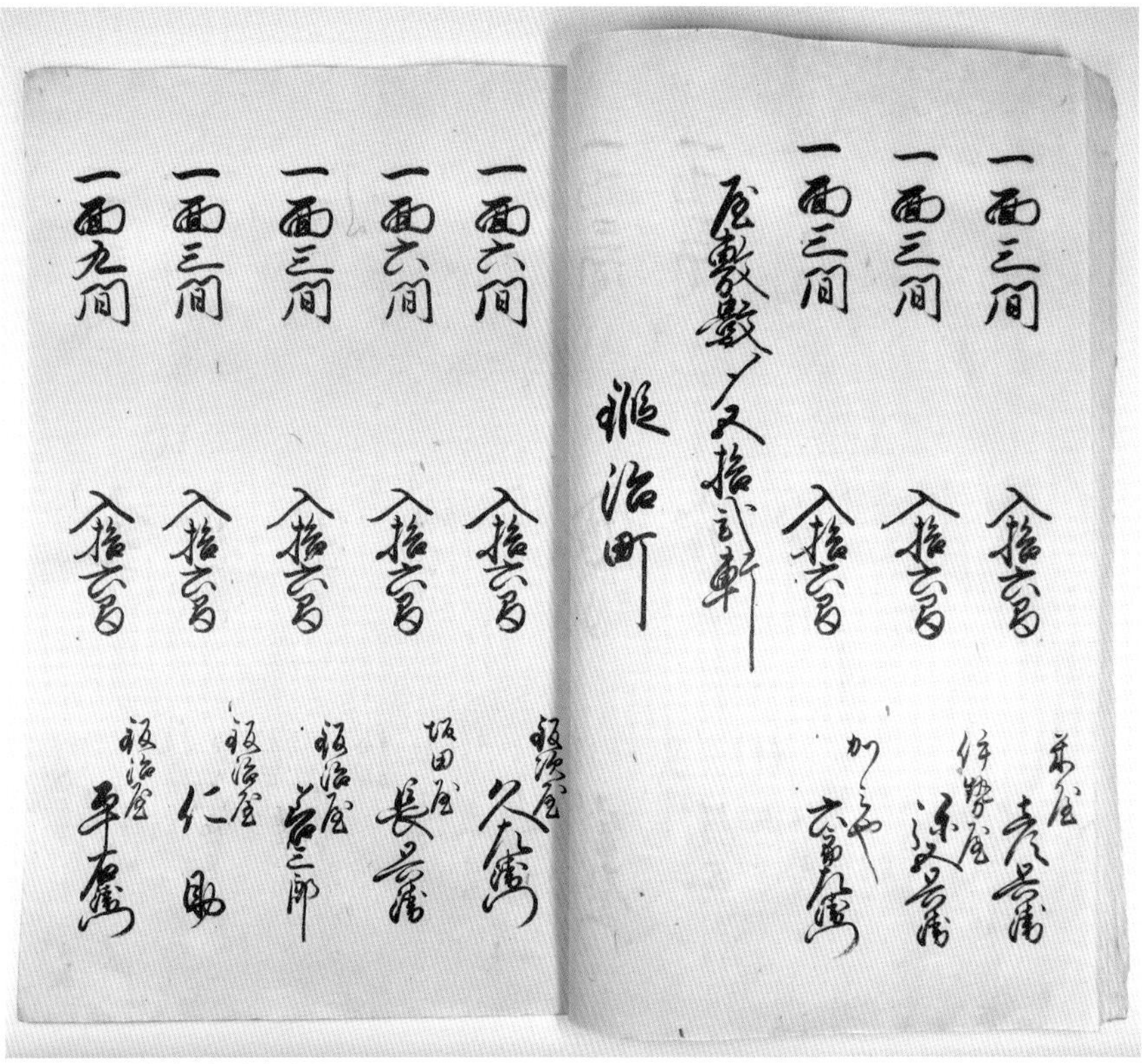

56　広瀬《ひろせ》町《まち》屋《や》敷《しき》検《けん》地《ち》帳《ちょう》（新しい町の計画書か）
嘉永六年（一八五三）（原本：寛文八年（一六六八））　安来市教育委員会蔵

参考32　昭和五十六年度（一九八一）の発掘で姿を現した富田城下町の町屋の痕跡（写真の奥は飯梨川）
島根県埋蔵文化財調査センター写真提供

# 新発見の富田川洪水関係の絵図

倉恒康一

## 一．はじめに

戦国大名尼子《あまご》氏の居城である月山富田城の麓に広がっていた富田城下町は、関ヶ原合戦後に武家屋敷・寺社の多くを松江城下町に堀尾氏が移したものの、なお一定規模を保っていた。しかし、その歴史は寛文六年（一六六六）秋に発生した富田川（現在の名称は飯梨川）の洪水によって突然終止符を打たれ、翌年以降に発足間もない広瀬藩が、流出を免れた町屋を移転させて現在の広瀬の町を建設したという。

従来、この洪水の事実を伝える文献資料としては、戦前に発行された旧『島根県史』（以下『旧県史』）八巻に収録された寛文七年（一六六七）に松平近栄《ちかよし》（初代広瀬藩主）が幕府に差し出した書状が知られている【史料】。この書状には、前年秋の洪水で富田の町が壊滅したので流出を免れた町屋を広瀬に移転させたいとの文言がある。一方で、この書状には洪水の発生日の記述はなく「去午之秋」とあるだけである。また、「一此絵図之通、広瀬村私居屋敷ニ仕度奉存候」と、絵図が付属していたことが明らかだが、旧島根県史はこの絵図の掲載を省略している。

今回、島根県古代文化センターのテーマ研究「前近代島根県域における環境と人間」での調査によって、発生日を絞るとともに、この絵図に関する新情報を得ることができた。

【史料】松平近栄書状写

一、寛文七年丁未二月廿一日、以広瀬村居所ニ致度之旨、窺書左之通、
一、此絵図之通、広瀬村私居屋敷ニ仕度奉存候、
一、屋敷之東西為園、深サ六尺程から堀ニ仕、其土ヲ以高サ六尺之土手を築き、塀を懸申度候、南古川大雨之時分者、屋敷江水押込申積ニ而御坐候間、為川除四尺程土手仕度候、北之方ニ幅四間程之新川を仕、其土を以四尺程川除之土手仕度候、此新川、常者水御座有間敷候得共、大雨之時分者、山瀬之水出申処ニ而御坐候間、川筋を仕置度奉存候、
一、川向富田、去午之秋洪水ニ而流、残之町五町程御座候、此古町を居屋敷広瀬之方江引越申度奉存候、以上、

寛文七丁未二月廿一日　松平上野介
書判

## 二．発生日

寛文六年富田川洪水の発生日については、地元の安来市内に伝わるという年代記に寛文六年八月四日に大洪水で広瀬に町を移転させたとある。ただし、後世の人々がまとめた書物である以上、信憑性にやや難がある。

今回の調査で、隣接する鳥取藩の記録に従来知られていない記事を発見した。鳥取藩の代々の家老がつけた公用日記（家老日記）は、鳥取藩の歴史や構造を考察する上で最も基礎となる史料だが、

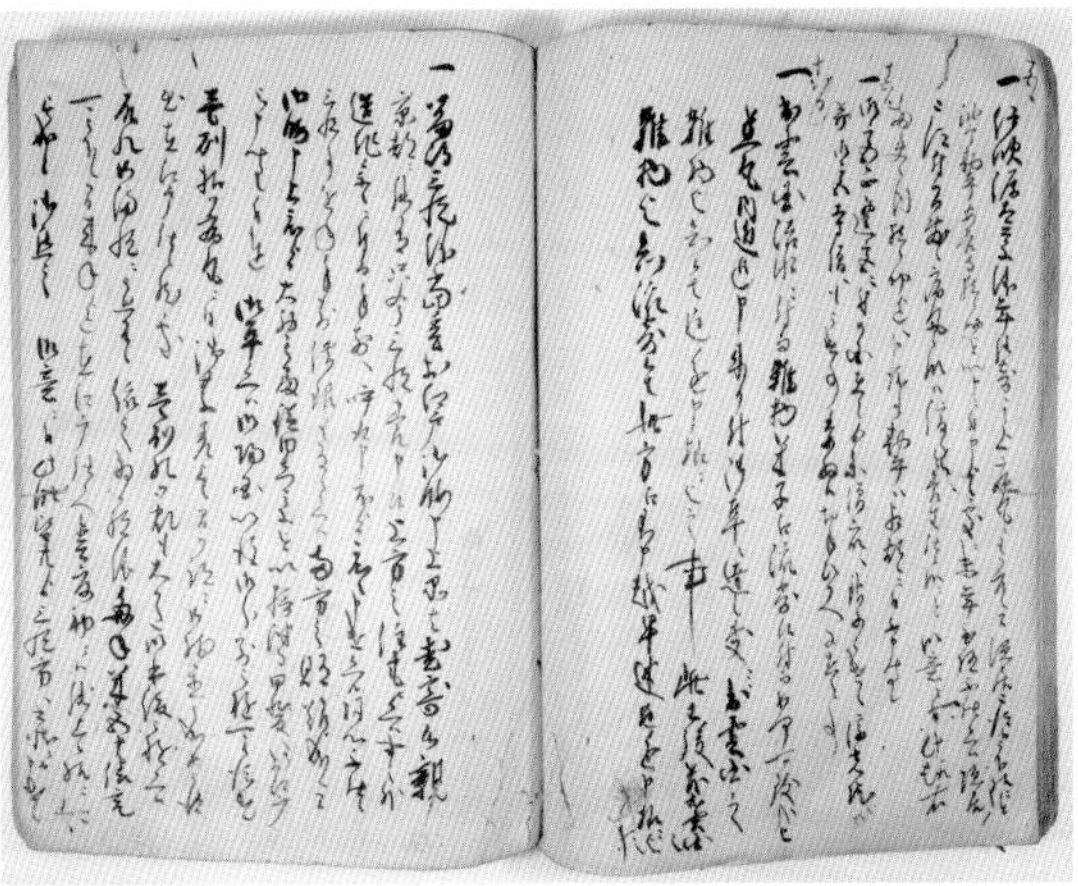

57　鳥取藩家老日記
寛文六年（一六六六）　鳥取県立博物館蔵

このうちの寛文六年八月十八日の記事（列品番号57）に、次のように記録されていたのである。

十八日
一出雲国洪水ニ付而、雑物米子江流寄候付而、如何可致哉与
荒尾内匠迄申来り付、御耳ニ達候処ニ、出雲国之
雑物与知候者、返進申様ニ与之事、此已後茂出雲国之
雑物与知流寄候者、此方江不申越、早速返進申様ニ与之事、

出雲国での洪水によって米子の海岸に漂着した「雑物」の処理について、米子から鳥取の藩庁に問い合わせがあり、藩主池田光仲《いけだみつなか》が所有者の明らかな物は返却するよう指示を出している。寛文六年の秋（七月から九月）に発生したという寛文七年の松平近栄書状や、地元に伝わる年代記の八月四日という日付にも合致しており、この記事にある「出雲国洪水」が富田城下町を壊滅させた洪水を指すと考えてよいだろう。飯梨川から放出された大量の家財道具などが弓ヶ浜半島に漂着していた様子がうかがえる。

## 三 絵図

列品番号58は、広瀬藩初代藩主の松平近栄の伝記の草稿の一部である。寛文七年に近栄が幕府に差し出した書状【史料】に続けて筆写されており、『旧県史』が省略した絵図である。草稿は松江藩の儒者を勤めた桃家が江戸時代末期から明治時代にかけて編纂したものらしく、広瀬藩が保管していた原図の控えを伝記編纂のために筆写したと推定できる。

絵図には洪水に関する記述が四点確認できる。

一点目は、洪水によって生じた新流路である。画面中央を南北に逆「く」の字形に流れる従来の流れである「古川」に対して、富田城側に現在の飯梨川と同じように流れる「新川」が出現したことがわかる。

二点目は、洪水の発生箇所である。富田八幡宮《はちまんぐう》の東側に、「新川」が旧流路を乗り越えるような描写があり、そこが発生箇所と注記している。

三点目は、「新川」と「古川」の間に「此所ニ流残町屋五町程御座候」と、流出を免れた地区が示されている。この地区の住民を「新川」の左岸に移転させて、現在の広瀬が生まれたことになる。

四点目は、古川の右岸、つまり富田城下町側に引いてある緑色の線である。これは堤防を指す可能性があるだろう。その規模や構築時期は不明だが、洪水に対して当時の人々も対策をとっていたようだ。

ところで、この絵図は水害被害を報告するだけでなく、広瀬への町の移転許可を幕府から得るために作られたものなので、新しい広瀬の町の構想も描かれている。広瀬の南西隅には、近栄の屋敷の予定地、その周囲に家臣団や町屋が配置されている。近栄の屋敷は西側の山地からの大雨時の出水に備えて堀や土塁を構築するとあり、災害を想定した設計だったようだ。

ただし、この絵図では、現在の広瀬の町とは異なる箇所もある。広瀬の西側の山地に「城安寺」が描かれているが、実際には同寺は飯梨川の対岸、絵図では「尼子屋敷」とある地域に移転し、その跡地に広瀬藩の藩邸が建設された。絵図の近栄の屋敷予定地の位置は、現在の広瀬藩邸跡の南側にずれており、当初のプランでは、藩邸（近栄邸）と城安寺は広瀬地区に併存させる予定だったのであろうか。その点で、この絵図は、復興プランの最初期のものといえるのかもしれない。

【参考文献】
倉恒康一「寛文六年富田川洪水に関する資料の紹介」（『古代文化研究』二十七、二〇一九年）

【出典】
図1：鳥取藩家老日記（鳥取県立博物館蔵）
図2：近栄公御譜録草稿（島根県立図書館所蔵）

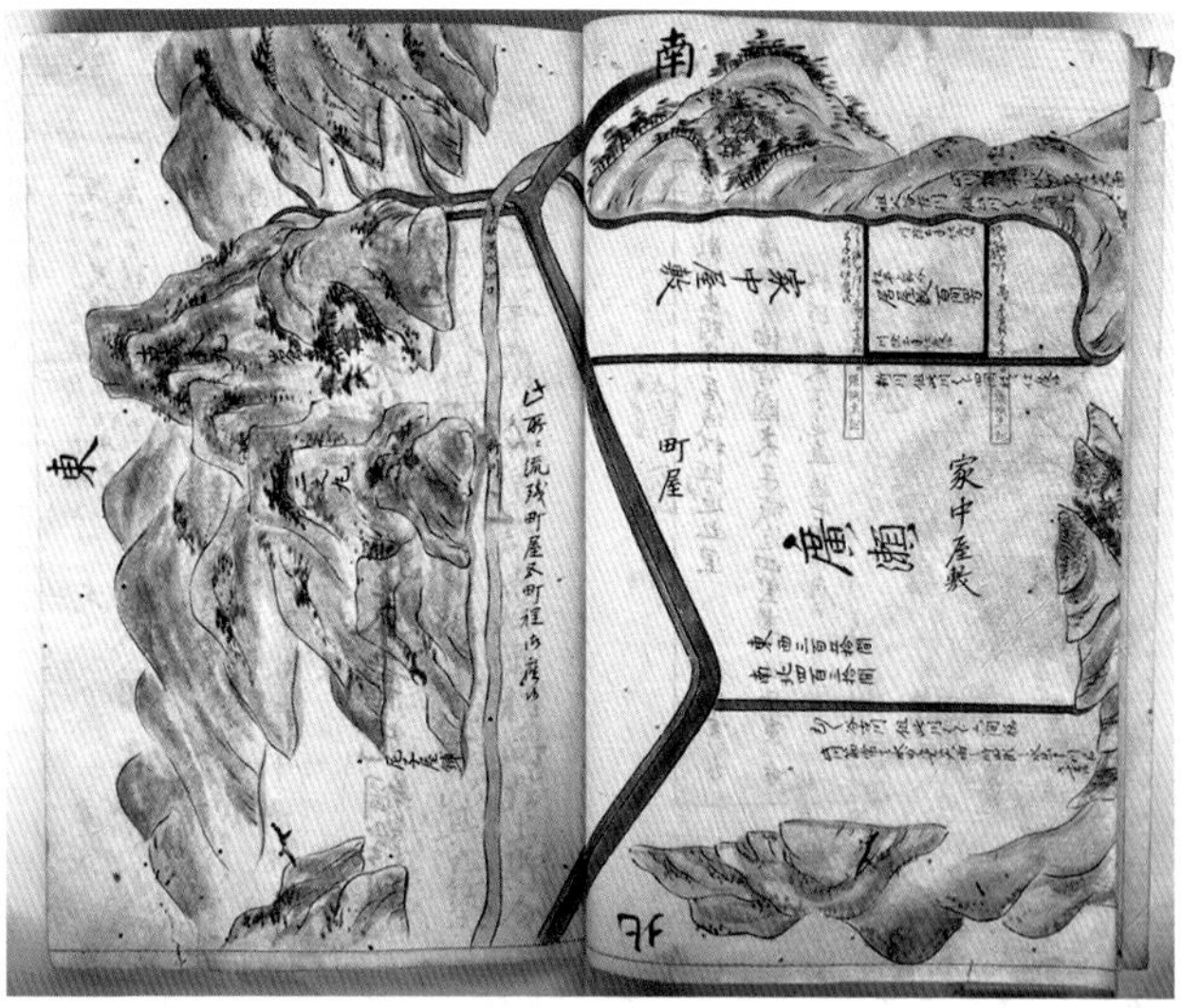


**58　寛文七年広瀬絵図**　（近栄公御譜録草稿のうち）
江戸時代末期～明治時代初期（十九世紀）　（原図：寛文七年（一六六七））　島根県立図書館蔵

# かつての暮らし　富田川河床遺跡出土遺物

59-1　茶釜《ちゃがま》　寛永二十一年(一六四四)頃
59-2　茶臼《ちゃうす》　寛永二十一年(一六四四)頃
59-3　柄杓《ひしゃく》　寛文六年(一六六六)以前
59-4　天目茶碗《てんもくぢゃわん》　寛文六年(一六六六)以前
59-5　唐津碗《からつわん》　寛文六年(一六六六)以前
59-6　唐津皿《からつさら》　寛文六年(一六六六)以前
59-7　伊万里皿《いまりさら》　寛文六年(一六六六)以前
59-8　備前徳利《びぜんどっくり》　寛文六年(一六六六)以前
59-9　漆塗椀《うるしぬりわん》　寛文六年(一六六六)以前

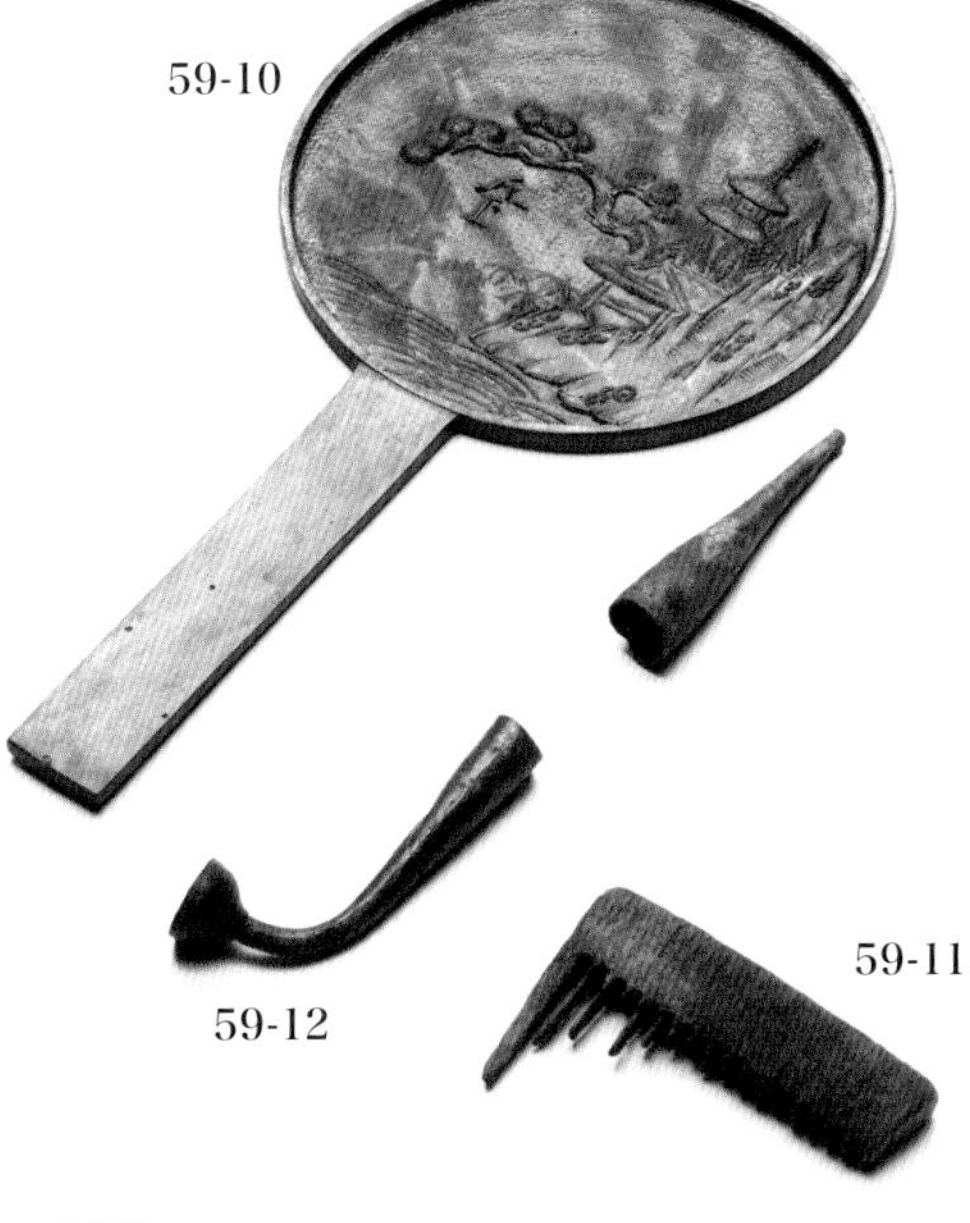


59-13 下駄　寛文六年(一六六六)以前
59-14 下駄　寛文六年(一六六六)以前

59-10 柄鏡《えかがみ》　寛文六年(一六六六)以前
59-11 櫛《くし》　寛文六年(一六六六)以前
59-12 煙管《きせる》　寛文六年(一六六六)以前

**59-15 厘秤用錘《りんばかりようおもり》**

慶長年間(一五九六～一六一一五)

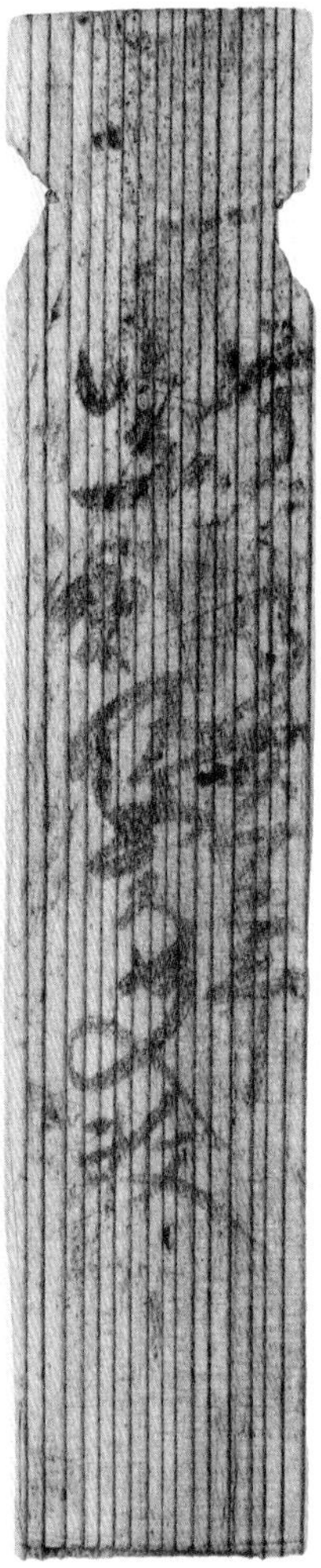

寛永廿一年

［　　］収五□文□

能義郡石本又右衛門

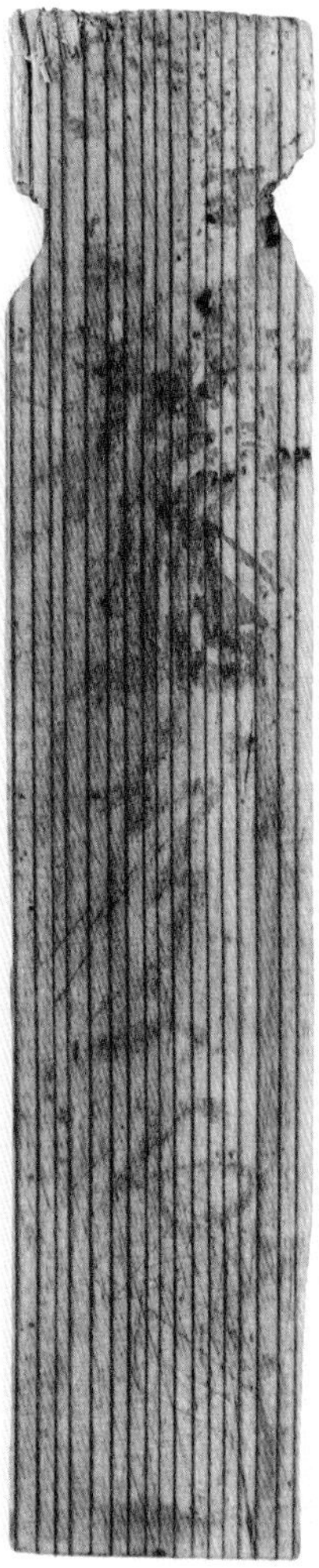

**59-16 木札**

寛永二十一年(一六四四)

**59-17 風呂枠《ふろわく》(平成四年(一九九二)の発掘当時)**

江戸時代前半(十七～十八世紀)　島根県埋蔵文化財調査センター写真提供

# 水への祈り

令和元年（二〇一九）、江の川の河畔に位置する森原下《もりばらしも》ノ《の》原《はら》遺跡（江津市）で、山陰地方初の古墳時代の絵画土器が出土した。土器には龍や雷を表現したと思われる渦巻き状・波状の文様が描かれており、当時の水辺の祭祀の一面がうかがえる。

また、『続《しょく》日《に》本《ほん》記《ぎ》』には、奈良時代には黒毛の馬を雨乞いのために、白馬を長雨の停止のためにそれぞれ神に捧げたことが記されており、この伝統が現在の絵馬に引き継がれているのではないかと言われている。

64　**絵画土器**
森原下《もりばらしも》ノ《の》原《はら》遺跡　古墳時代前期後半（四世紀後半）　島根県埋蔵文化財調査センター蔵

参考33　**絵画土器の文様**
島根県埋蔵文化財調査センター原図提供

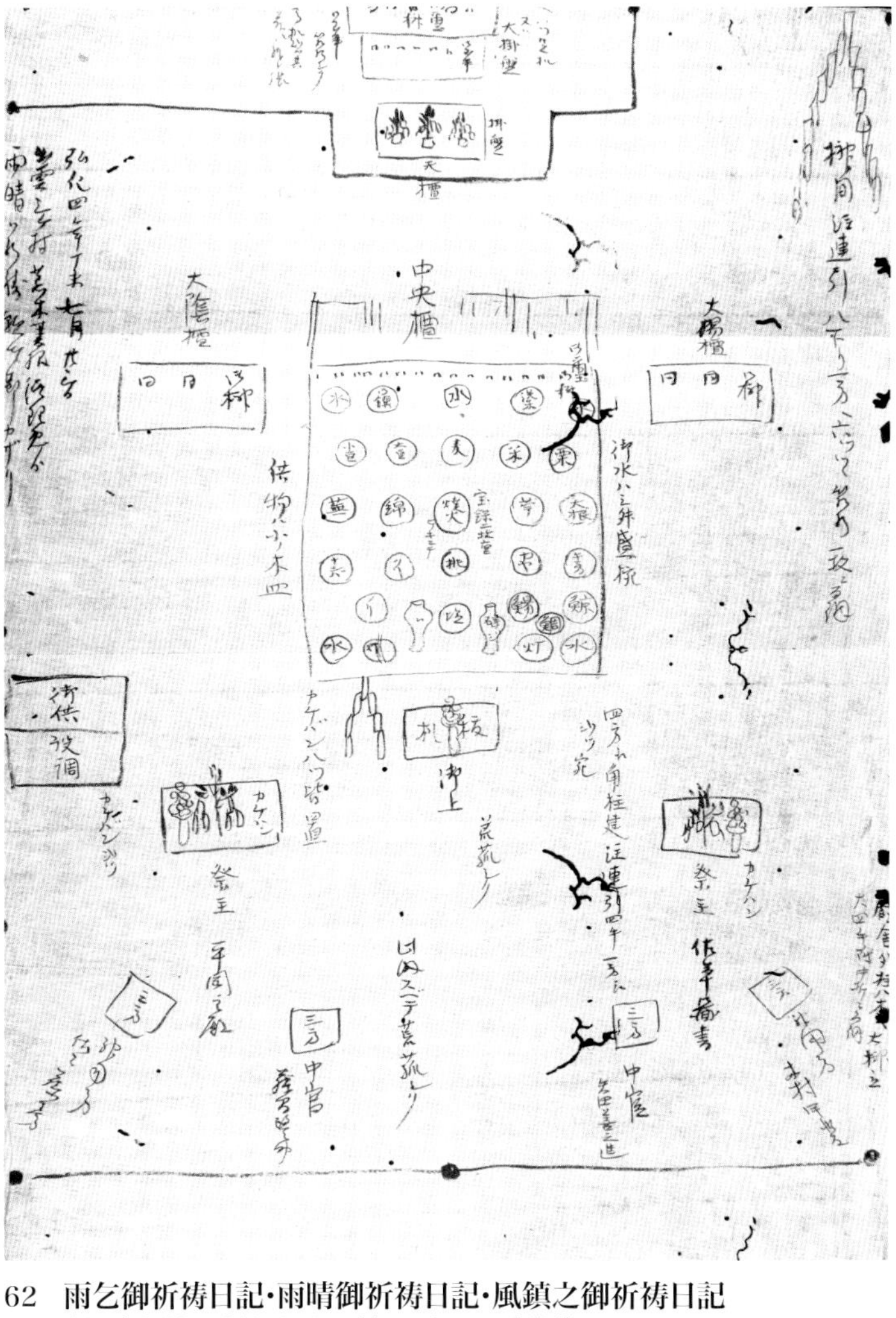

62　**雨乞御祈祷日記・雨晴御祈祷日記・風鎮之御祈祷日記**
**（出雲大社で行われた雨乞いなどの記録）**
文化九年（一八一二）～明治四年（一八七一）　個人蔵

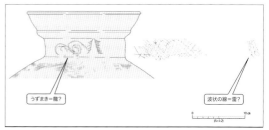

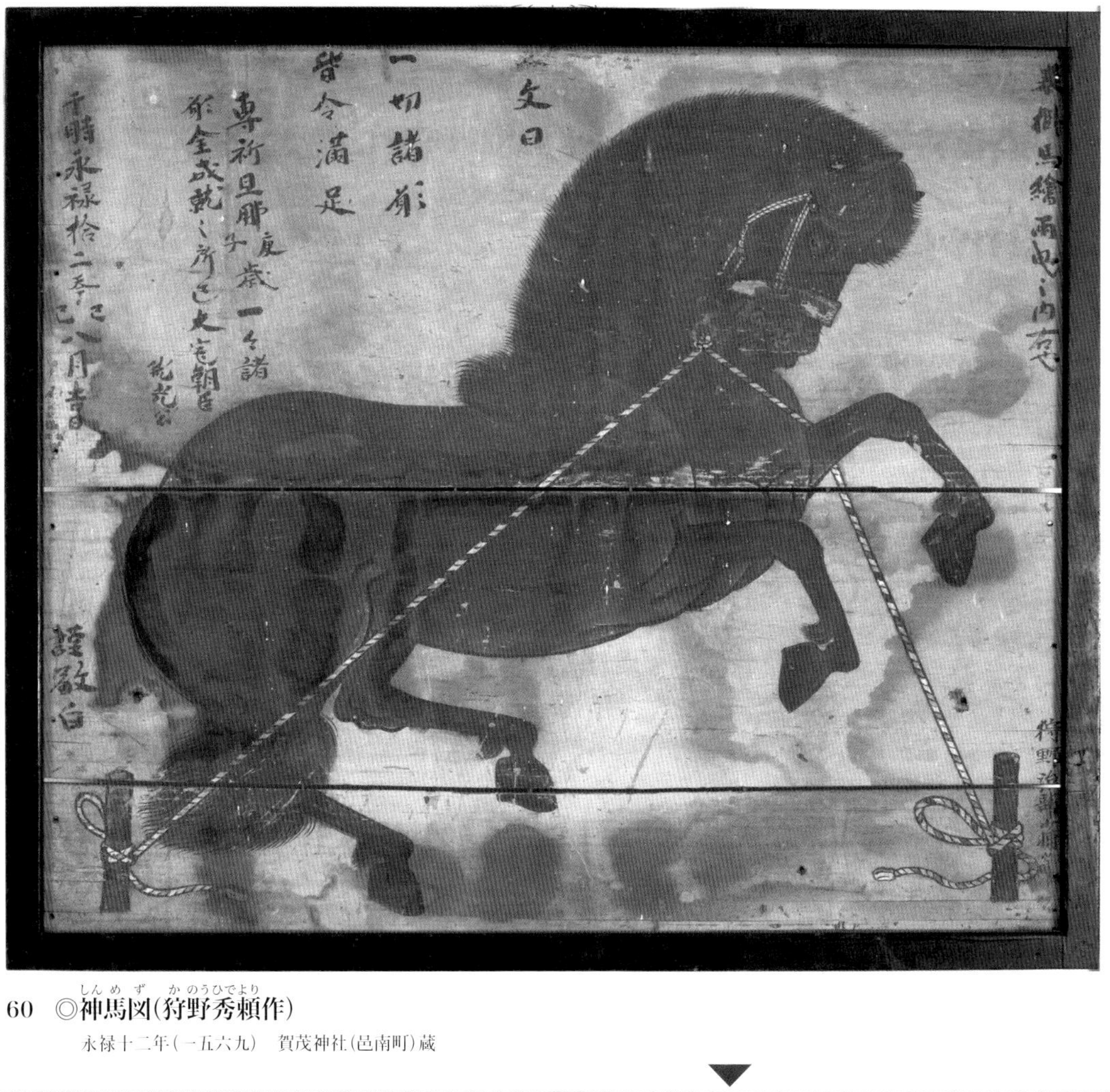


60　◎神馬図《しんめず》(狩野秀頼作《かのうひでより》)

永禄十二年(一五六九)　賀茂神社(邑南町)蔵

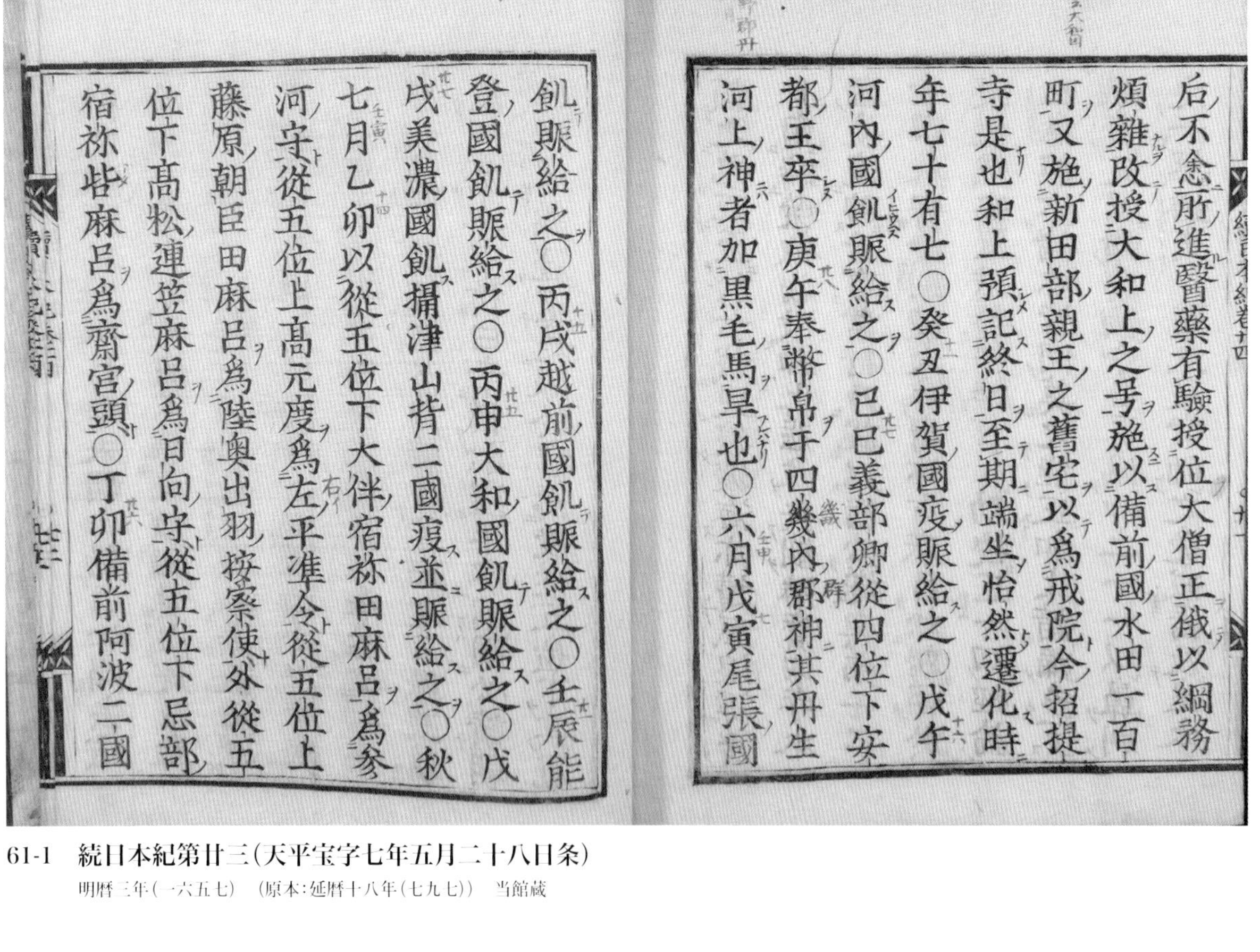

后不悆所進醫藥有驗授位大僧正俄以綱務煩雜改授大和上之号施以備前國水田一百町又施新田部親王之舊宅以為戒院今招提寺是也和上預記終日至期端坐怡然遷化時年七十有七○癸丑伊賀國疫賑給之○戊午河内國飢賑給之○己巳義部卿従四位下安都王卒○庚午奉幣帛于四畿内郡神其丹生河上神者加黒毛馬旱也○六月戊寅尾張國

飢賑給之○丙戌越前國飢賑給之○壬辰能登國飢賑給之○丙申大和國飢賑給之○戊戌美濃國飢攝津山背二國疫並賑給之○秋七月乙卯以従五位下大伴宿祢田麻呂為参河守従五位上高元度為左平準令従五位上藤原朝臣田麻呂為陸奥出羽按察使外従五位下高松連笠麻呂為日向守従五位下忌部宿祢呰麻呂為齋宮頭○丁卯備前阿波二國

61-1　続日本紀第廿三(天平宝字七年五月二十八日条)

明暦三年(一六五七)　(原本:延暦十八年(七九七))　当館蔵

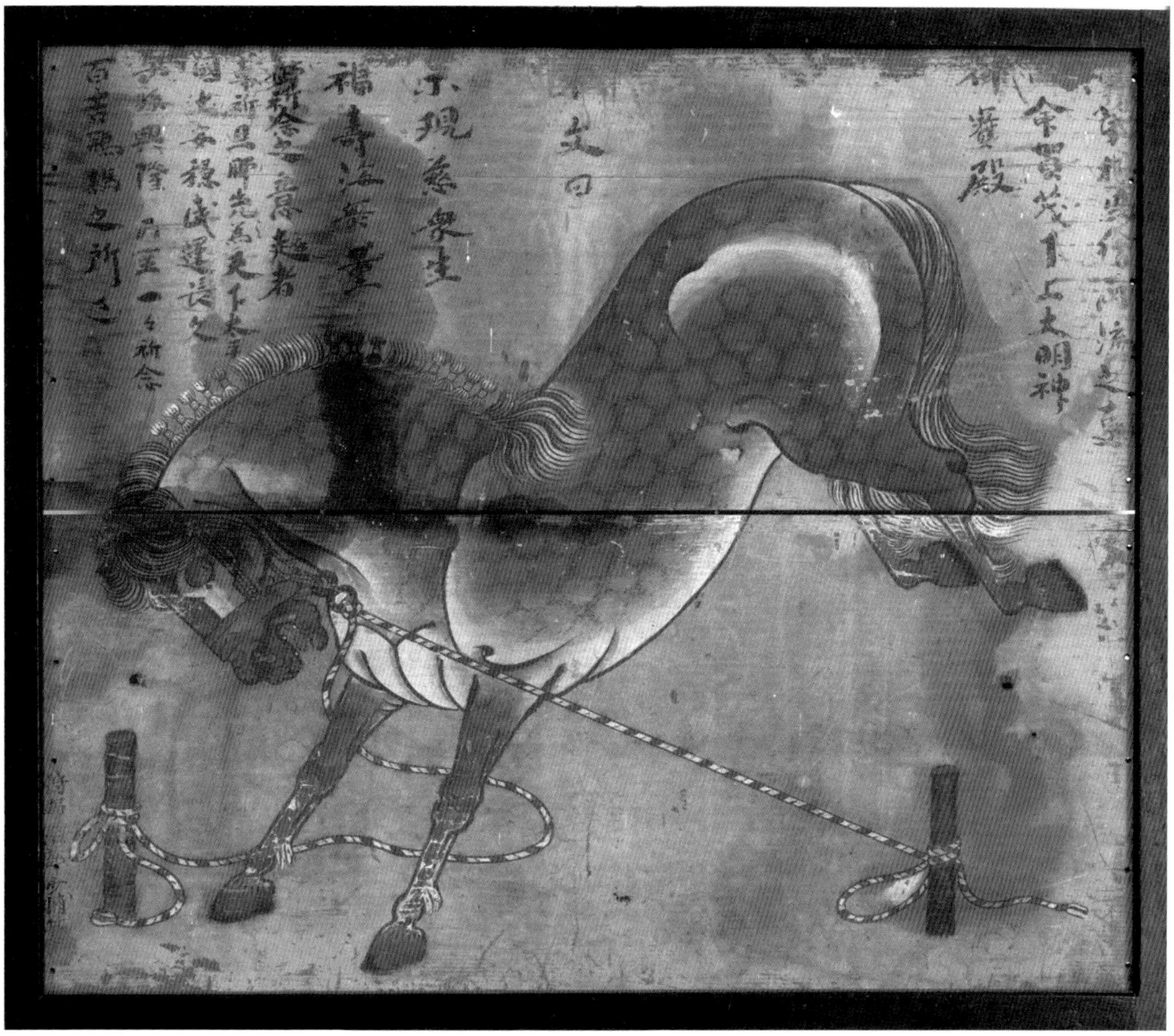

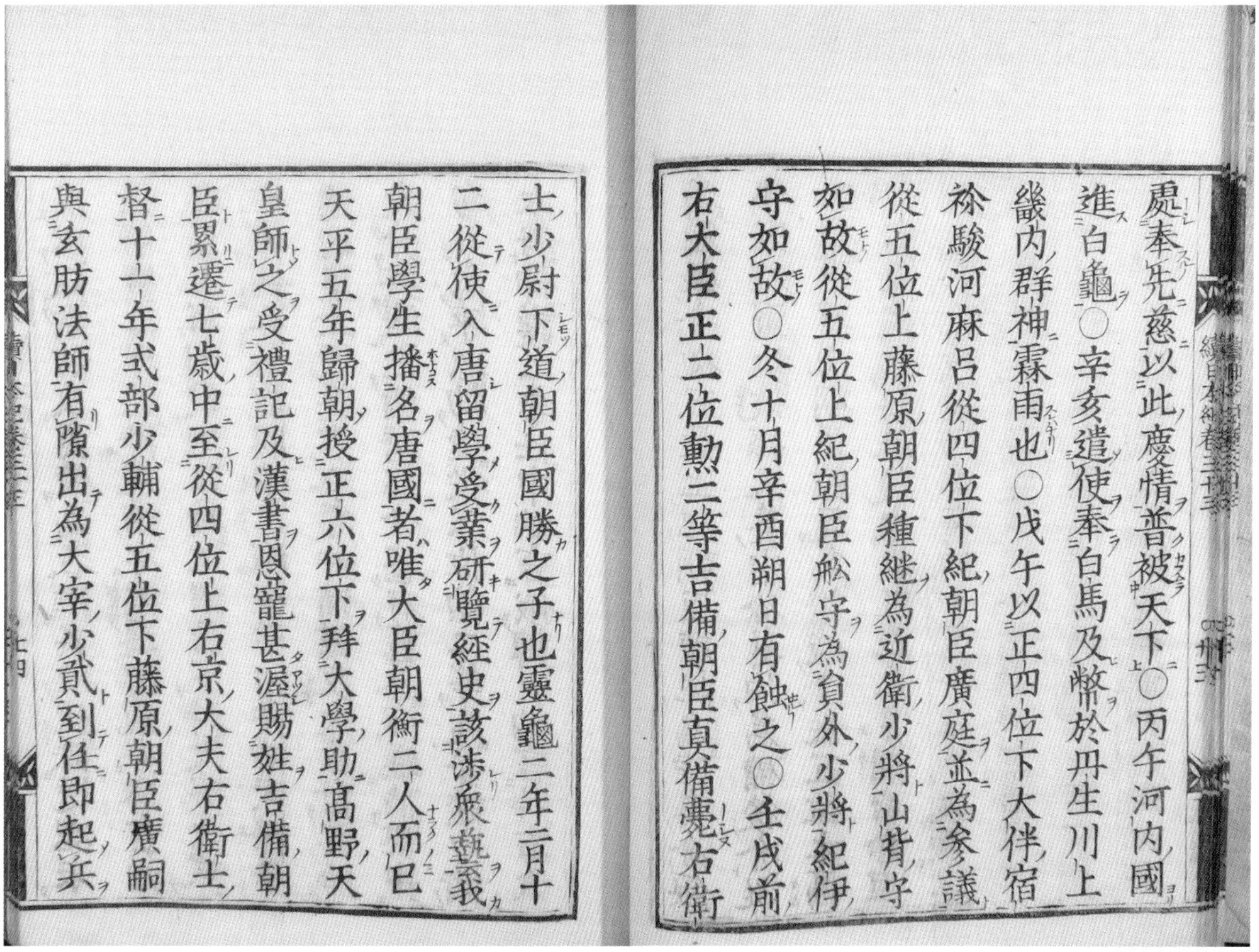

處奉先慈以此慶情普被天下○丙午河内國進白龜○辛亥遣使奉白馬及幣於丹生川上畿内群神霖雨也○戊午以正四位下大伴宿祢駿河麻呂從四位下紀朝臣廣庭並為參議從五位上藤原朝臣種継為近衛少將山背守如故從五位上紀朝臣舩守為員外少將紀伊守如故○冬十月辛酉朔日有蝕之○壬戌前右大臣正二位勳二等吉備朝臣真備薨右衛

士少尉下道朝臣國勝之子也靈龜二年二月十二從使入唐留學受業研覧經史該渉衆藝我朝臣學生播名唐國者唯大臣朝衡二人而已天平五年歸朝授正六位下拜大學助高野天皇師之受禮記及漢書恩寵甚渥賜姓吉備朝臣累遷七歳中至從四位上右京大夫右衛士督十一年式部少輔從五位下藤原朝臣廣嗣與玄昉法師有隙出為大宰少貳到任即起兵

**61-2　続日本紀第卅二（宝亀六年九月二十日条）**
明暦三年（一六五七）（原本：延暦十八年（七九七））　当館蔵

コラム6

# 斐伊川流域の八大龍王《はちだいりゅうおう》信仰

倉恒康一

斐伊川の堤防の上に「八大龍王」と刻まれた石碑を見かけたことはないだろうか。そもそも八大龍王とは、釈迦の説法の座に列したという八種の龍王の総称である。京都の神泉苑《しんせんえん》で空海が請雨経法《しょううきょうのほう》（雨の降ることを祈祷する修法）を行った際に、善女龍王《ぜんにょりゅうおう》が感応して出現して雨を降らせたという伝説や、雨乞いの読経《どきょう》に応じて複数の龍神が池の中から出現する場面を描いた「石山寺縁起絵巻」などに代表されるように、龍神は水の神として厚く信仰されてきた。

今回の展覧会では、滋賀県大津市の園城寺が所蔵する円空《えんくう》（一六三二～九五）作の善女龍王立像を展示させていただいた（列品番号63）。園城寺経蔵から発見された八軀《く》の像は（会場には三軀を出品）、いずれも頭上に龍頭を彫った直立する姿であり、八大龍王を表現しているとも考えられている(1)。一生のうちに十二万軀の造像を発願《ほつがん》した円空は、諸国をめぐって独特の作風の仏像を多数残しており、その中には龍王像も多く含まれている。これは各地で農民たちからの雨乞い本尊としての要求に応えたためと考えられている(2)。

ところで、斐伊川沿いの八大龍王の石碑だが、今回筆者は、斐伊川及びその支流で八基を確認した。うち年次の明らかなものは、古い順から天保十一年（一八四〇）（図のうち②）、慶応二年（一八六六）⑥、明治二十八年（一八九五）⑦の三基であった。建立されている場所は、堤防の上や、その周辺など水にまつわる場所である。ただし、雲南市木次《きすき》町木次と同下熊谷《しもくまたに》に斐伊川を挟んで立つ二基の八大龍王碑（⑥・⑦）が、明治二十六年（一八九三）の水害後に、堤防の修復記念と水害が再発しないことを祈念して建てられているように(3)、干ばつの時に水をもたらすだけでなく、洪水から地域を守るよう祈願して建立されている。現在でも雲南市大東町大東の東町地区の八大龍王碑（⑤）では、毎年七月に八大龍王祭りを開き供物を捧げて龍王を祀っている。この石碑の制作年は不明だが、明治二十七年に水害で一度流出した後に、大正十年（一九二一）に発見・再建立されており(4)、斐伊川とその支流からの度重なる水害に悩まされた地域の歴史と信仰を伝える、貴重な歴史資料である。

【注】

（1）大津市歴史博物館編・発行『三井寺仏像の美』（二〇一四年）。

（2）五来重『円空と木喰』（角川ソフィア文庫、二〇一六年）

（3）木次町編・発行『新修木次町誌』（二〇〇四年）。⑥は慶応二年の年紀が刻まれているので、水害後に再建されたということか。

（4）『大東交流センターだより　まるこやま』五十六号、二〇一九年。なお、所在地は道路工事などで複数回移転しているという。

【参考文献】

浅沼博「斐伊川流域の竜神」（『山陰民俗』四十四号、一九八五年）

木次町編・発行『木次町誌』（一九七二年）

佐々木康之・上野友愛・村松加奈子・岩田朋子編『水神秘のかたち』（サントリー美術館・龍谷大学龍谷ミュージアム、二〇一五年）

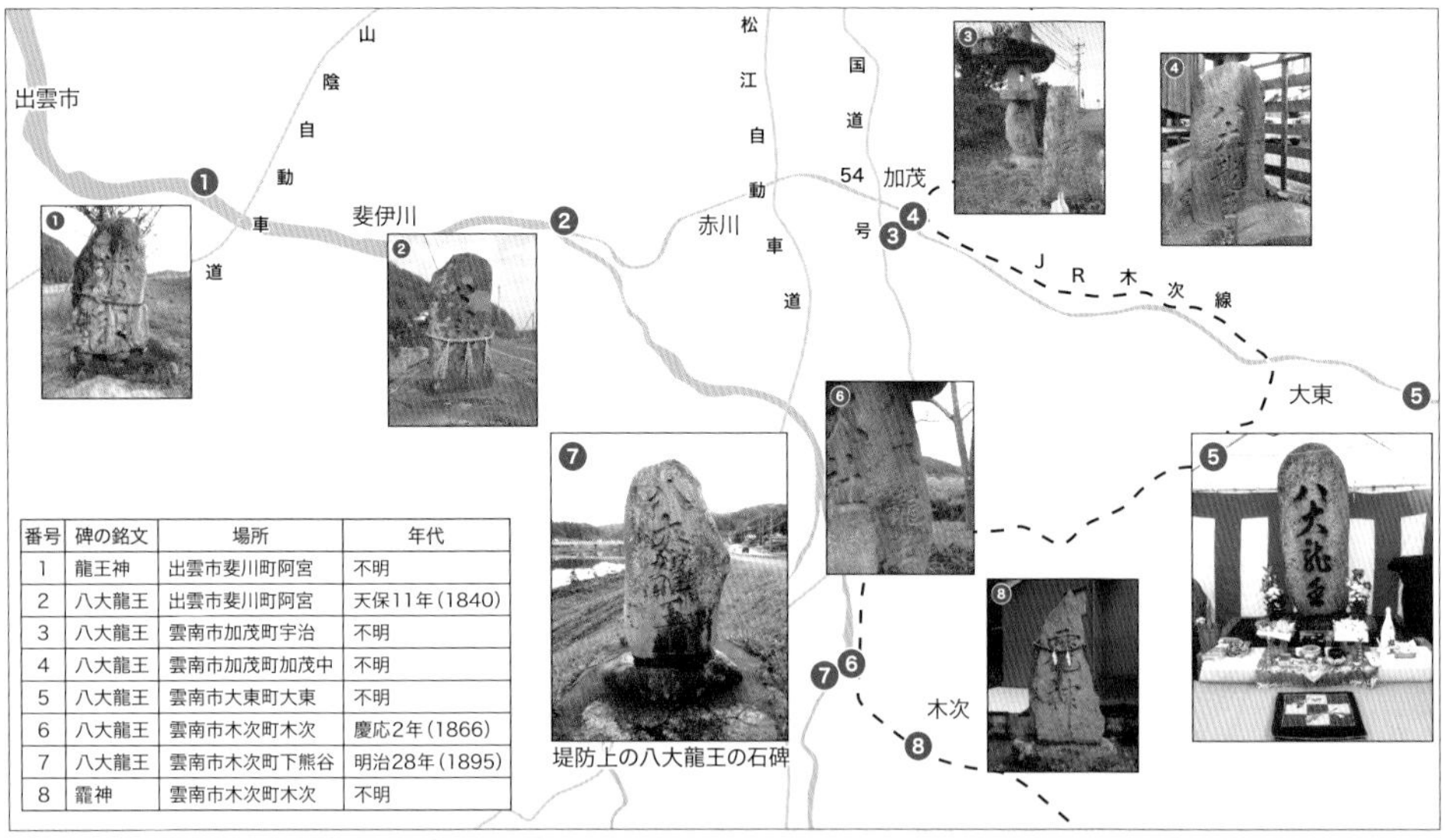


| 番号 | 碑の銘文 | 場所 | 年代 |
|---|---|---|---|
| 1 | 龍王神 | 出雲市斐川町阿宮 | 不明 |
| 2 | 八大龍王 | 出雲市斐川町阿宮 | 天保11年（1840） |
| 3 | 八大龍王 | 雲南市加茂町宇治 | 不明 |
| 4 | 八大龍王 | 雲南市加茂町加茂中 | 不明 |
| 5 | 八大龍王 | 雲南市大東町大東 | 不明 |
| 6 | 八大龍王 | 雲南市木次町木次 | 慶応2年（1866） |
| 7 | 八大龍王 | 雲南市木次町下熊谷 | 明治28年（1895） |
| 8 | 竈神 | 雲南市木次町木次 | 不明 |

図　八大龍王碑の所在地（⑤の写真は曽田祐治氏提供）

63　善女龍王立像(円空作)

江戸時代前期(十七世紀)　園城寺《おんじょう》(滋賀県大津市)蔵・画像提供

# 第四章

# 木綿繁盛記

斐伊川は上流から鉄穴流しの砂が大量に流れ込み、下流では水害に悩まされることになった。しかし、流砂によってできた水はけのよい土地は綿の栽培に適していたため、木綿が新たな特産品となった。本章では、知られざる江戸時代の出雲国での木綿生産について取り上げる。

# 綿作地帯の誕生

日本での本格的な綿栽培は十五世紀末に始まるが、出雲国では十八世紀半ば以降に盛んになる。江戸時代末期から明治時代初期には年間で約六・九万貫目（約二百五十九トン）の綿（繰綿《くりわた》）を収穫し、これを原料として五十一・一万反もの木綿を生産しており、木綿は出雲国の一大産業に成長した。

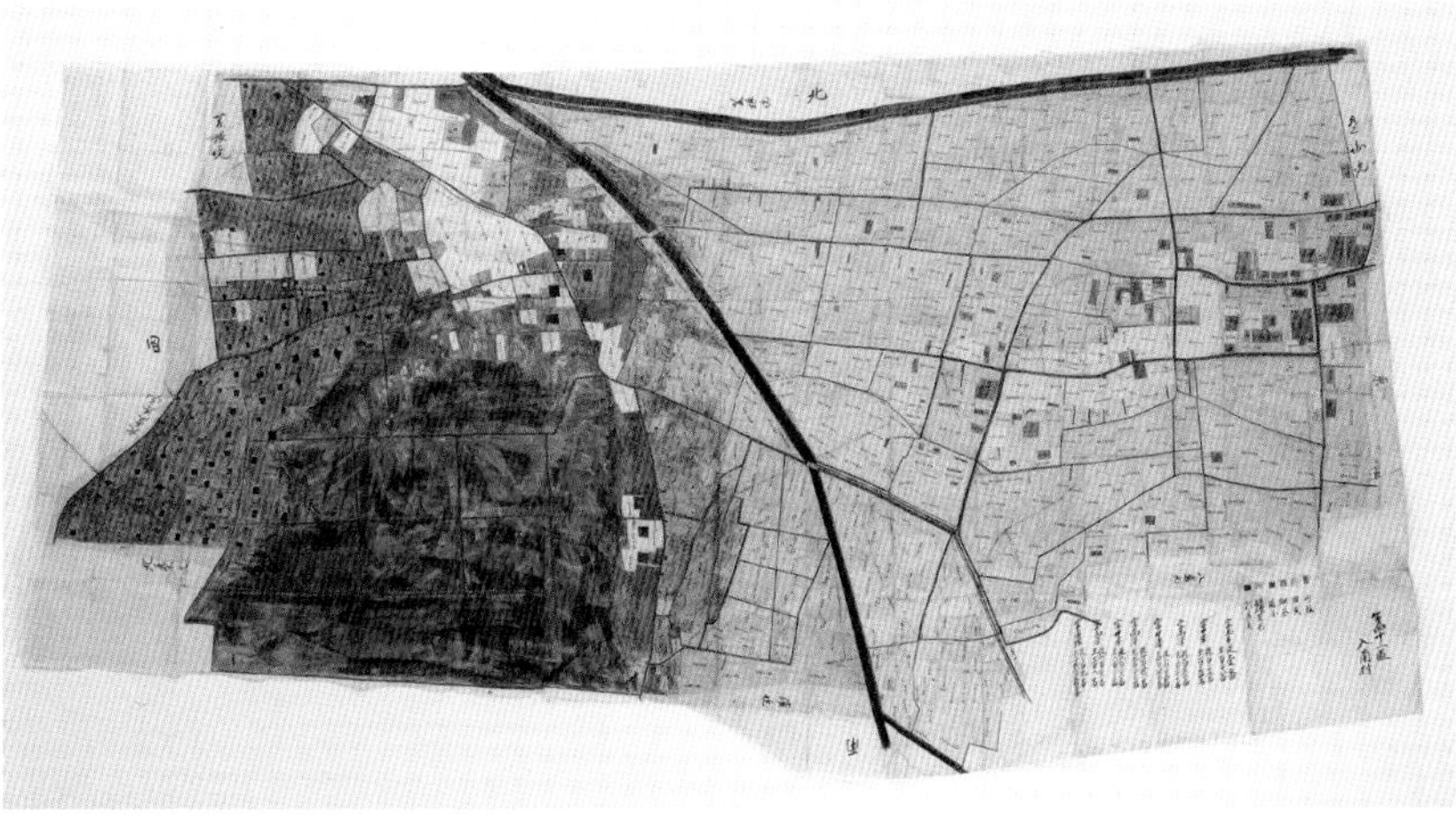

65　神門郡大社町地図　入南村《にゅうなん》
（菱形が綿作用の井戸（綿井戸）を示している）
明治八年（一八七五）　広島大学図書館蔵

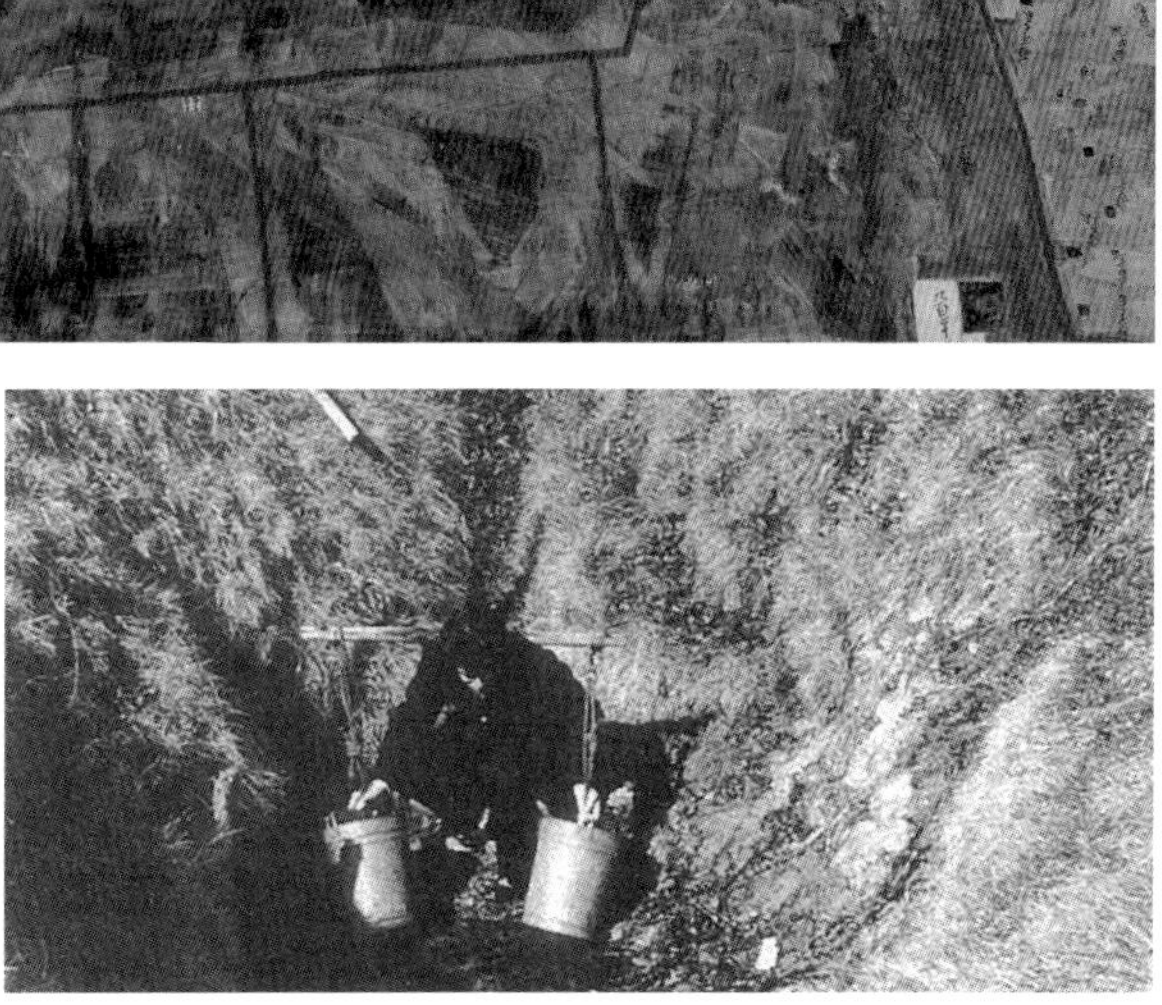

参考34　綿作が廃れてブドウ畑になってからも使われていた綿井戸
（昭和三十年代・出雲市大社町内）
『写真は語る 大社の百年』より　江角博氏撮影

# 綿作用の農具

出雲国と同じく一大綿作地帯であった弓ヶ浜《ゆみがはま》半島に位置する日吉津《ひえづ》村（鳥取県）の日吉津村民俗資料館では綿作用の農具が保存されている。太平洋戦争後まで使用されていたものだが、江戸時代の綿栽培の手引き書『綿圃要務《めんぽようむ》』（大《おお》蔵永常《くらながつね》作・天保五年（一八三四）に出版）に登場する道具もあり、その使用の歴史は江戸時代に遡る。また、出雲国でも同様の農具の使用を確認できる。

66-1　水汲み桶　底の穴から散水する。タンポで栓をして移動した。

66-2　綿まき鍬《くわ》

参考35　ブドウ畑で水汲み桶を使う人
(昭和三十年代・出雲市大社町内)
『写真は語る　大社の百年』より　江角博氏撮影

66-3　溝きり

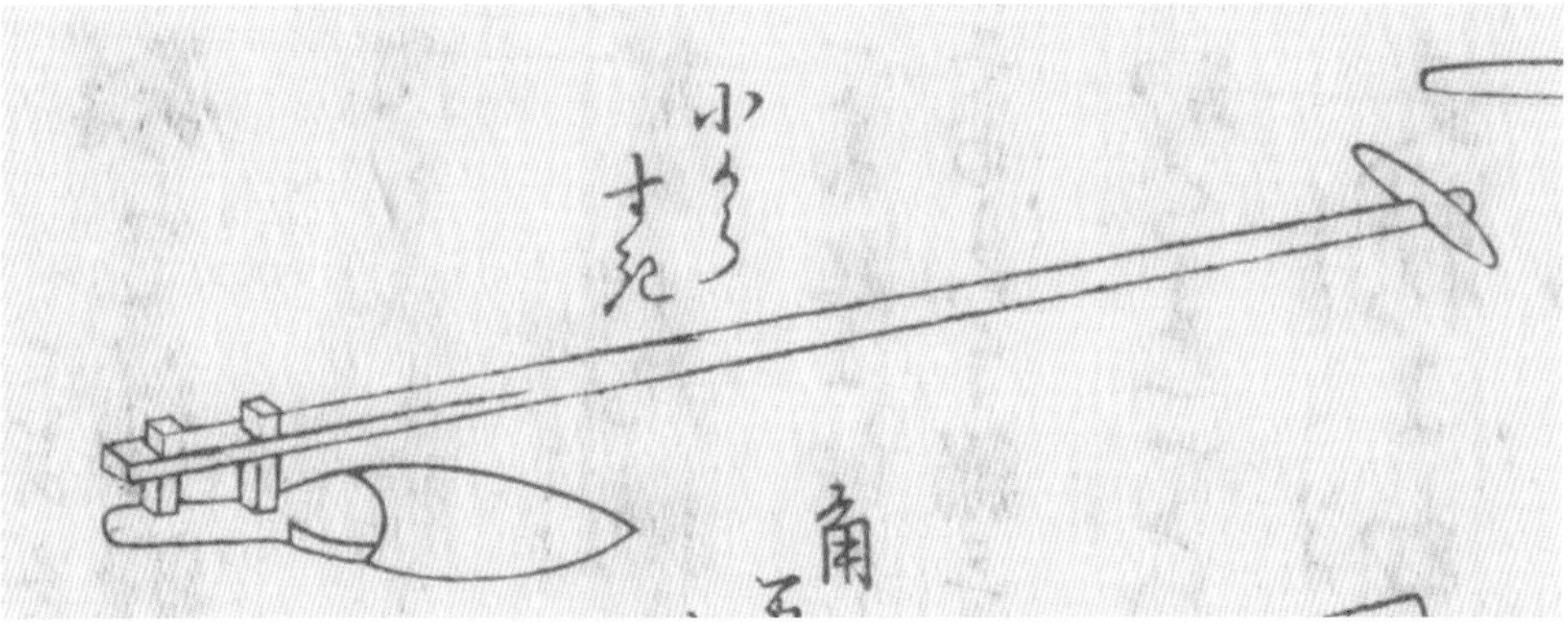

参考36　綿圃要務の「小からすき」 「溝きり」と形状が似ている
（国立国会図書館写真提供）

66-5　綿もり籠《かご》

66-4　綿もり籠《かご》

67　月に綿花図(沖一峨《おきいちが》作)

江戸時代末期(十九世紀)　鳥取県立博物館蔵・写真提供

68　女性三代　機《はた》の音(安部朱美《あべあけみ》作)

平成二十八年(二〇一六)　安部朱美氏蔵

参考37
# 綿から木綿製品ができるまで

綿摘《わたつ》み　秋に綿の実を収穫し、乾燥させる
米子市立山陰歴史館写真提供・遠澤利寛氏撮影

綿繰《わたく》り　摘み取った綿（実綿《みわた》）から、綿繰り機で種を取り除く

紡《つむ》ぐ　種を取り除いた綿を綿弓で打ちほぐして柔らかくした後、糸車にかけて糸にする

かせづくり　糸を機《はた》織りにかけやすくするため、かせ車にかける

機《はた》織り　かせ糸を機織り機にかけて織り上げる
（藍《あい》で染めた糸で絣《かすり》を織っているところ）

# 三井越後屋の進出

保温と吸湿に優れた木綿は江戸時代に庶民の衣服として広がり、その需要は年々高まった。木綿の供給不足が続く中、呉服商の三井家は、品質が高く価格が安い山陰地方の木綿に注目し、寛政十二年（一八〇〇）に出雲産木綿の仕入れを開始。この時、三井家は地元の商人を仕入れ拠点（買宿《かいやど》）に指定している。三井家は木綿の安定調達のため、買宿に記念品を贈るなどして絆を深めた。

69　西紙屋上林家のれん（伯耆国の買宿に伝わった三井家の家紋入りののれん）
江戸時代後期（十九世紀）　鳥取県立博物館蔵・写真提供

## ［出雲国の買宿西台屋に伝わった品々］

70-1　駿河町越後屋正月風景図（江戸の三井呉服店の風景画）
江戸時代後期（十九世紀）　個人蔵

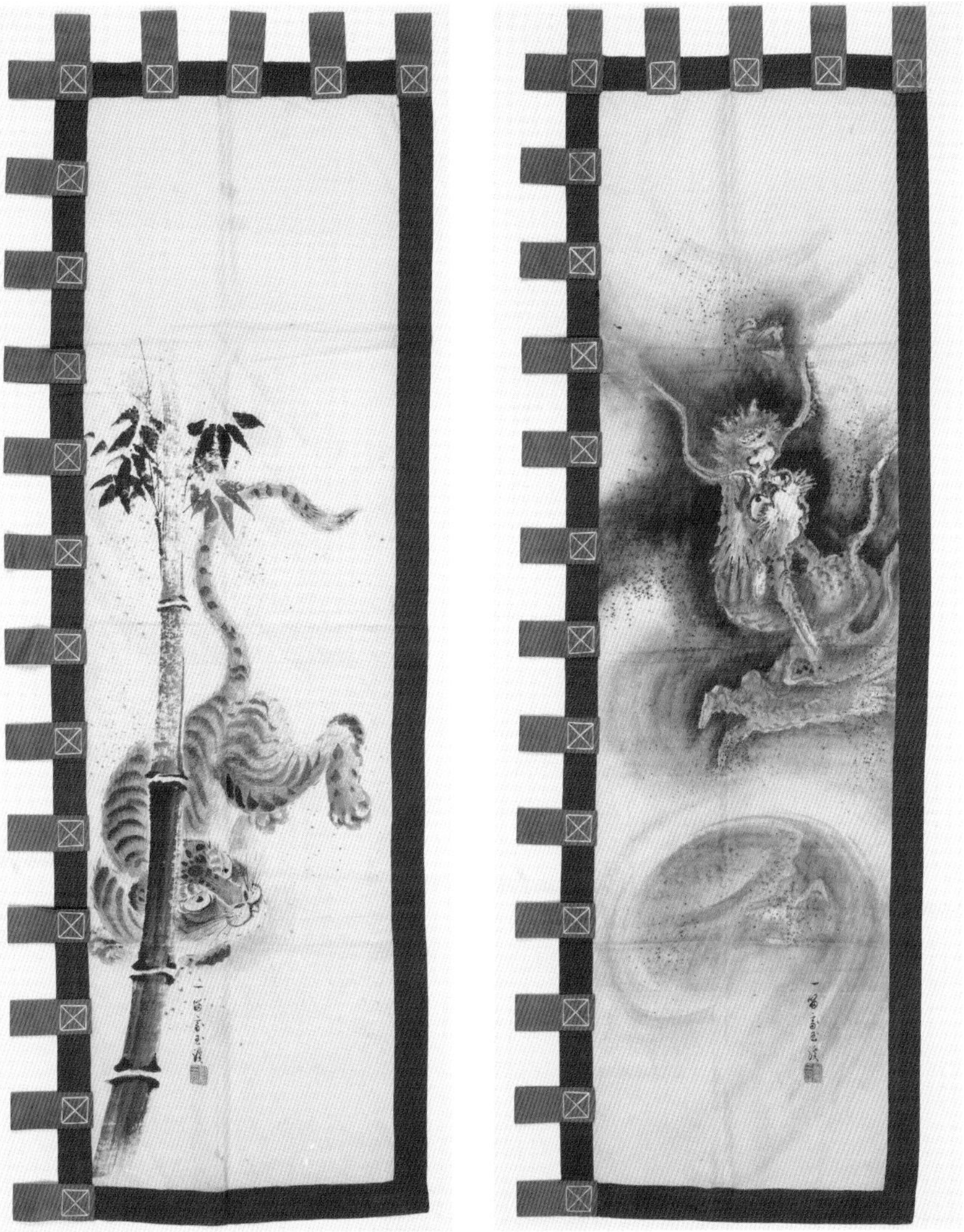

70-2　初節句祝いの内幟《うちのぼり》(三井家から西台屋への贈り物と伝わる)
弘化元年(一八四四)伝　個人蔵

70-3　三井家紋入蓋付椀
江戸時代後期(十九世紀)

コラム7

# 山陰の木綿と綿作

中安恵一

## 一．雲州木綿と伯州木綿

江戸時代後期、木綿は鉄と並ぶ松江藩の主要国産品であった。他領から松江藩領内へもたらされた貨幣収入を指す「国益」を基準とした番付「雲陽国益鑑《うんようこくえきかがみ》」にも両産品が大関に挙がっており、それを端的に表している。よく知られているように、出雲国産の木綿織物（以下、雲州木綿）の生産は、今の出雲市にあたる楯縫《たてぬい》・神門《かんど》・出雲《しゅっとう》郡を中心とし、とりわけ平田は盛んな地域であった。雲州木綿は十八世紀半ば以降徐々に生産を拡大させ、幕末から明治初期頃にかけて最盛期を迎えたと言われている。一方、隣国伯耆国（鳥取県中西部）でも木綿生産は盛んに行われていた。ともに白木綿と呼ばれる無地の反物を主流とした出雲と伯耆は山陰木綿生産の二大産地であった。

両地域ともに十八世紀半ば頃より上方への移出が見られ始めたが、この時期の動向として見逃せないのが呉服商三井越後屋の存在である。三井家は都市商人の中でいち早く伯耆国産の木綿織物（以下、伯州木綿）に目を付けたと言われている。天明期（一七八一～八九）より三井家京本店による

図１　木綿の地域別生産量（幕末・明治初期）　単位：万反

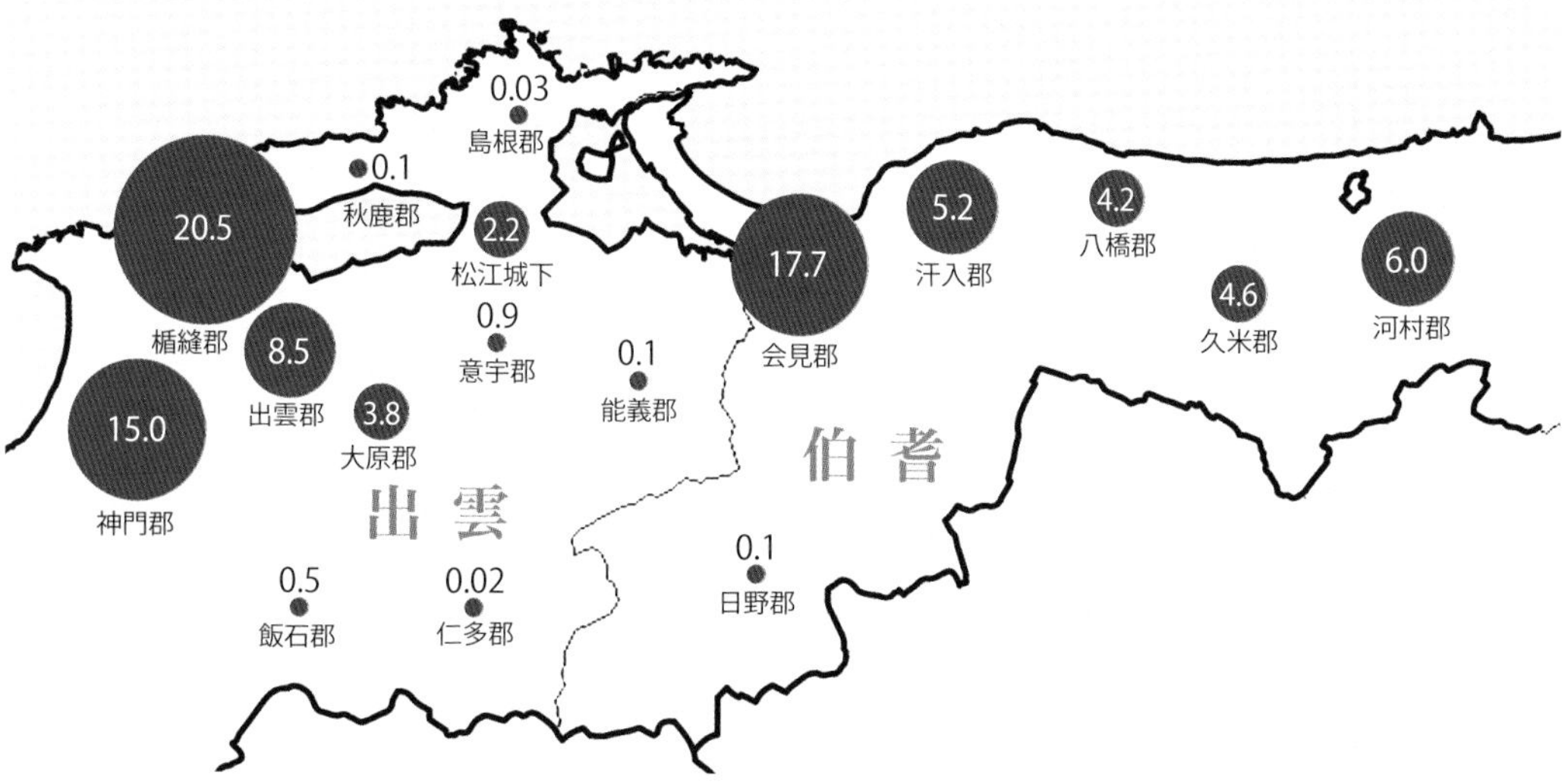


図２　繰綿の地域別生産量（幕末・明治初期）　単位：千貫目

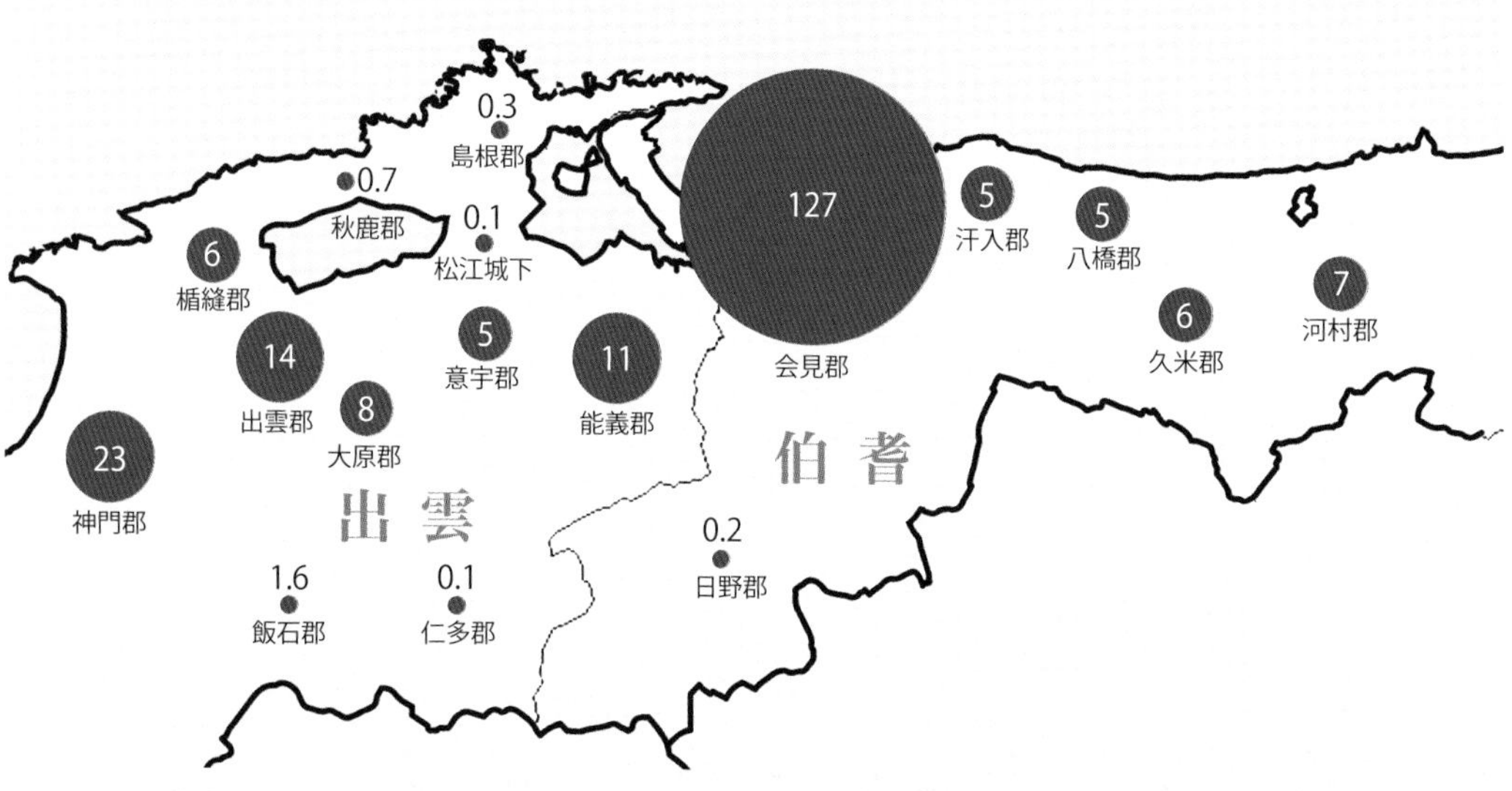

仕入れ先となった伯耆では、全産高の三割強を三井家が仕入れた時期もあったほどで、伯州木綿は都市需要と緊密に結びついてこの時期急速に生産高を伸ばした。これに対し、雲州木綿の三井家による本格的な仕入れ開始は享和元年（一八〇〇）であった。雲州木綿もまた伯州木綿の後を追うようにして上方方面への販売を増加させていった。

次に、時代は下って幕末・明治初期の状況を見てみよう。この時期の両地域の木綿生産状況は、出雲五十一・五万反余（一八七一年）、伯耆三十八万反弱（一八五四〜五九年）となっている。比較時期がやや異なるため一概には言えないものの、この時期においては、雲州木綿は伯州木綿と肩を並べ、時に上回るほどの生産量であったとみて差し支えないであろう。

両国の生産高を地域別に示したのが図1である。出雲国内の内訳をみると、楯縫郡約二十・五万反、神門郡約十五万反、出雲郡約八・五万反と続き、これら三郡で四十四万反余と国内全体の八十五％以上を占めている。また、平田のある楯縫郡は伯耆を含めても山陰地方最大の産地となっていた。なお、この頃の記録には上方だけでなく海上輸送による東北・北陸への販売も多数確認されている。

## 二　繰綿の生産と移出入

木綿織物の原料は繰綿《くりわた》と呼ばれる。繰綿とは、綿花から収穫した実綿《みわた》から種を取り除いた状態の繊維部分のことで、これが織糸に加工されて木綿織物がつくられる。図2は、図1と同じ時期の原料繰綿の生産状況を示している。まず目を引くのが、伯耆会見《あいみ》郡の多さだろう。会見郡の産高は、伯耆全体の産高十四・八万貫目余（一貫目は三・七五kg）の八十五％にあたる約十二・七万貫目を占めている。これは綿の一大産地であった浜ノ目（弓浜半島）によるところが大きい。これに対し、出雲では神門郡・出雲郡・能義《のぎ》郡で盛んに生産され、全体で約六・九万貫目の生産があった。しかしながら、三郡合わせても会見郡の産高には遠く及んでいない。

では、原料の繰綿生産量にこれだけ大きな差がある中、雲州木綿はどのようにして伯州木綿を上回るほどの生産高を可能にしたのか。最も顕著なのが楯縫郡であろう。楯縫郡は最大の木綿産地ながら、繰綿生産量は会見郡はもとより出雲国内の他地域と比しても決して多くないのである。

じつは、幕末頃の出雲では少なくない量の繰綿を伯耆や備中、備後といった他国より買い入れていた。すなわち、他国産原料に依存しつつ木綿生産の拡大を図っていたのであった。一方の伯耆は、繰綿の国外移出割合が非常に高く、図2の会見郡産高十二・七万貫目のうち実に四分の三は国外移出であった。出雲へも多く移出していたため、鳥取藩が繰綿の流通統制を実施しようとした際には、松江藩側から鳥取藩

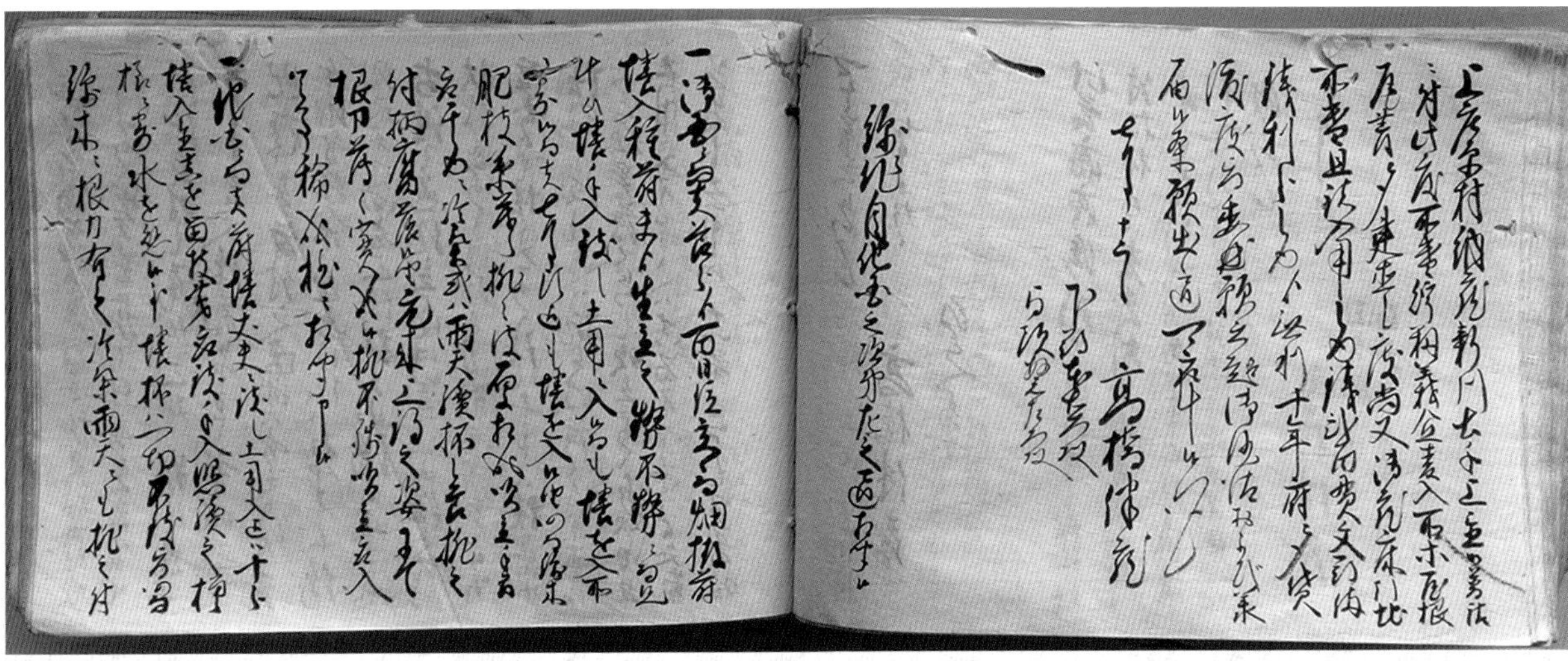

71　綿作風聞覚（年々御用留のうち）
文久二年（一八六二）　島根県立図書館蔵

に掛け合い、従来行われていた買い入れが制限されないよう願い出ることもあった。なお、この頃松江藩では繰綿の自給化を目指す動きもあったが（列品番号71参照）、実態としては他国産への依存は依然として大きかったと思われる。

## 三、綿もりの出稼ぎと松江藩政

山陰地方の一大綿作地帯であり国外移出地帯であった伯耆浜ノ目であるが、繰綿の移出入以外にも出雲とは綿をめぐる深い繋がりがあった。

初秋の頃になると、花盛りとなった綿畑では、実が裂けて真白な綿が吹きはじめる。綿畑に次々と綿が吹けば、やがて綿摘みの季節が始まる。山陰では綿もりと呼ばれた。この季節になると浜ノ目では、集団で綿もりの出稼ぎにやってくる出雲・石見の女たちの姿が見られた。

綿もりの出稼ぎは江戸時代後期にはすでに行われていたが、当時は庶民による他国への往来が厳しく管理された時代であった。松江藩領でも他国出稼ぎが禁止された時期があり、綿もりの出稼ぎによる処罰の記録も残る。幕末もまた、松江藩が他国への出稼ぎを禁止していた時期であった。しかし、このときは藩は綿もりによる出稼ぎだけは特別に認めている。他の出稼ぎに比べ短期間であり農業への影響が限定的であること、そして他国から多くの貨幣収入をもたらす出稼ぎであることがその理由であった。

出稼ぎを認めた理由は他にもあったと見られる。幕末頃の綿もりの出稼ぎでは、賃銀の替わりに繰綿を報酬とすることもあった。この報酬の手続きについてみると、帰国の際に持ち出す繰綿は一人ずつ鳥取藩の番所へ申告するという仕組みが出来上がっており、この慣行が盛んに行われていたことを物語っている。その需要の高さからか、中には申告を怠り風呂敷に包み込んでこっそり手荷物と一緒に持ち帰る者までいた。こうした報酬として持ち帰られた繰綿もまた、雲州木綿の生産に少なからず寄与したことであろう。そしてこれらは、おそらく市場に流通した繰綿よりも安価であった。原料自給を課題としていた松江藩にとって、綿もりの出稼ぎがもたらす経済的な効果は、藩が出稼ぎを特別に認める理由として十分であった。

江戸時代に見られる他国出稼ぎへの統制は、多くは離農を避ける目的で実施されたが、実際には、藩は自身と利害を共にする出稼ぎには寛容になるなど柔軟な姿勢を取っていた。綿もりへの対応からも当時の松江藩の本音が垣間見られよう。伯州綿の綿もりは、松江藩とその領民にとって、賃金を得る手段としてまた繰綿を入手する手段として貴重な機会となっていたのであった。

【参考文献】
『鳥取県史　五　近世文化産業』鳥取県、一九八二年
『松江市史　通史編4近世Ⅱ』松江市、二〇二〇年
【出典】
【図1・2】中安恵一「綿生産からみた近世後期松江藩の国益と木綿産業」『島根県古代文化センター研究論集第二三集　前近代島根県域における環境と人間』島根県教育委員会、二〇二〇年

# 木綿の美

山陰地方では生産した木綿糸や木綿を活かして、全国有数の絣《かすり》と藍染《あいぞ》めの生産地に成長した。特に出雲市周辺では藍染めが盛んになり、その製品は仕事着や手ぬぐい、浴衣《ゆかた》などに用いられた。

## 出雲《いずも》藍《あい》板締《いたじ》め

板締め染めとは、文様を彫った一対の版木の間に折り畳んだ布を挟み、圧縮して染める技法である。明治時代初めには行われなくなったので、その技法が十分には解明されておらず、いわば幻の技法とされている。

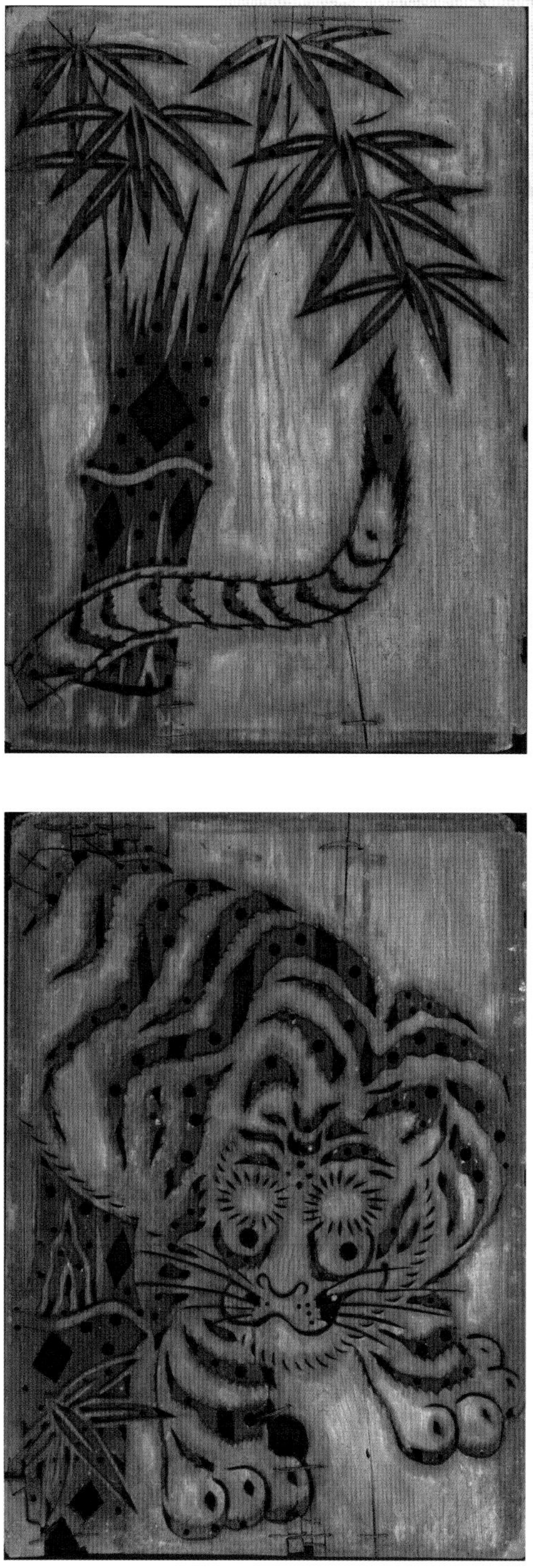

72-1　△出雲藍板締め版木「竹に虎」
江戸時代（十九世紀）　当館蔵

72-2　△出雲藍板締め「竹に虎」文様木綿布
江戸時代（十九世紀）　当館蔵

# 婚礼を飾った木綿

出雲地方では婚儀がまとまると、娘の幸せを祈り、嫁の実家から婚家へと実家の家紋や様々なおめでたい文様を藍で染めた布団・夜着《よぎ》・風呂敷などが嫁入り仕度として贈られ、女性の人生の節目を飾った。

73-1　風呂敷三つ揃(歯朶《しだ》に大割蔦《おおわりつた》・斜竹鶴亀《しゃちくつるかめ》)
大正時代初期か(二十世紀)　松江歴史館蔵(荒布屋コレクション)

73-2　婚礼夫婦夜着（三割桐《みつわりぎり》に大割蔦・鶴亀松竹梅／二重丸に大割蔦・鶴亀松竹梅）
大正時代初期か（二十世紀）　松江歴史館蔵（荒布屋コレクション）

(敷布団の裏)

(敷布団の表)

**73-3　婚礼夫婦布団(鶴亀松竹梅)**

大正時代初期か(二十世紀)　松江歴史館蔵(荒布屋コレクション)

# エピローグ　大地に生きる

数多くの災害に襲われながらも、島根の人々は、たくましく、粘り強く、大地に生きてきた。最後に、ここまでで紹介しきれなかった、大地の恵みを活かした人々の姿を取り上げたい。

# 鉄穴流し後の土地の再利用

列品番号74は、奥出雲の鉄師《てっし》絲原家に伝わる四季の田園風景を描いた文台《ぶんだい》と硯箱《すずりばこ》である。たたら製鉄と田園風景、一見無関係にも思えるが、鉄師たちは、鉄穴流しのために山を切り崩して出来た荒れ地を、大きな労力を費やして水田に造成しており、農場経営者としての一面も持っていた。苦労して開発した田畑が実りの秋を迎えることができるように、との思いが込められているような作品だ。

参考38　鉄穴流《かんななが》し跡地に開かれた水田
奥出雲町教育委員会写真提供

74　四季《しき》耕作《こうさく》高蒔絵《たかまきえ》文台《ぶんだい》硯箱《すずりばこ》(勝軍木《ぬるで》庵《あん》光英《こうえい》作)
江戸時代末期(十九世紀)　公益財団法人絲原記念館(奥出雲町)蔵

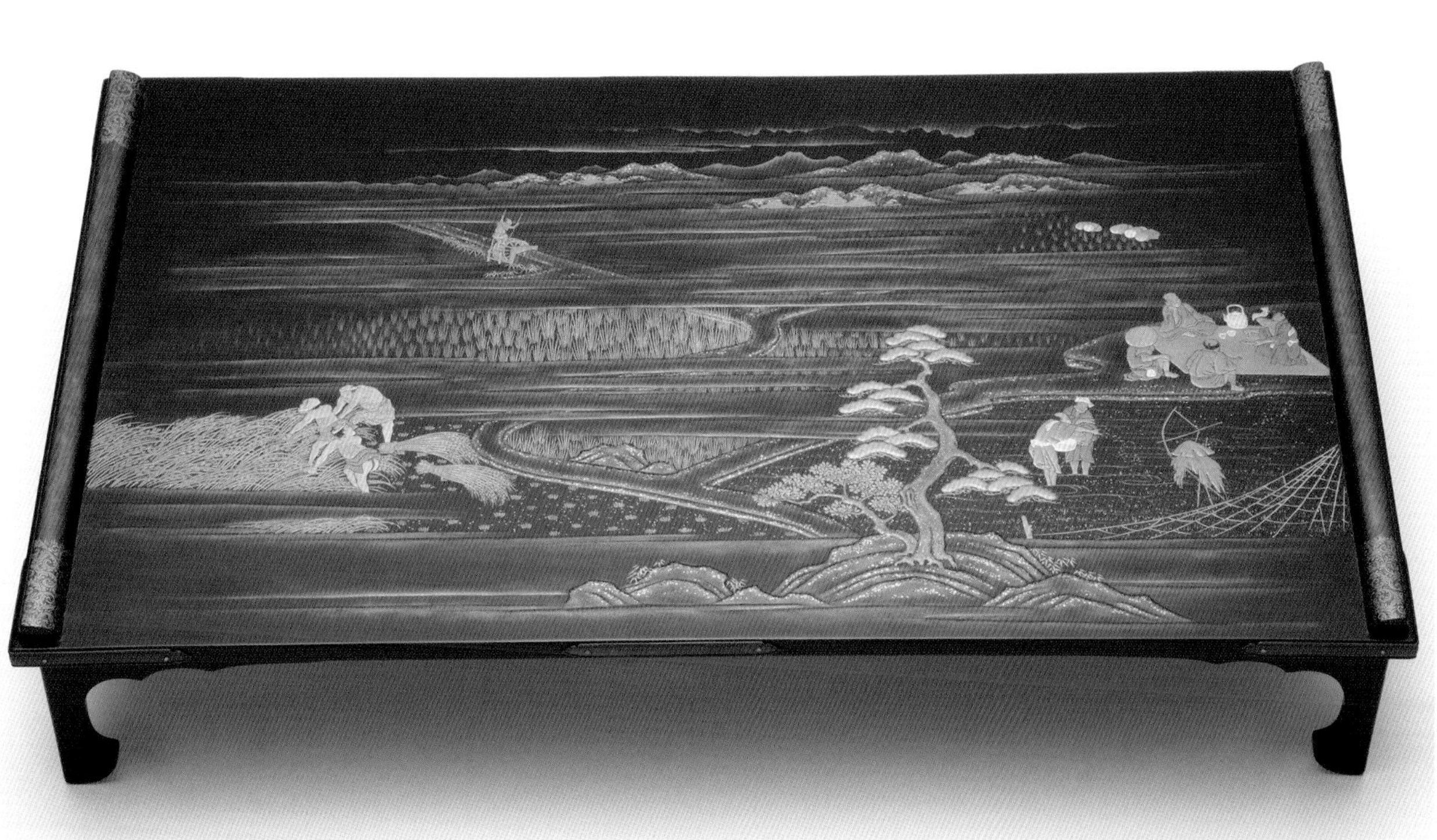

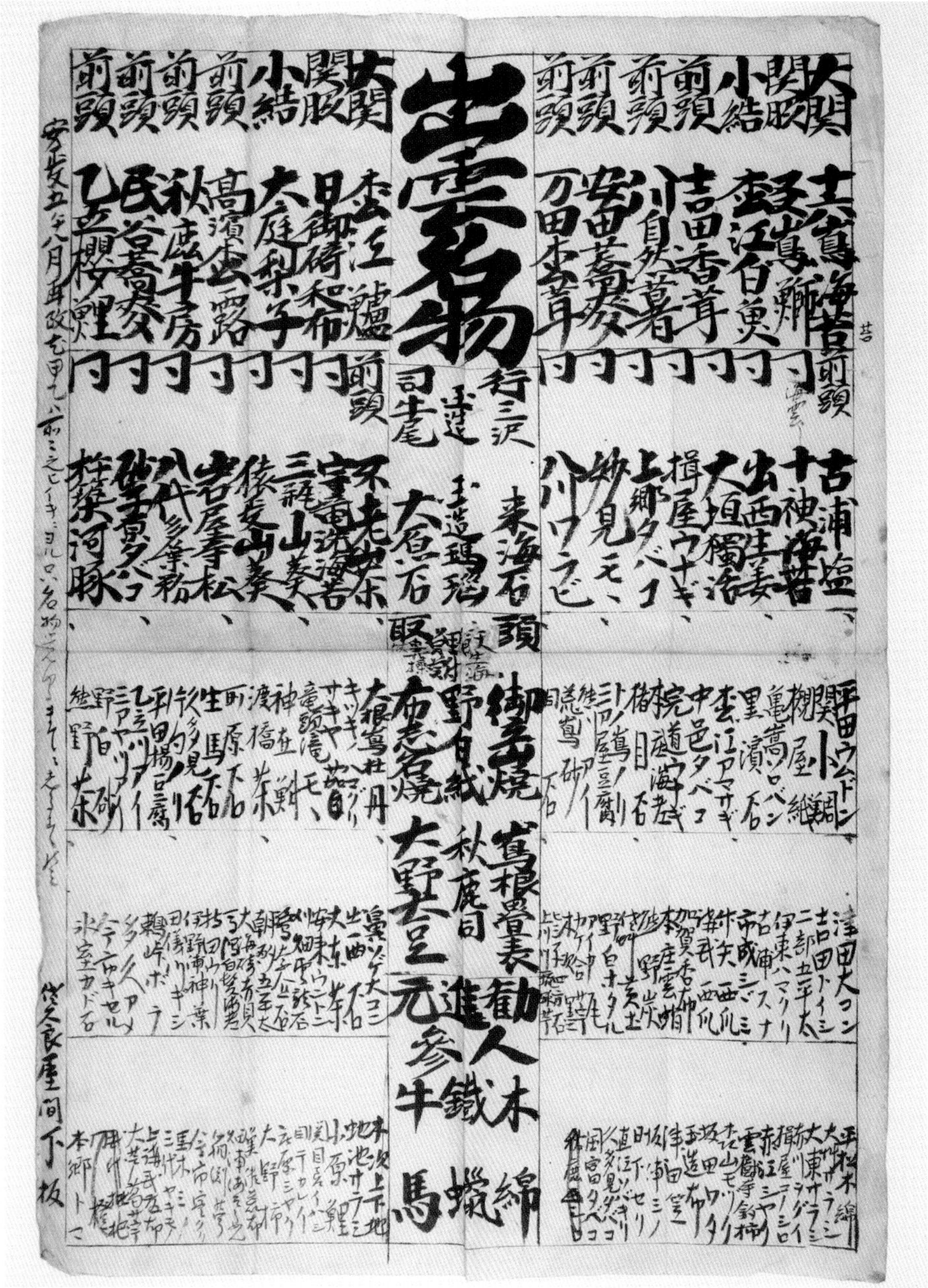


**75　出雲名物番付**

安政五年（一八五八）　松江市蔵

# 江戸時代の出雲の特産品

今回の展覧会では、江戸時代の出雲の特産品として木綿に焦点を当てた。しかし、出雲の特産はそれだけではない。列品番号75は、江戸時代末期の出雲国の名物番付だが、「十六島《うっぷるい》海苔」、宍道湖のシジミ、中海《なかうみ》の赤貝、来待《きまち》石、瑪瑙《めのう》細工など、現在でも知られる出雲の山野河海の名産が百四十六点も並んでいる。

# 海藻が育んだ隠岐の歴史

大小さまざまな湾がある隠岐諸島の周辺の海底には、海藻の群落（藻場《もば》）が広がる。古代以来、この藻場で育まれたアワビ・ウニ・サザエなどの海の幸が、人々の舌を楽しませてきた。また、江戸時代には肥料として隠岐の海藻が重視され、弓ヶ浜半島の綿栽培でも活用されたという。

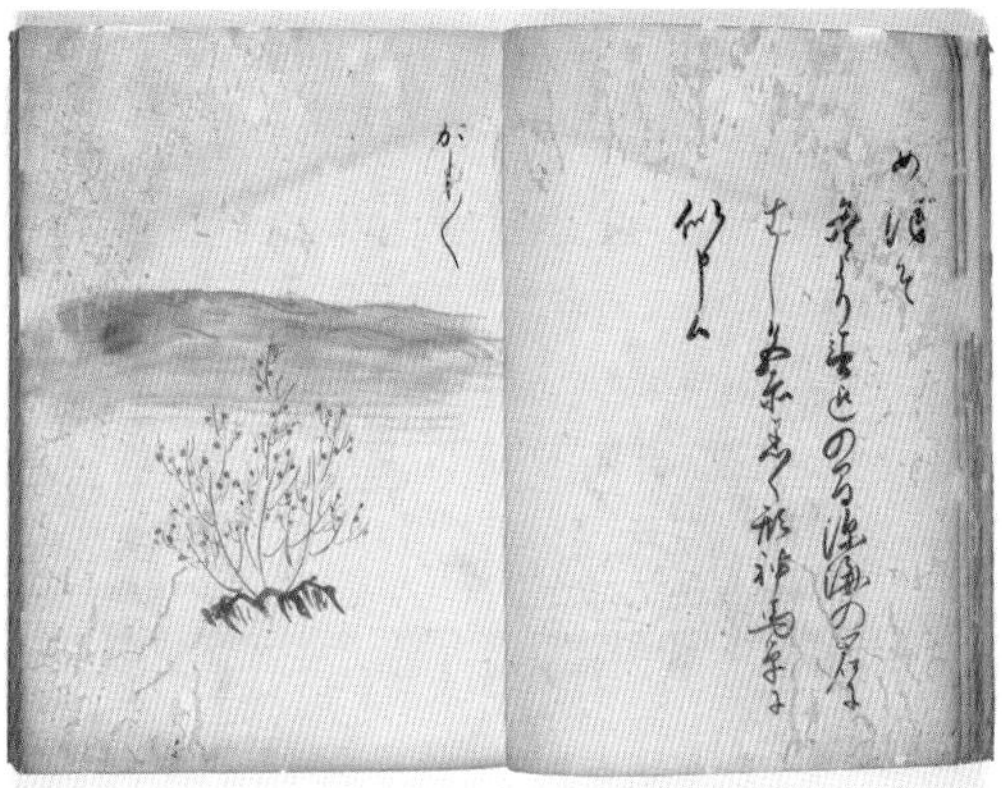

76　隠岐国産物絵図註書帳
享保～元文年間（一七一六～四一）　当館蔵

参考39　隠岐の海底に広がる海藻の林
隠岐の国ダイビング写真提供

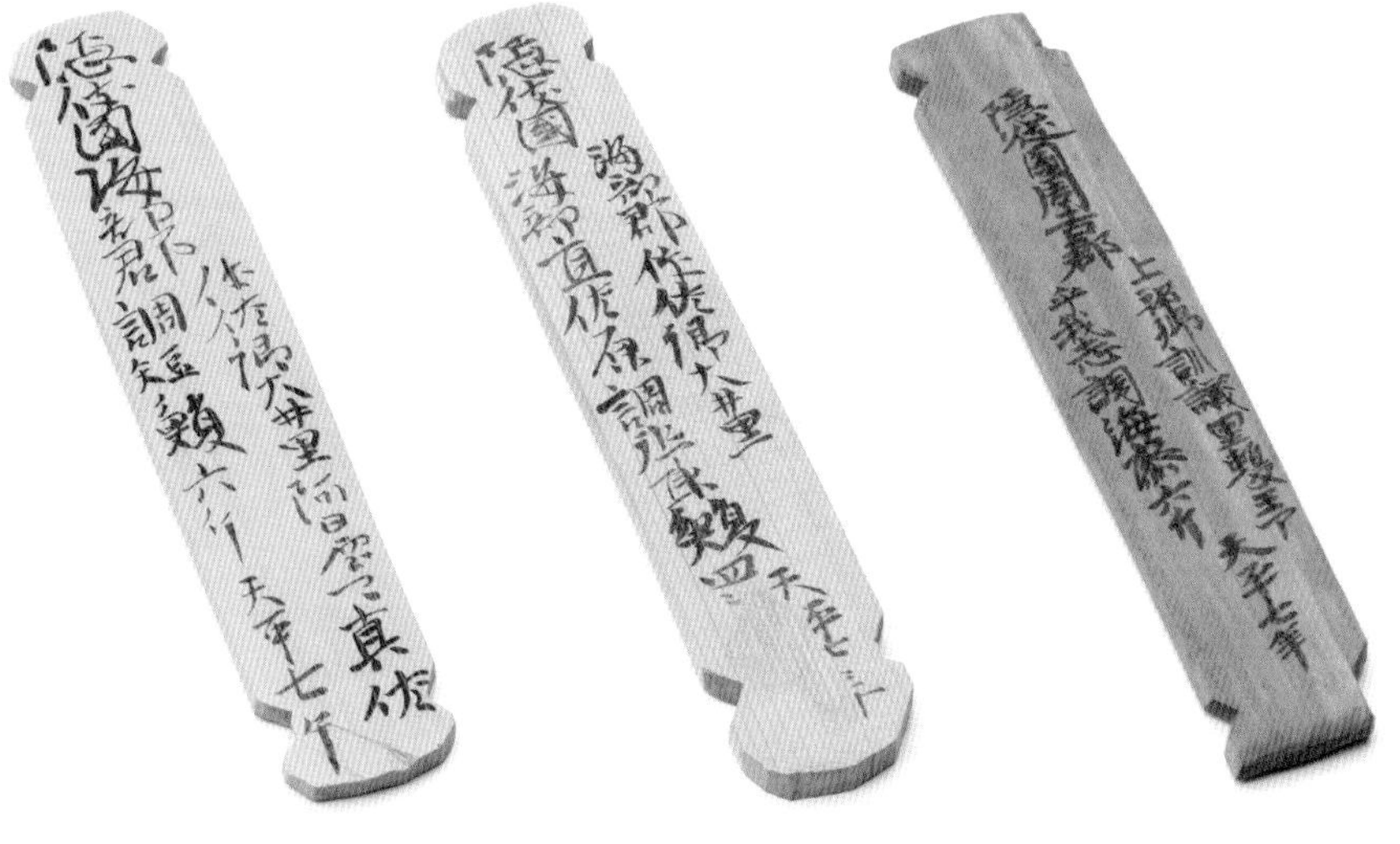

77　隠伎国木簡（複製）
当館蔵　（原品所蔵：奈良文化財研究所）

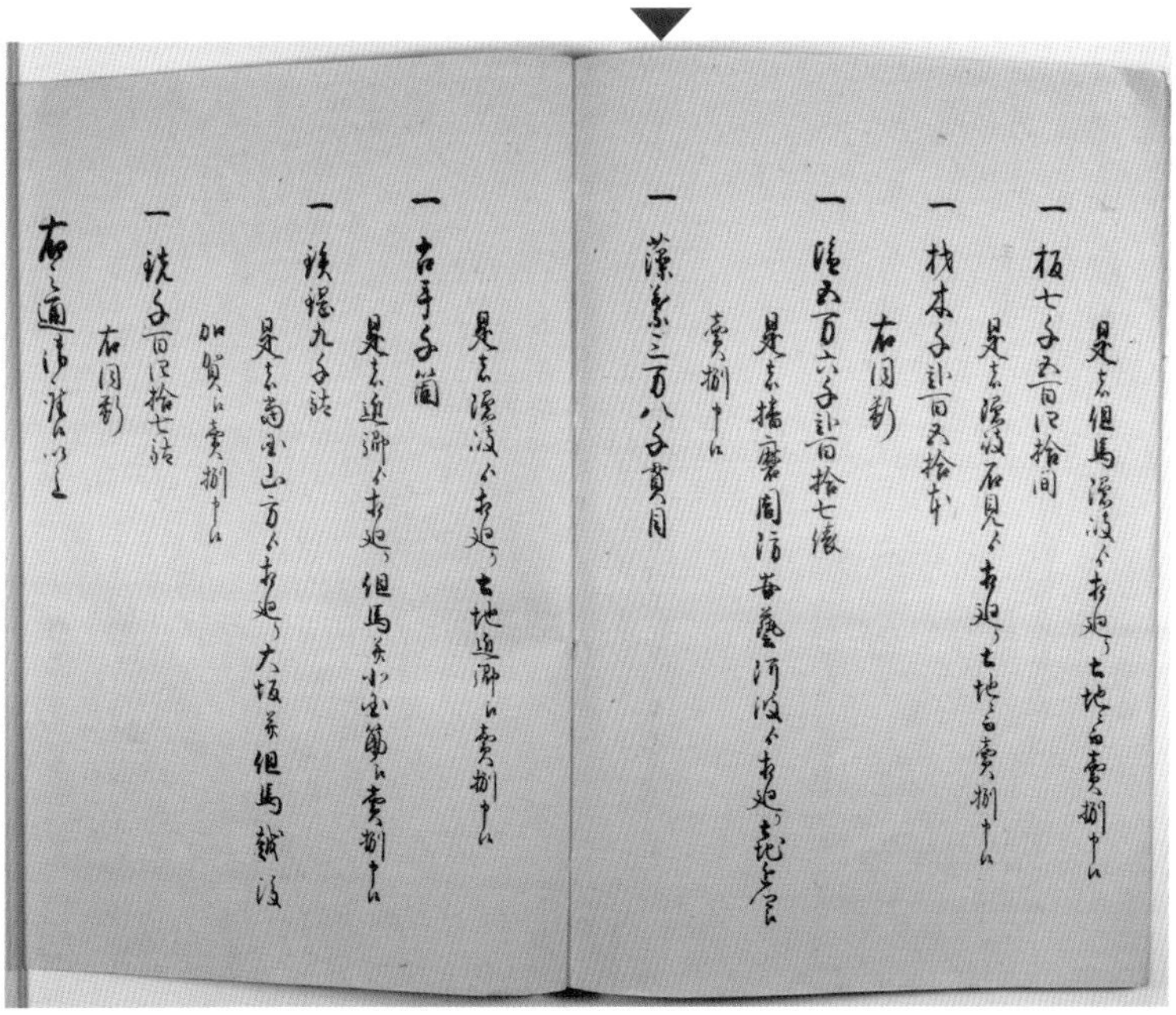

78　伯耆国会見郡米子湊諸品取調書
（米子湊の輸入品に大量の隠岐の海藻が記録さている）
安政六年（一八五九）　鳥取県立博物館蔵

# 石見の古湯を見守る仏

島根県内では古くから多くの温泉が湧き、人々が恩恵を受けてきた。江津市の有福《ありふく》温泉もその一つだ。白雉《はくち》二年（六五一）に湧出口の付近に創建されたと伝わる福泉寺《ふくせん》は、江戸時代初めに山崩れに遭って泉源から少し離れた現在地に移転したという。統一新羅時代から高麗時代（八～十四世紀）の作と推定されている同寺の本尊は、災害をくぐり抜けて湯治客を見守り続けてきた。

79　石見有福温泉（川瀬巴水《かわせはすい》作）
大正十三年（一九二四）　当館蔵

80　◯観音菩薩坐像
統一新羅～高麗時代（八～十四世紀）　福泉《ふくせん》寺（江津市）蔵

# 資料編

# 列品解説

## プロローグ

### 1-1 屈折像土偶《くっせつぞうどぐう》

下山《しもやま》遺跡
一点
長さ一一・四cm　肩幅一三・九cm
腰部幅七・九cm　最大厚四・一cm
縄文時代後期中葉（約四千～三千六百年前）
島根県埋蔵文化財調査センター蔵

### 1-2 屈折像土偶（複製）

一点
高さ一五・五cm
現代
島根県埋蔵文化財調査センター蔵

下山遺跡は、飯石《いいし》郡飯南町角井《つのい》に所在し、三瓶山から約五キロメートル東に位置している。三瓶山噴火による堆積物層を挟んで三層の遺物包含層（第一～第三黒色土）が確認されている。本土偶は、およそ四千年前の三瓶太平山《たいへいざん》火山灰上層にある第一黒色土から縄文時代後期中葉の土器とともに出土したものである。頭部や四肢、乳房を欠いているが、残存状態から首を前に突き出し、手足を折り曲げて座った姿勢をした「屈折像土偶」であることが分かる。屈折像土偶のほとんどは東北地方で出土しており、西日本での発見例はきわめて珍しい。本土偶は、「ほおづえをつくポーズ」で有名な福島県上岡《かみおか》遺跡出土土偶とよく似ており、東北地方で製作され、何らかの理由でこの地へ運び込まれた可能性が高い。三瓶山噴火後にこの地に暮らした人々の交流や祈りを象徴するものといえる。（東山）

### 2 三瓶山火山灰堆積層剥取標本

板屋《いたや》Ⅲ遺跡
一点
高さ三六八cm　幅一八二cm
島根県埋蔵文化財調査センター蔵

島根県のほぼ中央に位置する三瓶山（標高一一二六メートル）は、約十万年前から活動を繰り返している中国地方で最も新しい活火山である。縄文時代には、約一万一千年前（草創期）、約五千五百年前（前期）、約四千年前（後期）に三回の噴火を起こしている。その痕跡は、地表に堆積した「ハイカ」と呼ばれる火山灰層から読み取ることができる。三瓶山から約六・五キロメートル東にある板屋Ⅲ遺跡（飯石郡飯南町志《し》津見《つみ》）では、三つの縄文時代の火山灰層と火山活動が休止したときに堆積した黒色土層が交互にみられ、黒色土からは縄文時代の土器などが出土している。ここでは約八千五百年前には人々が暮らし始めていたが、その後の二度の噴火で厚さ一メートル以上の火山灰が堆積していることから、人々は避難を余儀なくされたに違いない。約五千五百年前の噴火から再び集落が営まれるまで約一千年かかったのに対し、四千年前の噴火後には百年ほどの間に人間の活動がみられ、植生環境の回復とともに人々が戻ってきたと考えられる。（東山）

### 3-1 続日本紀《しょくにほんぎ》第廿七（天平神護二年六月五日条）

紙本木版
一冊
縦二七・五cm×横一九・四cm
明暦三年（一六五七）（原本：延暦十六年（七九七））
当館蔵

### 3-2 続日本紀第卅五（宝亀九年十二月十二日条）

紙本木版
一冊
縦二七・五×横一九・四cm
明暦三年（一六五七）（原本：延暦十六年（七九七））
当館蔵

『続日本紀』は『日本書紀』の次に編纂された勅撰歴史書。文武元年（六九七）から延暦十年（七九一）までの全四十巻構成。展示したのは八世紀後半の大隅《おおすみ》国（鹿児島県）沖での海底噴火を記録した部分。天平宝字八年（七六四）十二月に信尓《しにに》村（鹿児島県霧島市）沖の海底で発生した大噴火は、その音が平城京まで聞こえた程の大規模なもので鍛冶《かじ》の現場のようであったとその模様を記している。この噴火では三つの島が出現し、これによって民家六十二区、八十余人が埋まったという。列品番号3-1は、その二年後の記事だが、大隅国の「神造嶋」ではなお震動が終息せず、多くの人々が土地を離れざるを得ない状態にあるので救済したというもの。注意したいのは、新たに出現した火山島を神が造ったものと認識している点で、噴火から十四年後の記事（列品番号3-2）に「大隅国の海中に神造の嶋あり、其名は大穴持神といふ」とあるとおり、この島を造った神とはオオナムチ（オオクニヌシ）を指していることである。（倉恒）

### 4-1 御取納丁銀《おとりおさめちょうぎん》

一点
縦一六・〇cm×横五・二〇cm（一五九・二g）
戦国時代（十六世紀後半）
当館蔵

### 4-2 文禄石州丁銀《ぶんろくせきしゅうちょうぎん》

一点
縦一四・九五cm×横四・六五cm（二〇一・六g）
文禄二年（一五九三）
当館蔵

永禄三年（一五六〇）正月に行われた正親町《おおぎまち》天皇の即位礼の経費として、毛利元就は朝廷に銀を献納したが、列品番号4-1はその控えで、現存する唯一のもの。表に「御取納丁銀」

の極印《ごくいん》、裏に「四拾三匁／銀山御蔵（花押）」の墨書がある。花押の主は量目や品位を保証した人物であろうか。

列品番号4-2は、極印から石見銀山産の銀によって製作されたことが明らか。豊臣秀吉による朝鮮侵略（文禄の役）に際して軍用に造られたものであろうか。（倉恒）

## 第一章　大地鳴動

### 5-1 液状化現象痕跡剥取標本1

森原神田川遺跡《もりばらじんでがわいせき》
一点
高さ一八四・六cm×幅九三・六cm
島根県埋蔵文化財調査センター蔵

液状化現象とは、ゆるく堆積した砂の地盤に強い地震動が加わることによって、地層自体が液体状になる現象のことである。液状化が発生しやすい場所は、地下水位が高く、ゆるく堆積した砂地盤などで、例えば埋立地・干拓地・昔の河道を埋めた土地、砂丘や砂州の間の低地などがあげられる。液状化が起きると、砂の粒子が地下水の中に浮かんだ状態になり、水や砂が吹き上がることがある。この現象は噴砂《ふんさ》と呼ばれる。本資料は江の川右岸の自然堤防から後背低地上に位置する森原神田川遺跡（江津市松川町）の発掘調査区の壁面を樹脂で塗り固めて剥ぎ取ったもので、自然堤防の土層を右下から左上方向に葉脈状にわかれてのびる噴砂痕跡がみられる。この噴砂は、明治五年（一八七二）の浜田地震で発生した液状化現象によるものと考えられる。（東山）

### 5-2 液状化現象痕跡剥取標本2

山持遺跡《ざんもちいせき》
一点
高さ一八四・六cm×幅九三・六cm
島根県埋蔵文化財調査センター蔵

山持遺跡は出雲平野の北端、出雲市西林木町《にしはやしぎちょう》に所在する。出雲平野は斐伊川《ひいかわ》・神戸川《かんどがわ》の二大河川によって形成された沖積平野で、さらに当遺跡は北山山系から流れ出る小河川の影響も受ける位置にあり、軟弱な砂質土層が地盤となっている。本資料は、発掘調査区の壁面を樹脂で塗り固めて剥ぎ取ったもので、弥生時代後期（二〜三世紀前半）の河川堆積層を左下から右上方向に切り裂くようにのびる噴砂痕跡がみられる。（東山）

### 6 類聚国史《るいじゅうこくし》巻百七十一

紙本木版
一冊
縦二六・五cm×横一八・五cm
江戸時代（原本：十世紀）
当館蔵

『類聚国史』とは編年体（年次順に記事を並べる記述方法）の六国史の記事を、検索の便を図るために、その記事を内容別に分類・編集した書物。編者は菅原道真《すがわらのみちざね》。地震の記事も収集されており、展示したのは元慶《がんぎょう》四年（八八〇）十月十四日に出雲国を襲った地震の箇所。信頼性の高い文献史料で確認できる地震の記録としては島根県最初のもの。最近の研究では、震源は島根半島、マグニチュードは七・〇以上と推定されている。この地震によって、出雲国内では神社仏閣・官舎・住民の家屋が転倒あるいは傾き、負傷者が多数出たという。九世紀後半は、この元慶出雲地震以外にも貞観《じょうがん》地震（八六九年）・仁和《にんな》東南海地震（八八七）などの大地震が日本列島とその周辺で相次いだ。（倉恒）

### 7 出雲国府跡出土木片

出雲国府跡八〇号溝
一括
平安時代（九世紀）
島根県埋蔵文化財調査センター蔵

出雲国府跡は松江市大草町《おおくさちょう》に所在する。松江市南東部に広がる意宇《おう》平野に位置し、奈良時代から平安時代にかけて出雲国の政治経済の中心地として栄えた。八〇号溝は、幅二・二メートル以上、深さ七十センチメートルの溝で、出雲国府の中枢施設である政庁の北側に東西方向に延びている。本資料は、この溝の中ほどに堆積した厚さ十二センチメートルの黒色土層から、九世紀前葉から後葉の土器とともに出土したもので、大半に焼け焦げた跡がみられる。『日本三代実録』や『類聚国史』（列品番号6）には、元慶《がんぎょう》四年（八八〇）十月十四日に出雲国に大地震が起こったことが記されているが、これに伴う火災で燃えた建物の一部ではないかと考える向きもある。出雲国府跡では、九世紀中葉から十世紀前半にそれ以前と比べて区画や施設配置が大きく変わっており、このことは地震の影響とその後の復興を示しているのかもしれない。（東山）

### 8 延宝四年津和野城石垣破損地図面

紙本着色
一枚
縦七六・〇cm×横一三〇・〇cm
近代（十九世紀後半〜二十世紀前半）（原本：延宝四年（一六七六））
津和野町教育委員会蔵

延宝四年六月二日午の刻に石見国を震源とする地震が発生した。この地震で津和野では津和野城の石垣が崩落したほか、侍屋敷や町屋が倒壊し、死者七名の被害が出た。本図は地震発生から約三か月が経過した同年九月十八日に、石垣の修復許可を江戸幕府から得るために作成された絵図を後世に写したもの。朱の点で崩落箇所、朱の丸囲いで震動によって石垣が膨らんだ箇所をそれぞれ示している。津和野城の修理工事は、延宝八年（一六八〇）に藩主亀井茲政《かめいこれまさ》が死去し、その跡を継いだ亀井茲親《これちか》も幼少のため江戸から津和野に帰ることを幕府が許さなかったこともあり停滞を余儀なくなれ、貞享二年（一六八五）二月にようやく完了した（津和野三本松城修復記・国立歴史民俗博物館所蔵亀井家文書）。なお、江戸時代末期に作成された津和野城の絵図と比較すると、二の丸と三の丸の位置が逆転しているが、郭《くるわ》の名称が江戸時代の前期と後期で異なっていたのか、筆写時の誤りか不明。（倉恒）

9
## 京都大地震（瓦版）

一枚
縦二四・三cm×横三四・四cm
文政十三年（一八三〇）
山名隆三氏（山名新聞歴史資料館）蔵

文政十三年七月二日の申の刻に京都付近を震源とする地震が発生した。この地震によって、京都市内で土蔵・門・屏等の倒壊が相次ぎ、京都だけで二百八十名の死者が出た。本資料はこの地震を報じるかわら版。かわら版の語源として、急ぐために粘土に絵や文字を彫り、瓦に焼いて原版としたためという説があり、本資料も版の調子から土を焼いた瓦で摺ったものとも言われているが、定かではない。（倉恒）

10
## 大保恵《おぼえ》日記（文政十三年八月九日条）

松江市指定文化財
紙本墨書
一冊（四冊のうち）
縦一三・〇cm×横一九・〇cm×厚さ二・〇cm
文政九年（一八二六）～天保三年（一八三二）
信楽寺《しんぎょうじ》（松江市）蔵

松江城下の和多見《わだみ》町の商家である新屋《あたらしや》分家に永く勤めた太助《たすけ》が付けた日記。全四冊。文政九年（一八二六）九月十六日から嘉永六年（一八五三）十二月までの間に起こった筆者太助の家族や勤め先の新屋での出来事のみならず、松江城下での町人の暮らし、年中行事、世相まで幅広く詳細に記している。今回展示する第一冊目は、天保九年（一八三八）に、今後の戒めとするために過去を振り返りながら太助が書き残したという。文政十三年（一八三〇）八月九日の記事に同年七月二日に京都で発生した地震の被害状況と、その原因が出雲大社の琵琶（列品番号12）を朝廷が留めているための咎《とが》であるという噂を記している。同様の風聞が、安来市や大田市、ひいては江戸・大坂の記録にも確認できる。（倉恒）

11
## 御神宝琵琶日記《ごしんぽうびわにっき》

紙本墨書
一冊
縦二二・五cm×横一八・三cm
文政十三年（一八三〇）
個人蔵

出雲大社の上級神職であった赤塚之重《あかつかゆきしげ》が、朝廷から返却されることになった琵琶谷風（列品番号12）を受け取るために上京したときの日記。一行は、文政十三年八月二十一日に大社を出発し、九月一日に京都に到着。同八日に琵琶は返却され、同二十八日に大勢の見物人が見守る中を大社に到着している。「此地震、大社之神宝御留被置候故、如此等と評判いたし候由」と、在京中に京都市内で聞いた琵琶と地震に関する噂を書き留めているほか、地震の沈静化を祈願した「地鎮祭御祈祷御玉串」を千家・北島両国造家から朝廷に献上したことなどが記されている。（倉恒）

12
## 琵琶　谷風

一面
胴部長九八・〇cm　胴部幅四〇・〇cm
平安時代～鎌倉時代（八～十四世紀）
出雲大社（出雲市）蔵

元弘三年（一三三三）三月、鎌倉幕府によって隠岐国に流されていた後醍醐《ごだいご》天皇は、同地から脱出して伯耆《ほうき》国船上山《せんじょうさん》（鳥取県琴浦町）に立て籠もると、三種の神器の草薙剣《くさなぎのつるぎ》の代わる宝剣を出雲大社に望んだ。これをうけて神剣二振のうちの一振が出雲大社から天皇に献上され、その返礼として天皇から出雲大社にこの琵琶が奉納された。その後、文政十一年（一八二八）に、朝廷の儀式の再興に熱意を注いでいた光格《こうかく》上皇の求めに応じて進上され、叡覧《えいらん》に供された。文政京都地震の直後の同十三年（天保元年）九月に、修復が加えられて黄金二十両を添えて出雲大社に返却された。（倉恒）

13
## 越後国地震口説《えちごのくにじしんくどき》（『盆踊り音頭第二集』のうち）

紙本墨書
一冊
縦二四・〇cm×横一六・五cm
昭和五年（一九三〇）
琴ヶ浜盆踊り保存会蔵
詳細はコラム2を参照。

14
## 堀尾帯刀《ほりおたてわき》様御時代より以来当国御役人御更代覚

紙本墨書
一冊
縦一三・〇cm×横三七・五cm
天保六年（一八三五）以降
海士町教育委員会蔵

隠岐中ノ島の有力者である村上家が伝えた古文書の一つ。本資料は、堀尾氏が吉川氏に代わって隠岐国に入部した慶長五年（一六〇〇）から天保六年（一八三五）までの間に、隠岐に派遣された江戸幕府・松江藩の役人の名前や隠岐国での出来事を記している。このなかに、天保四年（一八三三）十月二十六日に蒙った津波被害が記録されている。最近の研究よる隠岐国各地での津波の高さは、海士町内で最大二・七メートル、隠岐の島町の加茂で一・九メートル、西ノ島町の船越で二・三メートルとされている。（倉恒）

15-1
## 差出《さしだ》し申御《もうすおん》詫《わびごと》一札之事《いっさつのこと》（鯰絵《なまずえ》）

紙本木版色摺
一枚
縦三七・五cm×横二五・五cm
江戸時代末期（十九世紀）
当館蔵

安政二年（一八五五）十月二日夜四ツ時（午後十時頃）、荒

川河口付近を震源としてマグニチュード六・九（推定）の直下型地震（安政江戸地震）が発生した。この地震による江戸での死者は最大一万人余、倒壊家屋は最大二万と、大きな被害を出した。地震発生直後から、江戸市中には鯰の怪物を描いた浮世絵版画（鯰絵）が大量に出回った。地底の大鯰が地震を引き起こすという民間信仰に基づき描かれたものだが、当時相次いでいた天災や政治の混乱による民衆の欲求不満を一時的に満たす憂さ晴らしに使われるような内容が多い。本資料の上半分は、地震坊大鯰による詫証文《わびしょうもん》である。八百万の神々の留守中に暴れて安政江戸地震を起こしてしまったことについて、鹿島大明神《かしまだいみょうじん》・恵比寿・雷・火事・親父・九輪《くりん》の塔が曲がった浅草寺五重塔に対して大鯰が詫びる、というパロディー。浅草寺五重塔の九輪が地震によって曲がったことは、当時の江戸での大事件であり多くの記録が残っている。（倉恒）

## 15-2 恵比寿《えびす》天《てん》申訳《もうしわけ》之《の》記《き》（鯰絵）

紙本木版色摺

一枚

縦二三・五㎝×横三五・〇㎝

江戸時代末期（十九世紀）

当館蔵

安政江戸地震が発生した十月は、諸国の神々が出雲国に参集するとされる神無月《かんなづき》である。そのため、この地震は、地震鎮めを担う鹿島大明神が出雲に出かけた留守につけ込み、鯰が暴れて発生したとされた。この鯰絵の詞書《ことばがき》によれば、留守番を勤めていた恵比寿が釣った鯛を肴《さかな》に飲酒をしている間に、鯰が暴れて今回の地震が発生してしまった。このため、恵比寿が鯰一統を引き連れて鹿島大明神の前で申し開きをするとともに、詫びを入れている。（倉恒）

## 16 山田興雅《やまだおきまさ》和歌

絹本墨書

一幅

縦五〇・〇㎝×横八〇・五㎝

安政二年（一八五五）

個人蔵

嘉永七年（安政元年・一八五四）十一月五日に発生した安政南海地震では出雲国でも被害が生じた（列品番号17）。本資料は、地震から約二か月が経過した安政二年元日に、出雲国の歌人で、神門《かんど》郡の下郡《したごおり》（松江藩が設けた郡役人）も勤めた山田興雅（一八〇九～八五）が詠んだ和歌。かつてない災害への恐れと、静かな世の到来への願いを読み取ることができる。（倉恒）

【読み下し】

去年の冬霜月初の四日辰下刻はかりより地震ゆる出し、師走の三十日までも日毎よこと〈夜毎〉入事なりけり、その中にも霜月五日申下刻にハ、地のふるふ事いにしへも聞へ侍らぬほとにて、地の裂しもあり、家〳〵の倒れしも有ケる、かつは震動あるハ大風鳴神なとはけ(激)しく、何としも穏かならぬ世なりけれハ、人〳〵思ひわつらひけるも更なり、うきふししけきとしハ、きのふに、くれ竹の、ひとよに明て、あら玉の、光りあまねき春をむか(迎)ひけるかしこさによ(詠)める

うきふしの としハきのふに くれ竹の

ひとよに明る 春の長閑さ

かしこくも 大和の国を 動きなき

よに立かへる春ハきにけり

安政二とせ(年)

きのとう(乙卯)の元日

随流庵

興雅

## 17 永代日記《えいだいにっき》

紙本墨書

一冊

縦二六・二㎝×横一八・七㎝

天保十三年（一八四二）～安政四年（一八五七）

個人蔵

江戸時代末期に出雲国鵜峠《うど》村（出雲市）で庄屋を勤めた家に伝わった日記。天保十三年十月から安政四年二月までの間の鵜峠村での出来事などを書き残しており、安政南海地震での出雲国での被害状況を書き残している。これによれば、非常に長い揺れであり、鵜峠村では被害が生じなかったものの、杵築《きづき》では格別に揺れたために約五十軒の家屋が倒壊し、神門郡全体では約五百軒にも及んだという。これ以外にも大島村（出雲市）で地面から「黄色之砂」が吹き出たと液状化現象を指すと思われる記述を残す古文書もある（嘉永甲寅諸国地震記・東京大学地震研究所蔵）。（倉恒）

【読み下し】（一部）

安政元年寅十一月四日朝四ツ時大地震入出、翌五日之八ツ時、前代未聞之大地震ニ相成、凡半時余斗りも不納、居家弐三尺程も振り立、追々太く相成候へとも、当所は至而無難ニ候、杵築ニ而は格別振立震而、人家凡五拾軒余打倒レ、四・五寸位転(傾)き、又痛ミ有之家ハ何百軒之数も不知、且又五日・六日より七日五ツ半時大地震、夫より引続き十二月之中頃迄之地震、日々夜々無怠入申候、出雲国初りて之長き大地震也、神門郡一郡ニ而打例(倒)候ハ、人家凡五百軒余有之申候、実以珍敷大変之事、■也、聞人見人可驚者、此大地震ニハ不勝〳〵、

## 18 大阪大地震の次第（瓦版）

紙本木版

一枚

縦三七・〇㎝×横五〇・〇㎝

嘉永七年（一八五四）

公益財団法人絲原記念館蔵

安政南海地震による大坂での被害状況を伝えるかわら版で、出雲国の鉄師の絲原《いとはら》家に伝わったもの。同家は江戸時代末期に大坂に鉄販売のための出店をも設けており、そこで入手したと考えられる。同家は、本作品の続報となるかわら版も所蔵している。それには大坂市内の河川を津波が遡上して、停泊中の船舶や川岸の建物に大きな被害が生じたことを報じているが、石見国の廻船もこの被害に巻き込まれている（嘉永甲寅諸国地震記・東京大学地震研究所蔵）。大坂とは経済的にも結びつきの強かった島根の人々にとっても、大坂の被害は人ごとではなかったのである。（倉恒）

## 19 震災紀念之碑（拓本）

一幅
縦一二七・三cm×横六一・〇cm
明治二十九年（一八九六）
浜田市立中央図書館蔵

浜田地震では特に浜田の市街地で多数の建物が倒壊しただけでなく、直後に火災が発生したことで被害が拡大した。本資料は、明治二十九年二月に浜田地震からの復興を祝すとともに、災害を記憶するために、地震で大きな被害が生じた浜田市街の牛市《うしいち》地区の人々が建立した石碑の拓本である。碑文によれば、牛市地区では八十戸が転覆あるいは焼失し、焼け残った家はわずかに三戸、当時の地区の人口約三百人のうち死者は約四十人、負傷者は約百人にも及んだという。石碑は数回の移転を経て、現在も浜田市内の浜田川左岸相生《あいおい》橋付近にある。（倉恒）

## 20 浅井《あさい》神社棟札《むなふだ》

板地墨書
一枚
縦八三・〇cm×横一三・〇cm×厚さ〇・九cm
明治六年（一八七三）
浅井神社（浜田市）蔵

江戸時代には浜田城下町に隣接して、その市街地化が進んでいたという浅井《あさい》村（浜田市）に浅井神社は鎮座し、市杵島《いちきしま》姫命《ひめのみこと》を主祭神とする。創立年代は不詳だが、同社には元和八年（一六二二）を最古とする複数の棟札が伝わっている。本資料もその一つで、浜田地震後の明治六年（一八七三）三月に本殿など三宇を造り替えた際のものである。裏面の文言によれば、江戸時代初期以来の神社の由緒を伝える古文書が、前年の地震によって焼失してしまったという。（倉恒）

## 21 大田南村絵図

紙本着色
一枚
縦二四・五cm×横八五・〇cm
明治六年（一八七三）
当館蔵

浜田地震の被害は、地震の震動による建物の倒壊などの直接の被害に留まらなかった。震動で山から河川に崩落した土砂が河床を埋めて洪水が頻発するようになったのである。本資料は、地震発生の翌年（明治六年）八月下旬に石見国の大田・浜田周辺を襲った水害のうち、三瓶川流域の被害状況を図示した絵図。青地に黒点で塗られた箇所が、この水害で荒廃した箇所を示している。翌七年に浜田県が作成した文書（河港道路修築規則添・島根県公文書センター蔵）には、「明治五壬申年未曾有之大地震ニテ、水源山々悉ク崩潰シ、随テ降雨之度々右土石押出シ、孰レノ川床モ埋没、在来ノ川筋ハ岳ノ如ク、田畠全川ト成類モ不少、既ニ昨癸酉（明治六年：引用者註）ノ洪水モ震災之余殃六七歩ニ可及哉ニ被察、今後モ水災之程有実ニ懸念罷在」とあり、この水害の根本的な原因が浜田地震だと分析している。（倉恒）

## 22 震災ニ付米方正払帳

紙本墨書
一冊
縦二二・三cm×横一六・〇cm
明治五年（一八七二）
島根県公文書センター蔵

浜田地震に関係して支出した費用を、郡ごとに費目（炊出米・救助米・田畑損所拝借米等）単位で浜田県がまとめた帳簿である。展示したのは、那賀郡の部の「営繕人夫賃米之部」とある項目。地震発生直後の二月二十日から七月二十二日までの間に、仮県庁舎の設置工事など浜田市街での復旧工事に従事した労働者に対して支給した賃米総額三百八十石についての内訳で、支給日と思われる日付・支払った米の量・従事した労働者が居住する町村名・労働者の職種名・支給された延べ人数が記録されており、これを分析すると大工・左官・木挽《こびき》・瓦屋根葺きなどの職人が、浜田だけでなく石見国の各地から集まっていたことが判明する。一方で、浜田市街の各町の住民も瓦礫の片付けなどの簡単な労働に従事したらしく、米が支払われている。江戸時代後期から、大規模災害の復旧・復興に当たっては、効率を度外視して老若男女を問わず地元住民に簡単な労働を課し、彼らに賃金を支払うことで復興資金を地元に投下する「お救い普請《ぶしん》」という仕組みが採用されており、同じ仕組みが浜田地震でも採用されたのであろう。（倉恒）

## 23 浜田県庁舎棟札

板地墨書
一枚
縦一〇七・三cm×横二三・〇cm×厚〇・五cm
明治五年（一八七二）
浜田市教育委員会蔵

## 24 浜田県庁舎屋根瓦

二点
縦三〇・〇cm×横二九・〇cm
明治五年（一八七二）
浜田市教育委員会蔵

浜田地震によって倒壊した浜田県庁舎に代わり、一時的に江津にあった旧長州藩の陣屋が仮県庁として使用されていたが、明治五年十二月に津和野から旧藩庁の建物を移築し、新県庁舎とした。列品番号23は移築完了時の棟札である。大工の棟梁は浅利《あさり》村（江津市）の宮脇五兵衛とあり、その下で再建に従事した大工たちの名前が列記されるが、その中の一人嶋田綱吉（最上段の右から五番目）は、列品番号22にも賃米が支給された浅利村の大工の一人として名前が確認でき、新県庁舎の移築整備には浅利村の大工が多く関わっていたのかもしれない。浜田県は明治九年（一八七六）に島根県と合併するが、同十二年（一八七九）から大正十五年（一九二六）までは那賀郡役所として、その後は那賀地方事務所としてこの建物は使用され、昭和四十一年（一九六六）に解体された。列品番号24の屋根瓦はこの新県庁舎に使用されていたものと伝わり、表面に「明治五」の陰刻が確認できる。（倉恒）

## 25 諸職人作料之儀ニ付御願書

紙本墨書
一冊
縦二五・〇cm×横一七・五cm
明治六年（一八七三）
個人蔵

浜田市内の個人が所蔵する古文書。地震発生から約一年後に、那賀郡周布《すふ》村・日脚《ひなし》村・長浜村・熱田村（いずれも浜田市）の惣代等が連名で、大工・木挽などの職人の賃金が高騰して復旧の妨げになっているとして、賃金を抑制するよう浜田県に要望している。（倉恒）

## 26-1 大黒のつち（鯰絵）

紙本木版色摺
一枚
縦二四・八cm×横三六・〇cm
江戸時代末期（十九世紀）
当館蔵

鯰を踏みつけた大黒天が、打出の小槌を振るい黄金を降らせ、それを人々が争って奪い合っている。その中には「ぢしんもよっぽどいいものだ、よの中のうるほひになる工夫かしら」とつぶやく人物がいる。安政江戸地震後の復興工事で景気が良くなった職人が登場する絵柄のなまず絵が複数確認されている。（倉恒）

## 26-2 安政町二年目神無月屋（なまず絵）

紙本木版色摺
一枚
縦二四・五cm×横三六・三cm
江戸時代末期（十九世紀）
当館蔵

安政江戸地震の後に、こっそりと頬かむりをして仮託（地震で営業ができなくなった遊郭の仮設店舗）を覗いた鯰が、客たちに見つかって地震の復讐だと言って殴られている。この様子を見て「そいつのおかげで又いいこともありませうね」と職人たちが仲介に入っている。（倉恒）

## 27 島根県温泉津《ゆのつ》案内

印刷物
一点
縦一三・〇cm×横三七・五cm
昭和十年（一九三五）頃
当館蔵

戦国時代に石見銀山の積み出し港としても繁栄した温泉津（大田市）は、古くから続く温泉の町でもある。本資料は戦前に作成された温泉津温泉の観光パンフレット。表面が交通アクセス図、裏面が温泉の効能・名所などを説明している。裏面の温泉の説明は、「旧温泉」と「新温泉」に分かれており、新温泉の説明には「明治五年雲石大地震の際湧出せり」とある。（倉恒）

## 28 A Living God（邦題・生き神様）

印刷物
一冊
縦一八・三cm×横一三・〇cm
明治三十年（一八九七）
松江市立中央図書館蔵

ラフカディオ・ハーン（小泉八雲）の作品集Gleanings in Buddha Fields（邦題：仏の畠の落ち穂拾い）の巻頭に収録されているエッセイ。津波防災の教材として注目される「稲むらの火」のもとになった作品。日本の神が自然と一体化していることと、存命中の人物でも祀られることがあると述べる。その上で、「稲むら」（稲の束）に火を放ち、安政南海地震で発生した大津波から村人の命を救い、「浜口大明神」として祀られた、和歌山県広村（広川町）の庄屋濱口梧陵《はまぐちごりょう》の事例を紹介している。（倉恒）

## 29-1 小学国語読本（巻十）

印刷物
一冊
縦二一・〇cm×横一五・〇cm
昭和十四年（一九三九）（初版：昭和十二年（一九三七））
島根大学附属図書館蔵

## 29-2 小学国語読本（巻十）（復刻版）

印刷物
一冊
縦二一・〇cm×横一五・〇cm
昭和四十五年（一九七〇）
島根県立図書館蔵

昭和八年（一九三三）四月に尋常小学校に入学した児童から使用された国語教科書シリーズ（サクラ読本）の第十巻（五年生用）。編纂責任者は、大田村（大田市）生まれで、布部《ふべ》村（安来市）で育ち、当時文部省に務めていた井上赳《いのうえたけし》（一八八九～一九六五）である。従来の教科書が単語から入っていたのに対して、サクラ読本は諸外国の教科書研究を反映して文章から入るなど、画期的な教科書として高く評価された。この巻に、津波の教訓を諭した「稲むらの火」が収録されている。ラフカディオ・ハーン（小泉八雲）のA Living God（列品番号28）をもとに、和歌山県の教師中井常蔵が浜口梧陵《はまぐちごりょう》の献身的な活動部分のみの内容に翻案し、教材として採用された。（倉恒）

## 30 浄善寺《じょうぜん》襖絵《ふすまえ》（田平玉華《たひらぎょくか》作）

紙本墨画淡彩
四面
高さ二一三・〇cm×横九四・〇cm×四面
明治四十三年（一九一〇）
浄善寺（大田市）蔵

三瓶山の西麓の大田市三瓶町池田にある浄善寺の本堂の襖

絵。作者は地元出身の日本画家田平玉華（一八七八〜一九二三）。彼は明治三十三年（一九〇〇）に上京して川端玉章《かわばたぎょくしょう》に師事。雪景色の描写に特に優れ中央画壇で活躍したが、明治四十一年に体調を崩して帰郷し、以後は島根県内を中心に活動した。本堂の向かって右側には同じく田平玉華作の洞庭湖の襖絵があり、本作と対を成している。（倉恒）

31
## 竹林七賢図《ちくりんのしちけんず》（西晴雲《にしせいうん》作）

紙本墨画淡彩
二曲一隻
高さ一七〇・〇cm×横一七四・〇cm
大正六年（一九一七）
個人蔵

平成三十年（二〇一八）四月九日に大田市東部で発生した地震（マグニチュード六・一、最大震度五強）後にレスキューされた文化財の一つで、大田市生まれの日本画家西晴雲（一八二八〜一九六三）の屏風。西晴雲は大正三年（一九一四）に中国に渡航し、北京で南画《なんが》を学ぶ。上海を拠点に活動し、中国の風景や花鳥を題材とした作品が特に評価された。終戦を機に帰国した後は、サントリー創業者鳥井信治郎《とりいしんじろう》の後援を得て活動した。本作品には大正丁巳《ていし》年（大正六年＝一九一七年）の年紀があり、中国滞在中に制作したと考えられる。（倉恒）

第二章　大地を拓く

32
## 男神立像

島根県指定文化財
一軀
全高三七・八cm
平安時代（十二世紀）
鰐淵寺《がくえんじ》（出雲市）蔵

山陰を代表する天台宗の古刹鰐淵寺が所蔵し、島根県指定文化財に指定されている十三軀《く》の神像群のうちの一軀。制作年代は作風から平安時代後期と考えられている。台座・台座に立つ棒などを含めて針葉樹の一材製。

本像は台座に刺さった棒を両手で掴《つか》んで立つという極めて特徴的な造形をしている。どのような神を造形化したかについて諸説あるが、神像が掴む棒を鋤《すき》と見て、『出雲国風土記』に引用される出雲国の創世神話の「国引き神話」において八束水臣津野命《やつかみずおみづぬのみこと》が、鋤を使って朝鮮半島・隠岐・北陸地方から土地を切りわけた様子を造形化したとする見解もある。（倉恒）

33
## 三木与兵衛《みきよへえ》像

絹本着色
一幅
縦五一・〇cm×横三三・〇cm
昭和時代初期（二十世紀前半）
出雲中央図書館蔵

34
## 村尾越中《むらおえっちゅう》・堀尾但馬《ほりおたじま》連署書状

紙本墨書
一通
縦三二・五cm×横四四・五cm
寛永二年（一六二五）
個人蔵

三木与兵衛（一五九五〜一六四三）は、江戸時代初めに、現在の出雲市大社町菱根《ひしね》地区周辺に広がっていた菱根池を干拓し新田を開発した人物。三木家は、中世の出雲国守護佐々木氏の支族古志《こし》氏から分かれたとされる。中世での活動の詳細は不明だが村落の有力者として成長し、慶長七年（一六〇二）に堀尾氏が小山《おやま》村の公文《くもん》（庄屋）に三木源四郎（与兵衛の祖父）を任命している。遅くとも慶長十三年（一六〇八）に菱根池の開発に堀尾氏が着手しており、当初は池の周辺の耕地化を図っていたようだが、池全体の耕地化を目指し、元和二年（一六一六）に池の水を大社湾に抜く開削工事をした。この責任者が三木与兵衛である。この結果、江田《えだ》村・八島《やしま》村・浜村・菱根村・入南《にゅうなん》村（すべて出雲市）に新田が開かれ、穀倉地帯へと生まれ変わった。

列品番号33は三木与兵衛の肖像画。三木与兵衛の孫の吉右衛門作の肖像画をもとに永塚栖園が制作したものという。永塚の経歴の詳細は不明だが、出雲市立神戸川小学校が所有する大梶七兵衛《おおかじしちべえ》の功績を称える紙芝居（昭和十八年（一九四三）作）の作者でもある。

列品番号34は、堀尾氏の家臣が三木与兵衛に宛てて、菱根新田での耕作について細かく指示する文書。今年開発した田（当ひらき）の収穫は年貢を免除する（作り取）と好条件を提示する一方で、去年作付けした田は少しも荒らしてはならず、また稗《ひえ》を植えた農民は耕地を取り上げ、稲を作付ける別人に作らせよと、強硬に稲作を推進している。史料の乏しい江戸時代初期の出雲平野での開発の実態を伝える貴重な古文書である。（倉恒）

〈読み下し〉
菱根新田当作付之事
一、去年毛付之分、少もあらし申間敷事、
一、年々申付候ことく、いねうへ可申田ニ、ひゑうへましく候、自然ひゑうへ申候はゝ取はなち候て、いねをうへ申ものに、以来共ニ作せ可申、追而右作人いねうへ可申と理申候共、つくらせ申間敷事、
一、当ひらきの事、前々のことく作り取、但しくはさき次第たるへき事、
一、壱年・二年あれの所を壱反ニ付、物成弐斗つゝに定可遣事、
一、新田当ひらき地百姓、家別ニ弐反あて申付事、
右之通村々へ相ふれ可申候、少も相違有ましく候、以上、
寛永二丑
三月七日　但馬（黒印）
越中（黒印）
三木与兵衛かたへ

35-1
## 伝大梶七兵衛《おおかじしちべえ》画像

出雲市指定文化財
紙本墨画
一幅
縦六三・〇cm×横三〇・五cm
江戸時代（十七〜十九世紀）

個人蔵

## 35-2 大梶七兵衛像

紙本着色
一幅
縦一二一・〇cm×横四一・〇cm
昭和時代（二十世紀）
出雲中央図書館蔵

大梶七兵衛（一六二一～八九）は、十七世紀後半に出雲平野で複数の開拓事業を手がけた人物。代表的な事業としては、第一に延宝年間（一六七三～八一）の荒木浜（出雲市大社町の南西部一帯）の開発がある。荒木浜は日本海から吹き付ける強風による飛砂で耕作に適さなかったが、人工砂丘を作り、そこに防風松林を造成して耕地開発に成功したという。第二に貞享四年（一六八七）に完成した高瀬川の開削事業である。斐伊川の水を出雲市大津の上来原《かみくりはら》から引き入れ、荒木までの延長八キロメートルの高瀬川は、流域の田畑を灌漑したほか、物資輸送の動脈としても機能した。この他にも、差海《さしみ》川・十《じっ》間《けん》川を開削したことで知られている。

大梶七兵衛が荒木の開発のために整備したという松林の丘（八通山《やどおり》）は、現在、「荒木集落発祥地」として出雲市の史跡に指定されており、列品番号35-1は、その附《つけたり》である。（倉恒）

## 36 和木《わき》地区開発関係資料

小川典子氏蔵

和木《わき》村（江津市和木）の旧家小川家には、幕末の当主で、和木村の海浜部を開発した八左衛門《はちざえもん》（一八二四～七九）の所用品（36-3）をはじめ、盛土を測るための目盛りが入った鍬《くわ》（36-2）や村民への賃金勘定に用いた夫駒《ぶごま》（36-4）など開拓に関わる資料が残っている。「和木景況図」（36-1）は当時の開発風景を描いたもので、鉄穴《かんな》場《ば》や板樋、防風林等がみえる。（中安）

## 36-1 和木景況図

紙本着色
一枚
縦六九・〇cm×横八七・二cm
江戸時代末期（十九世紀）

## 36-2 鍬

一本
長さ一〇七・〇cm　刃の長さ一二・五cm
江戸時代末期から明治初期（十九世紀）

## 36-3 帽子

一個
直径二七・五cm　高さ一三・〇cm
明治時代初期（十九世紀）

## 36-4 夫駒

四枚一組
大　一九・〇cm×三・〇cm
大　二九・〇cm×三・〇cm
小　一五・五cm×二・五cm
小　二五・五cm×二・五cm
明治二年（一八六九）

## 37 割鉄《わりてつ》

富田《と》川《だがわ》河床《かしょう》遺跡
三点
一　三八・〇cm×三・五cm×四・五cm　（重さ）三・四kg
二　三四・〇cm×六・〇cm×五・五cm　（重さ）二・七kg
三　三四・〇cm×五・〇cm×五・〇cm　（重さ）二・七kg
江戸時代初期（十七世紀）
島根県埋蔵文化財調査センター蔵

割鉄とは、たたらで生産された鉄を大鍛冶場《おおかじば》で脱炭《だつたん》・除滓《じょさい》し、鍛錬《たんれん》して延べ板状に成形された鉄素材のことをいう。通常、出荷された割鉄は鉄製品に加工されるため、遺跡から出土することはきわめて珍しいが、戦国時代から江戸時代初めに富田城の城下町であった富田川河床遺跡（安来市広瀬町）では三点も出土している。出土した層位・遺構面から、一は寛永二十一年（一六四四）から寛文六年（一六六六）、二・三は慶長十年（一六〇五）から寛永七年（一六三〇）前後の期間のものとみられる。これらは、十八世紀以降の定型化した割鉄と比べて短く厚みがあるが、板状の鉄を中軸線で二分割してつくる点は共通しており、十七世紀の大鍛冶場成立期における割鉄の製作技法がうかがわれる。文献史料から富田城下町には鍛冶町が存在したことが知られているが、割鉄の出土からも富田が中国山地で生産された鉄と関わりの深かったことが分かる。（東山）

## 38 家嶋《いえじま》家旧宅図

紙本着色
一幅
縦八七・五cm×横一七五・〇cm
江戸時代末期（十九世紀）
個人蔵

出雲国能義郡布部《ふべ》村（安来市）を拠点とした鉄師《てつし》の家嶋家の豪華な旧宅を描いた絵画。絵図には、居宅に隣接する「御《お》成門《なりもん》」や人物、動植物がいきいきと描かれており、鉄師の生活が想像される。こうした居宅図はほとんど類例が無く貴重である。

家嶋家は、天保六年（一八三五）の同家の由緒書によると布部村で先祖代々鉄師稼業を営んでいたという。一七七〇年代から一八六〇年代にかけて、広瀬藩領能義《のぎ》郡を中心に製鉄業を営んでいたが、広瀬藩領飯石《いいし》郡・伯耆《ほうき》国日野郡にも進出していた。（倉恒）

39
## 仁多郡稲田村原口村鉄穴《かんな》流《なが》し絵図

紙本着色
一枚
縦七八・〇cm×横四一・〇cm
江戸時代末期（十九世紀）
島根県立図書館蔵

現在の奥出雲町稲原《いなはら》地区の絵図。この地域はたたら製鉄が盛んで、鉄穴場《かんなば》（砂鉄採取のための山砂採掘場）が数多く設けられていた。「鉄穴流し」とは山肌を削り取って出た土砂を水路に落として水流によって比重が重い砂鉄と軽い砂に分離し、水槽の底にたまった砂鉄を得る方法である。本図には、鉄穴流しに用いる水路が藍色で示されているほか、各取水口の管理者名も記入され、水利の様子がよくわかる。弘化年中（一八四四～四八）に築いたとの注記のある水路があるので、これ以降の作図である。（倉恒）

40
## 奉願《ねがいたてまつる》鈩《たたら》之《の》事《こと》

紙本墨書
一冊
縦二六・五cm×横一九・三cm
明和五年（一七六八）
出雲市蔵

奥出雲町仁多の鉄師櫻井《さくらい》家の分家で、十七世紀後半から明治二十三年（一八九〇）まで出雲市多伎《たき》町奥田儀宮本《おくたぎみやもと》を拠点に製鉄業を営んでいた田儀櫻井家《たぎさくらいけ》が残した古文書。神門郡の山口村・佐津目《さつめ》村（以上大田市）・下橋波《しもはしなみ》村・上橋波《かみはしなみ》村（以上出雲市）の庄屋・年寄が連名で、田儀櫻井家の鑪の操業再開を要望する内容。その理由は、操業停止によって零細な住民の雇用の場が失われて生活に困っていることと、鉄山に樹木が茂り猪・鹿の獣害を阻止できないためという。たたら製鉄には大量の木炭が燃料として必要なため、広大な山林（鉄山）が必要とされた。（倉恒）

41
## 久村《くむら》赤松《あかまつ》与《と》申所《もうすところ》鉄穴《かんな》一件《いっけん》村方より御奉行様へ差出候書付ひかへ（年々見合帳のうち）

紙本墨書
一冊
縦一八・五cm×横二六・〇cm
江戸時代後期（十九世紀）
出雲市蔵

「年々見合帳《ねんねんみあいちょう》」と名付けられた帳面に筆写されている。「年々見合帳」は、主に田儀櫻井家と松江藩の間で交わされた願書・報告書・通達などの控えであり、同家のたたら製鉄の実態をよく伝えている。

展示箇所では同家が経営する基幹鈩の越堂鑪《こえどうたたら》（出雲市）用の砂鉄を確保するために再稼動しようとしていた、久村（出雲市）の赤松鉄穴場をめぐる、田儀櫻井家と地元住民との紛争が記録されている。一旦休止していた赤松鉄穴場を再開するに当たり、久村の住民は飲み水になっている川筋の水質汚濁や、河床が埋まり洪水を誘発することを懸念して反対。これに対し田儀櫻井家は飲み水を確保するために井戸を掘ることや川底に溜まった土砂の撤去も約束した上で、鉄穴流しが生活困窮者の生計の足しにもなると住民の説得を試みている。現代でも住環境の保全のため住民が工場などの進出に反対する事例があるが、江戸時代でも同様の様子が見て取れる。（倉恒）

42
## 国令《こくれい》

紙本墨書
一冊
縦二五・五cm×横一八・三cm
天明年間（一七八一～八九）
島根県立図書館蔵

松江藩の法令集。展示したのは「農」の部に収録された、貞享三年（一六八六）十一月十日付けの法令。大庭（松江市）付近の「芝山」を茶園に造成することを奨励する第一条に続き、宍道湖・中海の沿岸の「茂ミ無之山（茂みこれ無き山）」に松などの植林を希望する者には、その山を与えるとし、さらに資金に不安がある者には藩が融資までして支援するという。松江藩二代藩主の松平綱隆《まつだいらつなたか》の家老平賀縫《ひらがぬい》殿が主導した貞享の改革の一環であり、本法令に見られるように、この藩政改革では松江藩領内で商品作物を自給することで藩財政の改善を図った。ここで注目したいのは、十七世紀後期の宍道湖・中海沿岸の野山は、「芝山」「茂ミ無之山」が広がるという、現在の樹木が生い茂る景観とは異なる様相を呈していたことである。草山・柴山が優先する山地景観は江戸時代を通じて全国的に共通しており、その理由は肥料・飼料・燃料として、山野から大量の草木・樹木を採取していたためである。

なお『国令』には、元禄から宝永年間（一六八八～一七一一）にかけて松江藩士黒沢長顕《くろさわながあき》（一六五〇～一七二二）が編纂したものと、天明年間に松江藩士松原基《まつばらもとい》（一七四九～一八二〇）が増補再編したものの二種類が伝わるが、今回展示したのは後者である。（倉恒）

43
## 万日記

紙本墨書
一冊
縦二六・五cm×横一八・七cm
文政十二年～天保十一年（一八二九～四〇）
個人蔵

能義郡の鉄山師家嶋家が伝えた古文書。冒頭に大炭が払底したため、鍛冶屋を休業するとあり、製鉄業を継続するには木炭の確保が不可欠であったことを示す。（倉恒）

44
## 山入札《やまいりふだ》

木製
一点
縦七・八cm×横四・五cm
明治時代中頃から昭和時代初期（二十世紀前半）
個人蔵

山札とも。山野の利用許可証明書。本資料の発行年は不明だが、「簸川《ひかわ》郡大津村役場」の焼き印が押印されているので、簸川郡が発足した明治二十九年（一八九六）から、大津村が周辺町村と合併して出雲町（当時）となった昭和十六年（一九四一）二月十一日までの間に発行されたものである。

同様のものが江戸時代にも存在し、入山する時にはこの札を腰に下げて正当な権利を持つことを示さなければならなかったという。江戸時代初頭の菱根池の開発以来、出雲平野では新田開発が進んだが、土地が肥えていない新田には多量の肥料が必要であったため、平野内の村落は自村の山野からだけでは肥料を確保できず、平野周辺の他村の山々に立ち入って資源を共有した。これは相手の村の了解を得た上でのことであったが、しばしば村落間の紛争を招いたので、このような鑑札が必要とされたのである。江戸時代は松江藩が発行し、村はその対価として「山札米」という税を納めさせた。（倉恒）

## 45 枕木山上之展望（堀芙峰《ほりふほう》作）

絹本着色
一枚
縦三六・〇cm×横一五七・〇cm
昭和時代初期（二十世紀前半）
当館蔵

島根半島にそびえる枕木山《まくらぎさん》（松江市）から初冬の中海《なかうみ》の風景を弓ヶ浜《ゆみがはま》半島・大山《だいせん》方向を眺めた絵画。所々に地名を書いた付箋が貼り付けられている。画面向かって左が枕木山の山肌だが、樹木が極端に少なく、遠景には山肌が一部露わになった山も見え、現在の景観とは異なる点に注目したい（詳しくはコラム4を参照）。

本作品の作者は、島根県で初めて美術学校を開いた堀櫟山《ほりれきざん》の弟である堀芙峰（一八七七〜一九四七）。彼は画家を本職とせず、銀行に勤務しつつ余技として絵を描いた。昭和初期に中海周辺の景観を絵巻に描き、「鷹尾坐嶺之展望」（松江歴史館蔵）と題して旧藩主松平家に献上しているが、その一場面は本作品とほぼ同じであり、関連が注目される。（倉恒）

## 46 柴草祭《しばくさ》関係資料

須美禰《すみね》神社（雲南市）蔵

雲南市加茂町立原《たちはら》に鎮座する須美禰神社で毎年四月の第二日曜日に五穀豊穣を祈って行われる「柴草祭」（雲南市無形民俗文化財）の関係資料。次第は次のとおり。

①御祓いを受けた神輿《みこし》、樽神輿で地区内を巡回する。②宮司の祓い・祝詞を奏上する。③獅子（列品番号46−2）と猿田《さるた》彦《ひこ》（46−3）を先頭に、太鼓（列品番号46−4）を叩きながら木鍬（列品番号46−5）で社殿を打って三回まわる。④氏子が神社の背後の山から柴を折って拝殿中央に積み、これを肥料・田植苗に擬して整える。⑤御神酒《おみき》を頂戴し、神歌を歌って五穀豊穣を祈願する。神歌は三回繰り返すが、一回歌い終わるごとに柴を手にとって互いに頭からかけ合う。多く掛けられた家は豊作に恵まれるともいう。（倉恒）

### 46−1 柴草祭絵馬

板絵着色
一面
縦八一・五cm×横六三・〇cm×厚さ六・五cm（額含む）
慶応二年（一八六六）

養賀村《ようか》（雲南市）に生まれ、堀江友声《ほりえゆうせい》の弟子とされる画家上代英彦《じょうだいひさひこ》（一八一九〜八二）の作と伝わる。柴草祭のうち、社殿を木鍬で打ちながら回る様子と、柴を掛け合う様子がいきいきと描かれている。

### 46−2 獅子頭《ししがしら》

一個
正面幅二九・五cm×奥行三五・五cm×高さ四〇・三cm
年未詳

### 46−3 鼻高面《はなたかめん》

一面
縦二二・〇cm×横一六・五cm×高さ一八・五cm
年未詳

### 46−4 太鼓

紙本墨書
一面
胴の最大直径六五・〇cm×胴の長さ六一・五cm
天保十四年（一八四三）

胴の墨書によれば天保十四年四月十日に氏子が奉納した太鼓。現在、柴草祭は四月の第二日曜日に行われているが、以前は四月十日であったので、この太鼓は天保十四年の柴草祭に合わせて奉納されたと思われる。

### 46−5 木鍬《きぐわ》

木製
二本
令和二年（二〇二〇）

# 第三章　大河とともに

## 47 出雲国図（依風土記）

紙本着色
一枚
縦二八・〇cm×横四二・〇cm
文政七年（一八二四）
島根県立図書館蔵

江戸時代の遠江国《とおとうみ》（静岡県）の国学者で、出雲国風土記の研究書『出雲風土記解《いずもふどきかい》』の著者としても知られる内山真龍《うちやまたつ》（一七四〇〜一八二一）が作成した風土記時代の出雲国の推定絵図（写し）。内山は天明六年（一七八六）に出雲国を訪問しており、その実地調査の成果を反映させたものと思われる。（倉恒）

48
## 出《い》雲《ずも》稽《けい》古《こ》知《ち》今《こん》図《ず》説《せつ》

紙本着色
一冊
縦三三・〇cm×横八九・五cm（展示範囲の横幅）
明治時代（十九世紀）（原本：天保年間（一八三〇～四四））
当館蔵

松江城下石橋町の商人で学問に造詣の深かった渡辺彛《わたなべつね》（小笹屋良兵衛）の作。神話及び古代から江戸時代に至るまでの出雲国の地理の沿革・名所旧跡・物産・詩歌・伝承について図を付して解説している。渡辺は文政十二年（一八二九）頃に松江藩家老の援助を得て藩内の神社を調査しており、その時に得られた情報が本書に反映されていると思われる。明治になって鳥取県の湯本文彦が渡辺の血縁者から原稿を入手して明治四年（一八七一）に編纂追補した。本書はその写し。信憑性についてはやや疑問とする箇所もあるが、出雲を研究する上での貴重な文献である。今回は、「風土記頃ノ水辺方向之図」の部分を展示した。（倉恒）

49
## 寛永出雲国絵図

紙本着色
一枚
縦一〇〇・〇cm×横一一七・〇cm
寛永十五年（一六三八）か
当館蔵

寛永十五年に幕府大目付の井上政重《いのうえまさしげ》が命令して中国地方の大名から調進させた、中国筋寛永国絵図のうちの「出雲国絵図」の写し。斐伊川下流の流路が大社湾ではなく宍道湖に注ぐようになったのは、寛永十二年（一六三五）か同十六年（一六三九）の洪水が原因とされてきたが、近年の研究によれば、それ以前から流路は変わっていたと考えられる。（倉恒）

50
## 出雲国十二郡図

紙本着色
一枚
縦七三・〇cm×横一〇七cm
寛永十三年（一六三六）
島根大学附属図書館蔵

幕府の命令で作成された国絵図である列品番号49に対して、本図は出雲国で独自に作成したものとされている。出雲国は本来十郡だが、宍道湖を「風郡」、中海を「天満郡」とそれぞれ一郡に見立てて十二郡としている。寛永十一年（一六三四）八月に堀尾氏に代わって松江に入部した京極《きょうごく》氏は、入部当初から治水事業に着手し、母里《もり》から安来まで伯太《はくた》川の新流路を開削するとともに、複数あった斐伊川下流の流路を一本に集約・固定する計画を立てた。本図には、この京極氏の治水プランが反映されており、「武志《たけし》」と「美談《みだみ》」（ともに出雲市）がそれぞれ漢字とひらがな表記があるのは、ひら仮名部分は新河道の下になる予定地域と考えられている。京極氏の治世はわずか三年で終わり、斐伊川治水は松平氏に引き継がれる。（倉恒）

51
## 治《ち》国《こく》譜《ふ》

紙本墨書
一冊
縦二六・一cm×横一九・〇cm
江戸時代（十八～十九世紀）（原本：安永四年（一七七五））
松江歴史館蔵

松江藩家老の朝日丹波郷保《さとやす》が主導した藩政改革（御立派改《おたてはのかい》革《かく》）の理念、目的、内容等を朝日郷保とその配下で改革に携わった森文四郎が記したもの。改革に至った経緯と、治世の理念を主に記した前半（郷保執筆）と、各政策を個別に論評した後半（森文四郎執筆）から構成されている。前半・後半とも序文が安永四年だが、展示したのは松江藩士吉城《きちじょう》家が旧蔵していた写本である（筆写時期不明）。

後半部分のうち「除水害（水害を除く）」では、朝日郷保が、出雲国は「天下卑湿ノ地」だが、水害を除けば、「全体肥壌ニシテ稲ヲ樹ルニ宜ク、其ウヘ諸ノ貨物魚鳥菜菓ノ類マテモ用度ニ乏シカラスシテ、目出度キ御国」（土壌が肥えていて稲作に適し、その上、財貨・魚・鳥・野菜・果物まで供給が不足することなく、すばらしい国だ）と評価していたと記している。そして水害の原因は、国中の河川が宍道湖に集中して注ぐ地形だけによるのではなく、藩財政を好転させようと川の中洲での新田開発を奨励した結果、水流が阻害されているためと分析し、中洲の撤去に乗り出したことが記されている。（倉恒）

52
## 嘉《か》戸《と》浦《うら》海《かい》浜《ひん》漁《ぎょ》場《じょう》等《など》麁《あら》絵《え》図《ず》

紙本着色
一枚
縦二七・〇cm×横一一二・〇cm
嘉永四年（一八五一）
当館蔵

嘉永三年（一八五〇）六月一日夜、石見・安芸・備後・備中・備前の諸国で大雨による洪水が発生した。江の川でも川沿いの家屋が多数流出し、特に川本では百二十軒が流出したとされ（『歳年記』）、大きな被害を出した。

本絵図はその翌年四月に石見銀山領の渡津《わたづ》村（江津市）のうち嘉戸《かど》浦と塩田《しおだ》浦の代表が、洪水によって地形が変化した江の川（絵図では「郷川」と表記）河口付近の模様を描き、銀山役所に提出したもの。洪水によって渡津村とは江の川を挟んで対岸に位置する郷田《ごうだ》村から形成された砂洲が、渡津村が網漁場としていた海面の沖まで伸びてしまい、これによってこの漁場を渡津村が地先水面《ちさきすいめん》として優先的に使用することができなくなってしまった。加えて、洪水前は大敷網《おおしきあみ》（定置網の一種。イワシ・ブリ・マグロなど沿岸に回遊する魚類を対象とした。）を行っていた海面に、洪水後は江の川からの水が直接流れ込むようになって環境が変わったため、この漁場も使えなくなってしまったと歎いている。大規模水害は、直接家屋流出などの被害を蒙らなかった人々にも、深刻な爪痕を残した。（倉恒）

## 53 艱民図《なんみんず》（山本琹谷作《やまもときんこく》）

紙本着色
一巻（全二巻うち）
縦三〇・五cm×横一七九〇・二cm
明治三年（一八七〇）
太皷谷稲成神社《たいこだにいなり》（津和野町）蔵

山水と人物を得意とした津和野藩の絵師山本琹谷（一八一一～七三）の代表作。洪水・干ばつなどの自然災害と、それによって引き起こされる飢饉《ききん》などによって苦しむ人々の様子を描いた十五の場面から成る。山本琹谷は元治二年（一八六五）頃に本作品の元になる作品を制作し、藩主亀井茲監《かめいこれみ》から孝明《こうめい》天皇に献上したという。その後、献上した作品の要旨を冊子にまとめ、さらに巻子に仕立て直したものが本作品とされる。乾《けん》・坤《こん》の二巻構成だが、制作の経緯に関する書状などを収録した「艱民図献納一件文書」と題する一巻が附属する。今回展示したのは、乾の巻のうち「暴風傷禾黍」（前期）と「洪水流人家」（後期）の場面。

作者の山本琹谷は津和野に生まれ、津和野藩の家老で隠居後は絵画制作に専念した多胡逸斎《たごいっさい》について絵を学ぶ。天保元年（一八三〇）頃に江戸に出て渡辺崋山《わたなべかざん》の門下となった。嘉永六年（一六五三）頃に津和野藩の御用絵師となり、津和野城の障壁画などを制作して活躍した。（倉恒）

## 54 森広譜系《もりひろふけい》

紙本墨書
一冊
縦二六・〇cm×横一九・〇cm
江戸時代（十七～十九世紀）
個人蔵

出雲市大津町の旧家森広家に伝わる由緒書。十八代目義貞の項で天正元年（一五七三）八月二十八日に発生した斐伊川での洪水を伝えている。これによれば、八月二十八日の夜に石塚村（出雲市）で斐伊川が決壊し、大津の人家や森広家の菩提寺が流出し、義貞とその妻も犠牲となったという。

後の時代に編纂されたものなので確実な事実か慎重な判断が必要である。ただし、京都の東寺に伝わる『東寺執行日記《とうじしぎょうにっき》』（内閣文庫本）の同年八月二十九日に「大風ソロソロと吹候て、夜入、事外《（殊）》ツヨキ風也、方々家竹木悉吹ヲコス」とあるほか、京都府・大分県に伝わる複数の古記録にも二十八日前後に台風被害をうかがわせる記事が確認できるので、信憑性は高いと思われる。（倉恒）

## 55-1 尼子晴久袖判鰐淵寺領書立《あまごはるひさそではんがくえんじりょうかきたて》

重要文化財
紙本墨書
一通
縦二八・九cm×横七一・六cm
天文十二年（一五四三）
鰐淵寺（出雲市）蔵

山陰を代表する天台宗の古刹鰐淵寺に伝わる古文書の一つ。出雲国の戦国大名尼子晴久が、鰐淵寺の寺領の特権を保障するとともに、寺領に課せられる陣夫の出動などの各種の義務の細則を定めている。河除《かわよけ》（堤防）について定めた第五か条目が注目される。難解だが、河除（堤防）は「国太篇《くにたいへん》之《の》儀《ぎ》」すなわち出雲国にとっての一大事とした上で、その維持管理に寺領の直江郷《なおえ》と国富庄《くにどみ》（ともに出雲市）の住民が出動しない時は、二回までは鰐淵寺に通報するので鰐淵寺から住民を動員させることとするが、それでも住民が応じない時は、尼子氏が直接住民に催促するとしている。この河除がどこを指すかは明記されていないが、それが一国の一大事と認識されている以上、出雲国一番の河川すなわち斐伊川を指すのではなかろうか。

列品番号55-2にあるとおり、鰐淵寺領は本来「守護不入」の地、つまり大名権力の介入が禁止されており、住民の動員も鰐淵寺が行うのが本来の姿だが、堤防という「国太篇之儀」のためには、その特権も制限されたことがうかがえる。（倉恒）

## 55-2 毛利家掟書《もうりけおきてがき》

重要文化財
紙本墨書
一通
縦二九・一cm×横一一二・七cm
永禄十三年（一五七〇）
鰐淵寺（出雲市）蔵

尼子氏を倒して出雲国を支配した毛利氏が、鰐淵寺の寺領の特権を保障するとともに、寺領の売買を規制して寺領の流出阻止を図り、かわりに出雲大社（杵築大社）での祈祷に励むよう要求する文書。本資料にも河除《かわよけ》に関する規程がある。これによると、直江郷《なおえ》と国富庄《くにどみ》は守護不入の地ではあるが、河上の河除（堤防）が切れ、それによって生じた水害で直江郷と国富庄に被害が生じた時は、決壊箇所が直江郷でも国富庄でもなくても復旧工事に協力することとされている。裏を返せば、被害に遭わなければ堤防の復旧工事に協力する必要はないのであり、「国太篇之儀」として一律の動員を求めていた尼子氏の時代よりも譲歩したと言えようか。（倉恒）

## 56 広瀬町屋敷検地帳《ひろせまちやしきけんちちょう》

紙本墨書
一冊
縦三七・五cm×横二五・六cm
嘉永六年（一八五三）（原本：寛文八年（一六六八））
安来市教育委員会蔵

江戸時代の広瀬町で町役人を勤め、酒造・製鉄・金融業などを営んだ秦《はた》家に伝わった古文書の一つ。寛文八年の年紀があり、広瀬の屋敷二百五十七筆について、その間口と奥行きの長さ、所有者名が町ごとに記載されている。寛文六年の富田川洪水で流出を免れた富田城下町の一部を広瀬に移転させることになったが、本資料は水害から間もない時期のものであり、移転後の実態を記録したものではなく、構想を反映したものと考えられている。（倉恒）

## 57 鳥取藩家老日記

紙本墨書
一冊（二五〇冊のうち）

縦三一・〇cm×横二三・〇cm
寛文六年（一六六六）
鳥取県立博物館蔵

鳥取藩の藩政を統括した家老のもとで作成された公務日記。明暦元年（一六五五）から明治二年（一八六九）までの二百五十冊がほぼ年次をおって伝わっており、鳥取藩研究の基礎史料である。（倉恒）

## 58 寛文七年広瀬絵図（近栄公御譜録草稿のうち）

紙本着色
一冊
縦二八・〇cm×横一九・二cm
江戸時代末期から明治時代初期（原図：寛文七年（一六六七））
島根県立図書館蔵

詳細はコラム5を参照。

## 59 富《と》田《だ》川《がわ》河《か》床《しょう》遺跡出土遺物

島根県埋蔵文化財調査センター蔵

富田川河床遺跡は安来市広瀬町に所在する。尼子《あまご》氏の本拠であった富田城の城下町遺跡として知られ、富田城が廃城となった後もその町場は存続したが、寛文六年（一六六六）の大洪水によって壊滅し、富田城跡の西麓に流れる飯梨川（旧名は富田川）の河床に埋没した。飯梨川の河川改修工事に伴う発掘調査では、戦国時代から江戸時代前期にかけて五面の遺構面が確認され、寛永六年以前にも複数回の洪水に見舞われていたことが分かった。展示資料のうち59-3～15は寛文六年の洪水によって埋没した第一遺構面に、1・2・16はさらにその下層の第二遺構面に伴うものである。16は流水による砂層の中から出土した木札で、「寛永廿一年」（一六四四）の墨書があり、寛文六年以前に起きた洪水の年代を示すものとして注目される。出土品には、生活や商業・手工業に関する様々な道具類があり、当時の人々の営みを生々しく伝えている。（東山）

### 59-1 茶釜《ちゃがま》

一点
胴最大径二七・〇cm×高さ一〇・七cm
寛永二十一年（一六四四）頃

### 59-2 茶臼《ちゃうす》

一組
受け皿の最大径三六・五cm　全体高さ二一・五cm
寛永二十一年（一六四四）頃

### 59-3 柄杓《ひしゃく》

一点
直径四・五cm×深さ五・〇cm
寛文六年（一六六六）以前

### 59-4 天目茶碗《てんもくぢゃわん》

一点
口径一二・五cm×高さ六・五cm
寛文六年（一六六六）以前

### 59-5 唐津碗《からつわん》

一点
口径一二・五cm×高さ八・〇cm
寛文六年（一六六六）以前

### 59-6 唐津皿《からつさら》

一点
口径一三・五cm×高さ三・五cm
寛文六年（一六六六）以前

### 59-7 伊万里皿《いまりさら》

一点
口径一三・五cm×高さ三・〇cm
寛文六年（一六六六）以前

### 59-8 備前徳利《びぜんどっくり》

一点
口径一二・〇cm×高さ一五・〇cm（残存部）
寛文六年（一六六六）以前

### 59-9 漆塗椀《うるしぬりわん》

一点
口径一二・〇cm×高さ五・〇cm（残存部）
寛文六年（一六六六）以前

### 59-10 柄鏡《えかがみ》

一点
（鏡面）直径一〇・八cm×厚さ〇・二cm～〇・四cm
（柄）長さ九・六cm
寛文六年（一六六六）以前

### 59-11 櫛《くし》

一点
長さ六・〇cm×丈四・〇cm×厚さ一・〇cm
寛文六年（一六六六）以前

### 59-12 煙管《きせる》

一点
雁首の長さ六・〇cm　吸口の長さ五・八cm

寛文六年（一六六六）以前

### 59-13 下駄

一点
長さ二一・〇㎝×幅七・〇㎝×高さ五・五㎝
寛文六年（一六六六）以前

### 59-14 下駄

一点
長さ二二・〇㎝×幅八・五㎝×高さ六・〇㎝
寛文六年（一六六六）以前

### 59-15 厘秤用錘《りんばかりようおもり》

一点
縦一・二㎝×横一・二㎝×高さ二・二五㎝（重さ二八・八一g）
慶長年間（一五九六～一六一五）

### 59-16 木札

一点
長さ一五・〇㎝×幅三・〇㎝×厚さ〇・四㎝
寛永二十一年（一六四四）

### 59-17 風呂枠《ふろわく》

四枚一組
縦二〇〇・〇㎝×横一八四・〇㎝×高さ三〇・〇㎝（組み立て状態）
江戸時代前半（十七～十八世紀）

列品番号59-1～16が発見された地点から約二キロメートル下流の鷺《さぎ》の湯《ゆ》地区で、平成四年（一九九二）に飯梨川の河川災害復旧工事中に温泉遺構に伴って発見されたものである。四枚のマツの板材をほぼ正方形に組んでいる。板材の上端にはそれぞれほぞ穴があり、一部に突起状にはめ込まれた材が残ることから、同様の板材が少なくとも二段以上組まれていたと推測される。昭和五十五年（一九八〇）にはこの周辺で四基の温泉遺構が川の流れによって露出し、温泉が湧いていた様子が目撃されており、本資料はこのうちの一つにあたる可能性もある。なお、鷺の湯温泉は戦国時代には尼子氏の御殿湯として栄えたが、寛文六年（一六六六）の大洪水で埋没し、明治四十二年（一九〇九）に泉脈が再発見されたと伝わる。（東山）

### 60 神馬図《しんめ》（狩野秀頼《かのうひでより》作）

重要文化財
板絵着色
二面
縦六五・五㎝×横七七・〇㎝（枠を含む）
永禄十二年（一五六九）
賀茂神社（邑南町）蔵

賀茂神社は邑南町阿須那《あすな》に鎮座し、賀茂別雷命《かもわけいかずちのみこと》を祭神とする。本作品は両後ろ足を空中に蹴り上げる連銭芦毛《れんぜんあしげ》馬と、前足を跳ね上げる黒毛馬を描く二面の絵馬。墨書銘によると、京都の絵師狩野秀頼の作。発注者は、石見国南東部と安芸国高田郡北部にまたがる所領を持ち、享禄三年（一五三〇）に毛利氏が滅ぼした高橋氏の支族出身で、毛利氏に従い銀山奉行を勤めた生田就光《いくたなりみつ》。

### 61-1 続日本紀第廿三（天平宝字七年五月二十八日条）

紙本木版
一冊
縦二七・五㎝×横一九・四㎝
明暦三年（一六五七）（原本：延暦十六年（七九七））
当館蔵

### 61-2 続日本紀第卅二（宝亀六年九月二十日条）

紙本木版
一冊
縦二七・五㎝×横一九・四㎝
明暦三年（一六五七）（原本：延暦十六年（七九七））
当館蔵

古来、馬は雨に関わる祭祀に当たり奉納された。正史において国家が神に馬を献じた最初の記事は、『続日本紀』文武二年（六九八）四月二十九日条で、干ばつのため吉野水分《よしののみくまり》神社に馬を奉じた記事である。『続日本紀』天平宝字七年（七六三）五月二十八日条（列品番号61-1）などには、雨を祈って黒毛馬を大和国丹生《にう》上《かみ》社に献上した記事が確認できる。また、宝亀六年（七七五）九月二十日条（列品番号61-2）などには、長雨の止むのを祈って白馬を同じく丹生川上社に献上した記事があり、黒毛の馬を祈雨のために、白馬を祈止霖雨に、それぞれ使い分けたようである。（倉恒）

### 62 雨乞御祈祷日記・雨晴御祈祷日記・風鎮之御祈祷日記

紙本墨書
一冊
縦二七・一㎝×横一九・二㎝
文化九年（一八一二）～明治四年（一八七一）
個人蔵

文化九年から明治四年までの間に、出雲大社で行われた天候に関する祈祷の記録。祈雨の祈祷が十一回、止雨の祈祷が三回、風鎮の祈祷が一回、それぞれ行われている。本資料は出雲大社で国造に次ぐ地位にあった上級神職の家の一つで、北島国造《こくそう》家に仕えた佐草《さくさ》家が作成したもの。（倉恒）

### 63 善女龍王立像《ぜんにょりゅうおうりゅうぞう》（円空作）

木造素地

八軀のうち三軀
一　像高七〇・五cm
二　総高五六・〇cm
三　像高一八・〇cm（注）一の裏に三が附属している。
江戸時代前期（十七世紀）
園城寺《おんじょうじ》（滋賀県大津市）蔵

昭和三十八年（一九六三）に園城寺経蔵《きょうぞう》の上部龕《ずし》から発見された八軀（うち一軀は裏面に彫られている）の仏像。いずれも拱手《きょうしゅ》し、頭上に龍頭を彫った直立する姿であり、善女龍王ないしは八龍あることから八大龍王を表現しているとも考えられる。いずれも銘文は残されていないが、木材を鉈《なた》で割っただけの一木から彫られている点、袖の正面には何も表現せず、さらに着衣の左右の袖や裾を鰭《ひれ》のようなギザギザで表現するという、即興的で粗彫りの技法、そして顔を眉・眼・口をノミの陰刻だけで表現する独特の面相表現から、十七世紀後半に全国を造仏遊行したことで有名な円空（一六三二～九五）の作と判断できる。円空は延宝七年（一六七九）に血脈《けちみゃく》を承けるために園城寺の尊栄《そんえい》を訪ねているほか、元禄二年（一六八九）には円空が再興した美濃《みの》国の弥勒《みろく》寺が園城寺の末寺となっており、この頃の作と推定される。（倉恒）

## 64 絵画土器

森原下ノ原《もりばらしものはら》遺跡
一点
口径二二・〇cm　胴部最大径三八・〇cm（推定）
古墳時代前期後半（四世紀後半）
島根県埋蔵文化財調査センター蔵

森原下ノ原遺跡は江津市松川町に所在し、江の川に面した標高約四～七メートルの自然堤防上に位置する。令和元年（二〇一九）度に発掘調査がされ、縄文時代中期前半（約五千五百年前）から江戸時代前期（十七世紀）の遺構・遺物が多数発見された。本資料は、遺物包含層から出土した土師器《はじき》の壺で、渦巻状と波状の絵画が頸部に描かれている。絵画は龍や雷をモチーフとした可能性があり、遺跡の立地状況を踏まえれば江の川における水辺の祭祀で使用されたとも考えられる。絵画土器は全国的には古墳時代初めまでに衰退しており、古墳時代前期後半から中期のものとしては山陰地方では初めての発見例である。当時の人々の信仰・祈りをうかがわせるものとして注目される。（東山）

# 第四章　木綿繁盛記

## 65 神門郡大社町地図　入南《にゅうなん》村

紙本着色
一枚
縦一四二・〇cm×横二七八・〇cm
明治八年（一八七五）
広島大学図書館蔵

本資料は、慶長年間（一五九六～一六一四）から明治時代中期までの中国地方五県の土地及び租税制度に関する資料群である「中国五県土地租税資料文庫」（広島国税局旧蔵）の一つで、明治八年八月に地租改正に当たり作成された入南村（出雲市）の絵図。中央に現在は島根県立浜山公園になっている山林が描かれている。この浜山から西側の畑地に、明るい緑黄色で塗られた菱形の記号が多数確認できるが、これらは綿の栽培用の水を確保するために掘られた「綿井戸」である。綿栽培は明治時代になって廃れてしまうが、綿に代わって栽培するようになったクワ・ブドウの水やり用に、太平洋戦争後にスプリンクラーが普及するまで綿井戸は使用され続けた。（倉恒）

## 66 綿栽培用の農具

昭和時代（二十世紀）
日吉津《ひえづ》村民俗資料館

弓ヶ浜半島（鳥取県米子市・日吉津村・境港市の一帯）では十八世紀中頃に用水路が開通したことで砂地を活かした綿作栽培が拡大し、江戸時代から明治時代にかけて「伯州綿」というブランドに成長した。また、太平洋戦争後の物資不足の時代にも一時的に再興した。日吉津村民俗資料館には、日吉津村内で太平洋戦争後まで実際に使用されていた綿栽培用の農具が所蔵されている。（倉恒）

### 66-1 水汲み桶

一点
桶の口径三〇・〇cm　桶の高さ四九・〇cm
天秤棒の長さ一一五・〇cm

『綿圃要務《めんぼようむ》』にも同様の形状のものが「底穴桶」の名称で登場する。出雲市でも同様の道具が「すっぽんたが」という名称で使用されていた。桶の底に直径約三センチメートルの穴を空け、この穴を柄の付いたタンポで栓をしたり緩めたりして水を播きながら移動した。また、穴の外側には水が拡散するように針金で細工が施されている。すり鉢状の綿井戸は水を汲み上げようにも砂に足が滑って容易に登ることができず、足腰を鍛えなければ水を汲めなかった。畑に出ることができても、タンポの柄を握る手を動かしながら歩かねばならず、熟練を要した。砂地での耕作における一番の重労働であった作物への水やりを象徴する道具である。（倉恒）

### 66-2 綿まき鍬《ぐわ》

一点
柄の全長一二五・〇cm

『綿圃要務』には登場しない道具。綿畑に歯をさして引き、それによって出来た二本の溝に種を播いた。伯耆国西部で一般的に使用されていたほか、綿栽培に使用されていたかは定かでないが、出雲国でも「疇掻鍬《うねかきぐわ》」の名称で同様の農具が使用されていた。（倉恒）

### 66-3 溝きり

一点
柄の長さ一五五・〇cm

『綿圃要務』にも同様の農具が「小からすき」の名称で登場する（参考36）。人力で後ずさりしながら引いて畑の土をおこした。（倉恒）

### 66-4 綿もり籠

一点
高さ五一・〇cm

畑で収穫した綿を入れる籠。（倉恒）

### 66-5 綿もり籠

一点
高さ六四・〇cm

列品番号66-4の綿もり籠から綿を集める籠。大量の綿を収納するために、籠の口がすぼまって狭くなっているのが特徴。これにより綿がこぼれず、大量に押し込むことができた。（倉恒）

### 67 月に綿花図（沖一峨《おきいちが》作）

紙本着色
一幅
縦三四・二cm×横四八・五cm
江戸時代末期（十九世紀）
鳥取県立博物館蔵

鳥取藩の御用絵師であった沖一峨《おきいちが》（一七九六〜一八五五又は一八六一）の作。沖家は代々江戸詰の鳥取藩絵師として池田家に仕えた家柄で、一峨はその七代目。沖家の親戚筋に生まれ、四十二歳で沖家の養子となるが、その前から、江戸幕府直属の奥絵師といわれる狩野《かのう》家の一つ鍛冶橋狩野家の門人となって絵画を学び、江戸で画家として活動していた。狩野派の技法に留まらず、琳派・やまと絵・写生派・浮世絵を幅広く研究し、特に江戸時代後期の琳派の画家酒井《さかい》抱一《ほういつ》（一七六一〜一八二八）の影響を強く受けた。

本作品には、画面左上に大きく描かれた月に照らし出される綿の花と実が描かれている。秋の花である綿花と満月が組み合わされた本作品からは、中秋の名月が想像される。（倉恒）

### 68 女性三代　機《はた》の音（安部《あべ》朱美《あけみ》作）

一組
平成二十八年（二〇一六）

鳥取県在住の創作人形作家安部朱美氏の作品。綿から一反の絣《かすり》を織り上げるまでの工程を三世代五体の女性の人形で表現している。着用する衣服は弓浜絣製で、人形の所作から道具の細部に至るまで、文献に当たって再現されている。綿を糸にするための最初の工程が「綿繰《わたく》り」である。綿繰器を使って種子と綿繊維を分離する労働で、主に老人や子どもの仕事であった。分離した綿繊維は、男性が唐弓《とうゆみ》で綿打ちをして繊維をほぐし、不純物を取り除いた。綿打ち後は専ら女性の仕事とされ、糸車を回して糸を紡ぐと、糸は機織《はたお》り機にかけやすくするため、「かせ車」にかけられ、最後は機織り機で木綿布に織られた。（倉恒）

### 69 西紙屋上林家のれん

一点
縦一七二・〇cm×横一六九・〇cm
江戸時代後期（十九世紀）
鳥取県立博物館蔵

伯耆国赤碕村（鳥取県琴浦町）の商人西紙屋に伝わったのれん。「丸に井桁三の字」の家紋は呉服商三井越後屋のもの。三井家は山陰の木綿に最も早く目をつけた都市商人で、伯耆では西紙屋を現地の仕入れ拠点（買宿《かいやど》という）に指定し、多いときには伯耆国全生産高の三割強を西紙屋に買い占めさせた。（中安）

### 70 西台屋《にしだいや》関係資料

江戸時代後期（十九世紀）
個人蔵

西台屋は寛政十二年（一八〇〇）より明治二年（一八六九）頃にかけて三井家の雲州木綿買宿を務めた家で、当時の三井家との付き合いを示す品々を現在に残している。三井家ゆかりの品を残す買宿は西台屋や西紙屋に限らず全国的に見られ、三井呉服店の図やのれん、三井家初代高利夫婦の位牌などが確認されている。（中安）

### 70-1 駿河町越後屋正月風景図

絹本着色
一幅
縦四五・〇cm×横六九・五cm

江戸駿河町（東京都中央区日本橋室町二丁目）の三井呉服店を描いた図。この風景図には数パターンがあり、三井家に伝わる江戸時代中後期の浮世絵師鳥居清長（一七五二〜一八一五）によるものが基本構図と言われている。本作品は鳥居清長作の構図とはやや異なり、現在のところ作者は不明である。（中安）

### 70-2 初節句祝いの内幟《うちのぼり》

二枚
弘化元年（一八四四）伝
縦一二八・三cm×横四六・〇cm（二枚とも）

西台屋の四代目善太郎の初節句のお祝いとして三井家より頂戴したと伝わるもの。他の三井買宿には伝わっていない西台屋特有の品である。（中安）

## 70-3 三井家紋入蓋付椀《ふたつきわん》

一組（飯椀二、汁椀二、椀二、高环一、収納用木箱）
（飯椀）口径一二・〇cm×高さ一一・〇cm（二個）
（汁椀）口径一一・五cm×高さ六・五cm（二個）
（平椀）口径一三・五cm×高さ八・〇cm（二個）
（高杯）口径一一・五cm×高さ八・〇cm（一個）

三井家の家紋である「丸に井桁三の字」の付いた漆塗りの椀類。同様の椀は伯州の買宿西紙屋にも残されている。（中安）

## 71 綿作風聞覚《わたさくふうぶんおぼえ》（年々御用留のうち）

紙本墨書
一冊
縦二七・〇cm×横一九・〇cm×厚さ九・五cm
文久二年（一八六二）
島根県立図書館蔵

松江藩が自ら情報収集した当時の他国の綿作技術を藩領内へ周知するとともに、この技術を活かした栽培をするよう郡村役人へ下達したもの。これによって松江藩は領内綿作の生産効率の改善を図ろうとした。当時の出雲国内は木綿生産が増大する一方で原料の繰綿は国外からの移入に頼る面が大きく、したがってこの松江藩の政策は、生産効率改善によって自給化を果たそうとする国益政策に位置づけられる。具体的には、綿作の①肥やし入れの時期と綿木生育、②品種の見極め、③追肥の時期と推奨肥料、④間引方法が挙がっている。こうした政策を見る限り、当時の出雲国は綿作技術の後進地として先進地より技術や知識を導入する立場にあったといえるだろう。なお、出雲国内の状況も補足として記載されており、当時の綿作技術の水準も知ることができる。（中安）

## 72 出雲藍板《あいいた》締め版木・木綿布

登録有形民俗文化財
江戸時代（十九世紀）
当館蔵

板締染とは文様を彫った版木と版木の間に布を挟み、これを締め付けて染める染色技法である。古代に唐から伝わり、平安時代中期に衣装の主流が織物に変化したことなどにより廃れたものの、江戸時代に庶民が用いる文様染めとして復活した。

藍板締めは現在のところ江戸時代末期に出雲市大津町の板倉家で行われていたことが唯一確認できる。木綿が庶民の素材として普及するにつれて行われるようになったものと想定され、その製品は仕事着や手ぬぐい、浴衣などに用いられた。

藍板締めは、両面染めが可能であったこと、簡単に地白に染めることができたことなど利点もあったが、紅板締に比して量産に適さない技法だったこと、型染めや絞りに比して補助的な技法とされていたことなどから、明治初年頃には行われなくなった。このためその技法が十分には解明されておらず、いわば幻の技法とされている。

当館には板倉家に伝来した二千六百点を超える藍板締め資料が収蔵されている。そのうち版木は文様一七六種、合計二五五七枚で「竹に虎」は（上）が十六枚、（下）が十枚伝わっている。この版木などを用いて染められたものが「竹に虎」文様木綿布である。確実に出雲藍板締めで染められたことがわかる貴重な裂である。

中国では虎は竹林に住むとされ、日本では鎌倉時代になると「竹に虎」は定着し意匠化されている。（品川）

## 72-1 出雲藍板締め版木「竹に虎」

二点
（上）四四・五cm×三三・〇cm
（下）四三・〇cm×三三・五cm

## 72-2 出雲藍板締め「竹に虎」文様木綿布

二点
（上）四六・〇cm×三三・〇cm
（下）四六・二cm×三三・八cm

## 73 筒描藍染《つつがきあいぞめ》製品

大正時代初期か（二十世紀）
松江歴史館蔵（荒布屋《あらめや》コレクション）

出雲地方では婚儀がまとまると、娘の幸せを祈り、嫁の実家から婚家へと実家の家紋や様々な吉祥文様を藍で染めた布団・夜着・風呂敷などが嫁入り支度として贈られた。これらの資料は、大正初頃に出雲地方で染められ、一括して贈られたものと伝える。綿は再利用でき、また布団皮などは蒐集の対象となったことから、布団・夜着（着物の形をしたいわば掛布団、肩が覆われて暖かい）が綿入りの状態で残されていることは珍しい。また敷布団の裏面にも松竹梅散らし文様が施されていることも特筆できよう。

これらの資料はすべて筒描藍染の技法で製作されている。筒描藍染は筒袋に糊を入れ、筆を使うように糊を絞り出しながら文様を描き、文様を白抜きにする技法で、柔らかい線が出ることに特徴がある。筒描藍染を行っていた紺屋は明治四十年頃には十三軒あったが、化学染料の普及や筒描製品を贈る習慣が廃れるにつれ昭和四十年頃には三軒となり、現在では出雲市大津町の長田染工場のみである。なお、出雲の筒描藍染は島根県無形文化財に指定されており、長田染工場の長田茂伸氏は無形文化財保持者に認定されている。

なお荒布屋は松江市北堀町にあり、江戸時代後期には料亭、明治時代からは鮮魚商を営んできた家で、そのコレクションは現当主夫妻が四十年かけて収集した藍染製品からなり、現在は松江歴史館と当館に所蔵されている。（品川）

## 73-1 風呂敷三つ揃（歯朶《しだ》に大割蔦《おおわりつた》・斜竹鶴亀《しゃちくつるかめ》）

二つ幅　六六・〇cm×六八・〇cm
三つ幅　九九・〇cm×一〇五・〇cm
四つ幅　一三〇・〇cm×横一五七・〇cm

## 73-2 婚礼夫婦夜着（三割桐《みつわりぎり》に大割蔦・鶴亀松竹梅／一重丸に大割蔦・鶴亀松竹梅）

身丈一八五・〇cm　裄七五・〇cm

## 73-3 婚礼夫婦布団（鶴亀松竹梅）

（掛布団）一六二・〇cm×一八〇・〇cm
（敷布団）九四・〇cm×一五八・〇cm

## エピローグ　大地に生きる

## 74 四季《しき》耕作《こうさく》高蒔絵《たかまきえ》文台《ぶんだい》硯箱《すずりばこ》（勝軍木《ぬるで》庵《あん》光英《こうえい》作）

一具
（文台）縦五六・五cm×横三三・〇cm×高さ一一・〇cm
（硯箱）縦二四・〇cm×横一七・〇cm×高さ三・五cm
江戸時代末期（十九世紀）
公益財団法人絲原記念館蔵

鉄師《てっし》絲原家に伝わり、高蒔絵を得意とした松江藩の御用蒔絵師である勝軍木庵光英（一八〇二～七一）が、四季の稲作の場面を文台と硯箱に表現した作品。全体を黒漆塗の地塗とし、そこに金や切金をふんだんに用いて仕上げている。作者の勝軍木庵光英は、松江城下に生まれた。松江藩主松平斉貴《なりたけ》（一八一五～六三）の命により、江戸で蒔絵の技法を学び、後に斉貴から勝軍木庵の号を授けられた。本作品のような文房具のほか、印籠、棗《なつめ》、香合《こうごう》、膳・椀・盃《さかずき》などの食器まで広範な器種を手がけた。絵柄も本作品のように絵画的なものから、デザイン化された装飾性の強いものまで多岐にわたり、高度な技術力で武家だけでなく経済力をもった庶民の趣向に応えた。

四季耕作図は、稲作の一年の作業を四季の移ろいの中に描いた絵画で、室町時代に中国の耕織図《こうしょくず》の影響のもとで将軍御所や禅宗寺院の襖絵として描かれたことに始まる。江戸時代には庶民の間にも広まり、襖絵・屏風・絵馬・浮世絵のほか、漆器・陶磁器といった工芸デザインにも採用された。耕織図は、皇帝が民の苦労を知って己を慎み、善政を敷くための鑑《かん》戒図《かいが》として描かれた。江戸時代の富裕な庶民へも、農民への感謝を忘れず身を慎む道徳的なテーマとして受容される一方で、豊作を予感させるめでたい吉祥画として喜ばれた。（倉恒）

## 75 出雲名物番付

紙本木版
一枚
縦三七・〇cm×横二五・五cm
安政五年（一八五八）
松江市蔵

出雲国の山野河海から産した様々な名物を番付化したもの。幕末頃の多様な特産品や名物を知ることができる。江戸時代には、諸大名が折々の季節に将軍家へ国元の特産品を献上する時献上《ときけんじょう》という儀礼があったが、番付上位の十六島海苔《うっぷるい》、艫《とも》島の鰤《ぶり》、大庭梨子《おおばなし》らは松江藩からの時献上の品であった。また、「宍道湖七珍」に数えられる鱸《すずき》・モロゲエビ（ホンジョウエビ）・鰻《うなぎ》・アマサギ・白魚・鯉・シジミといった現在の名物もこの頃すでに見ることができる。（中安）

## 76 隠岐国《おきのくに》産物《さんぶつ》絵図《えず》註書帳《ちゅうしょちょう》

紙本着色
一冊
縦二八・五cm×横二〇・五cm
享保～元文年間（一七一六～四一）
当館蔵

江戸時代中期、八代将軍吉宗の頃、幕府は全国的な産物調査を実施した。この調査は穀類・菜類・菌類・瓜類・草類・魚類・貝類・獣類・虫類など有用無用を問わないすべての動植物を対象とした悉皆《しっかい》調査であった。諸藩は、幕府の通達を受けて動植物名を書き出した帳面「産物帳」を作成し、また幕府より名称だけでは不明と指摘されたものについては、絵を描き説明をつけた「絵図註書帳」を追加で提出した。本作品は隠岐国の「絵図註書帳」である。同国の「産物帳」や「絵図註書帳」には、特産物であった多数の海産物や海藻が記されている。なお、隠岐国の産物調査は当時預かり地としていた松江藩が取りまとめたが、本作品は松江藩が当時実際に所有していた原本と考えられている。（中安）

## 77 隠伎国木簡《もっかん》（複製品）

三点
縦一五・〇cm×横三・〇cm
当館蔵（原品所蔵：奈良文化財研究所）

平城京跡からは隠伎（岐）国から届けられたノリ・アワビなどの海産物につけられた木簡が多数出土している。

## 78 伯耆国《ほうきのくに》会見郡《あいみぐん》米子湊《よなごみなと》諸品《しょしな》取調書《とりしらべしょ》

紙本墨書
一冊
縦二九・〇cm×横二一・五cm
安政六年（一八五九）
鳥取県立博物館蔵

江戸幕府に提出された米子湊（鳥取県米子市）の取調書の控え。全四冊の取調書のうち、本冊では同湊における諸国からの輸入品と諸国への輸出品を取りまとめている。輸出品には鳥取藩の主要産品であった綿や木綿が、輸入品には穀物や肥料、鉄らが挙がっている。このうち、肥料の中には隠岐国からの藻葉三万八千貫（約百四十二トン）が計上されている。当時、隠岐国の藻葉《もば》は米子や境港へ多く移出された。これらは近郷で売りさばかれ、中海の藻葉とともに主に畑作の肥料として用いられた。また、浜ノ目（弓浜半島）での綿作にも大きく寄与した。（中安）

## 79 石見有福温泉（川瀬巴水《かわせはすい》作）

紙本木版色摺
一枚
縦三九・二×横二六・〇cm
大正十三年（一九二四）
当館蔵

鏑木清方《かぶらききよたか》の門人で版画家の川瀬巴水（一八八三～一九五七）の作品で、有福《ありふく》温泉（江津市）の夜景を描く。大正十二年（一九二三）の関東大震災で家財を失った川瀬は、翌年にかけて日本各地をめぐって風景画の研鑽を積み、臨場感にあふれる作品を多く生み出した。

有福温泉は、泉温四十度から四十七度の単純温泉。白雉年間（六五〇〜六五五）に法道《ほうどう》仙人が発見した霊泉とされ、江戸時代には著名な儒学者頼山陽《らいさんよう》が治療のため滞在するなど、湯治場として栄えた。確実な資料では、元和年間（一六一五〜二四）に浜田藩主古田《ふるた》氏が「ゆや《（湯屋）》役」として銀二百匁を徴収していたことが確認でき、江戸時代初めには温泉場として賑わっていた。（倉恒）

## 80 観音菩薩坐像

島根県指定文化財
銅造鍍金
一軀
像高三一・五cm
統一新羅《とういつしらぎ》〜高麗《こうらい》時代（八〜十四世紀）
福泉《ふくせん》寺（江津市）蔵

本像は江津市有福《ありふく》温泉町に所在する霊湯山福泉寺（臨済宗東福寺派）観音堂の秘仏本尊。右足を横に折り曲げて台上にのせて坐し、左足を垂直に下ろす。頭頂から台座までを含んで一鋳とし、顎下などに鍍金が残る。大きく下膨れな面部、扁平な背面、胸飾りや腰紐の構成などに特徴があり、朝鮮半島製とみられているが、制作年代については統一新羅時代から高麗時代まで諸説ある。

寺伝によると福泉寺の創建は白雉二年（六五一）だが、建武年間（一三三四〜一三三八）に臨済宗寺院として整備され、その後慶安三年（一六五〇）に山崩れによって崩壊し、現在地へ再建されたという。（倉恒）

# 列品目録（◎：重要文化財　○：島根県指定文化財　◇：市町村指定文化財　△：登録有形民俗文化財）

| 番号 | 指定文化財 | 作品名 | 員数 | 時代 | 出土遺跡名 | 所蔵者 |
|---|---|---|---|---|---|---|
| | | **プロローグ　火が造りし大地** | | | | |
| 1-1 | | 屈折像土偶 | 一点 | 縄文時代後期中葉（約四千年～三千六百年前） | 下山遺跡（飯南町） | 島根県埋蔵文化財調査センター蔵 |
| 1-2 | | 屈折像土偶（復元） | 一点 | | | 島根県埋蔵文化財調査センター蔵 |
| 2 | | 三瓶山火山灰堆積層剥取標本 | 一点 | | 板屋Ⅲ遺跡（飯南町） | 島根県埋蔵文化財調査センター蔵 |
| 3-1 | | 続日本紀第廿七（天平神護二年六月五日条） | 一冊 | 明暦三年（一六五七）（原本：延暦十六年（七九七）） | | 当館蔵 |
| 3-2 | | 続日本紀第卅五（宝亀九年十二月十二日条） | 一冊 | 明暦三年（一六五七）（原本：延暦十六年（七九七）） | | 当館蔵 |
| 4-1 | | 御取納丁銀 | 一点 | 戦国時代（十六世紀後半） | | 当館蔵 |
| 4-2 | | 文禄石州丁銀 | 一点 | 文禄二年（一五九三） | | 当館蔵 |
| | | **第1章　大地鳴動** | | | | |
| 5-1 | | 液状化現象痕跡剥取標本1 | 一点 | | 森原神田川遺跡（江津市） | 島根県埋蔵文化財調査センター蔵 |
| 5-2 | | 液状化現象痕跡剥取標本2 | 一点 | | 山持遺跡（出雲市） | 島根県埋蔵文化財調査センター蔵 |
| 6 | | 類聚国史巻百七十一 | 一冊 | 江戸時代（十七～十九世紀）（原本：十世紀） | | 当館蔵 |
| 7 | | 出雲国府跡出土木片 | 一括 | 平安時代（九世紀） | 出雲国府跡（松江市） | 島根県埋蔵文化財調査センター蔵 |
| 8 | | 延宝四年津和野城石垣破損地図面 | 一枚 | 明治時代～昭和時代初期か（十九世紀後半～二十世紀前半）（原本：延宝四年（一六七六）） | | 津和野町教育委員会蔵 |
| 9 | | 京都大地震（瓦版） | 一枚 | 文政十三年（一八三〇） | | 山名隆三氏（山名新聞歴史資料館）蔵 |
| 10 | ◇ | 大保恵日記（文政十三年八月九日条） | 一冊 | 文政九年（一八二六）～天保三年（一八三二） | | 信楽寺（松江市）蔵 |
| 11 | | 御神宝琵琶日記 | 一冊 | 文政十三年（一八三〇） | | 個人蔵 |
| 12 | | 琵琶　谷風 | 一面 | 平安時代～鎌倉時代（八世紀～十四世紀） | | 出雲大社（出雲市）蔵 |
| 13 | | 越後国地震口説（『盆踊り音頭第二集』のうち） | 一冊 | 昭和五年（一九三〇） | | 琴ヶ浜盆踊り保存会（大田市）蔵 |
| 14 | | 堀尾帯刀様御時代より以来当国御役人御更代覚 | 一冊 | 天保六年（一八三五）以降 | | 海士町教育委員会蔵 |
| 15-1 | | 差出し申御詫一札之事（鯰絵） | 一枚 | 江戸時代末期（十九世紀） | | 当館蔵 |
| 15-2 | | 恵比寿天申訳之記（鯰絵） | 一枚 | 江戸時代末期（十九世紀） | | 当館蔵 |
| 16 | | 山田興雅和歌 | 一幅 | 安政二年（一八五五） | | 個人蔵 |
| 17 | | 永代日記 | 一冊 | 天保十三年（一八四二）～安政四年（一八五七） | | 個人蔵 |

| | | | | | | |
|---|---|---|---|---|---|---|
| 18 | | 大阪大地震の次第（瓦版） | 一枚 | 嘉永七年（一八五四） | | 公益財団法人絲原記念館（奥出雲町）蔵 |
| 19 | | 震災紀念之碑（拓本） | 一幅 | 明治二十九年（一八九六） | | 浜田市立中央図書館蔵 |
| 20 | | 浅井神社棟札 | 一枚 | 明治六年（一八七三） | | 浅井神社（浜田市）蔵 |
| 21 | | 大田南村絵図 | 一枚 | 明治六年（一八七三） | | 当館蔵 |
| 22 | | 震災ニ付米方正払帳 | 一冊 | 明治五年（一八七二） | | 島根県公文書センター蔵 |
| 23 | | 浜田県庁舎棟札 | 一枚 | 明治五年（一八七二） | | 浜田市教育委員会蔵 |
| 24 | | 浜田県庁舎屋根瓦 | 二点 | 明治五年（一八七二） | | 浜田市教育委員会蔵 |
| 25 | | 諸職人作料之儀ニ付御願書 | 一冊 | 明治六年（一八七三） | | 個人蔵 |
| 26-1 | | 大黒のつち（鯰絵） | 一枚 | 江戸時代末期（十九世紀） | | 当館蔵 |
| 26-2 | | 安政町二年日神無月屋（鯰絵） | 一枚 | 江戸時代末期（十九世紀） | | 当館蔵 |
| 27 | | 島根県温泉津案内 | 一点 | 昭和十年（一九三五）頃 | | 当館蔵 |
| 28 | | "A Living God"（"Gleanings in Buddha Fields"のうち）（小泉八雲作） | 一冊 | 明治三十年（一八九七） | | 松江市立中央図書館蔵 |
| 29-1 | | 小学国語読本（巻十） | 一冊 | 昭和十四年（一九三九） | | 島根大学附属図書館蔵 |
| 29-2 | | 小学国語読本（巻十）（復刻版） | 一冊 | 昭和四十五年（一九七〇） | | 島根県立図書館蔵 |
| 30 | | 浄善寺襖絵（田平玉華作） | 四面 | 明治四十三年（一九一〇） | | 浄善寺（大田市）蔵 |
| 31 | | 竹林七賢図（西晴雲作） | 二曲一隻 | 大正六年（一九一七） | | 個人蔵 |

## 第2章　大地に挑む

| | | | | | | |
|---|---|---|---|---|---|---|
| 32 | ○ | 男神立像 | 一軀 | 平安時代（十二世紀） | | 鰐淵寺（出雲市）蔵 |
| 33 | | 三木与兵衛像（永塚栖園作） | 一幅 | 昭和時代初期（二十世紀前半） | | 出雲中央図書館蔵 |
| 34 | | 村尾越中・堀尾但馬連署書状 | 一通 | 寛永二年（一六二五） | | 個人蔵 |
| 35-1 | ◇ | 伝大梶七兵衛画像 | 一幅 | 江戸時代（十七～十九世紀） | | 個人蔵 |
| 35-2 | | 大梶七兵衛像 | 一幅 | 昭和時代初期（二十世紀前半） | | 出雲中央図書館蔵 |
| 36-1 | | 和木景況図 | 一枚 | 江戸時代末期（十九世紀） | | 小川典子氏蔵 |
| 36-2 | | 鍬 | 一本 | 江戸時代末期から明治時代初期（十九世紀） | | 小川典子氏蔵 |
| 36-3 | | 帽子 | 一個 | 明治時代初期（十九世紀） | | 小川典子氏蔵 |
| 36-4 | | 夫駒 | 一組 | 明治二年（一八六九） | | 小川典子氏蔵 |
| 37 | | 割鉄 | 三点 | 江戸時代初期（十七世紀） | 富田川河床遺跡（安来市） | 島根県埋蔵文化財調査センター蔵 |
| 38 | | 家嶋家旧宅図 | 一幅 | 江戸時代末期（十九世紀） | | 個人蔵 |
| 39 | | 仁多郡稲田村原口村鉄穴流し絵図 | 一枚 | 江戸時代末期（十九世紀） | | 島根県立図書館蔵 |
| 40 | | 奉願鈩之事 | 一冊 | 明和五年（一七六八） | | 出雲市蔵 |

| | | | | | | |
|---|---|---|---|---|---|---|
| 41 | | 久村赤松与申所鉄穴一件村方より御奉行様へ差出候書付ひかへ（年々見合帳のうち） | 一冊 | 江戸時代末期（十九世紀） | | 出雲市蔵 |
| 42 | | 国令 | 一冊 | 天明年間（一七八一～八九） | | 島根県立図書館蔵 |
| 43 | | 万日記 | 一冊 | 文政十二年～天保十一年（一八二九～四〇） | | 個人蔵 |
| 44 | | 山入札 | 一点 | 明治時代中頃～昭和時代初期（二十世紀前半） | | 個人蔵 |
| 45 | | 枕木山上之展望（堀英峯作） | 一枚 | 昭和時代初期（二十世紀前半） | | 当館蔵 |
| 46-1 | | 柴草祭絵馬 | 一面 | 慶応二年（一八六六） | | 須美禰神社（雲南市）蔵 |
| 46-2 | | 獅子頭 | 一点 | 年未詳 | | 須美禰神社（雲南市）蔵 |
| 46-3 | | 鼻高面 | 一面 | 年未詳 | | 須美禰神社（雲南市）蔵 |
| 46-4 | | 太鼓 | 一面 | 天保十四年（一八四三） | | 須美禰神社（雲南市）蔵 |
| 46-5 | | 木鍬 | 二本 | 令和二年（二〇二〇） | | 須美禰神社（雲南市）蔵 |

## 第3章　大河とともに

| | | | | | | |
|---|---|---|---|---|---|---|
| 47 | | 出雲国図（依風土記） | 一枚 | 文政七年（一八二四） | | 島根県立図書館蔵 |
| 48 | | 出雲稽古知今図説 | 一冊 | 明治時代（十九世紀）（原本：天保年間（一八三〇～四四）） | | 当館蔵 |
| 49 | | 寛永出雲国絵図 | 一枚 | 寛永十五年（一六三八）か | | 当館蔵 |
| 50 | | 出雲国十二郡図 | 一枚 | 寛永十三年（一六三六） | | 島根大学附属図書館蔵 |
| 51 | | 治国譜 | 一冊 | 江戸時代（十八～十九世紀）（原本：安永四年（一七七五）） | | 松江歴史館蔵 |
| 52 | | 嘉戸浦海浜漁場等麁絵図 | 一枚 | 嘉永四年（一八五一） | | 当館蔵 |
| 53 | | 艱民図（山本琹谷作） | 一巻 | 明治三年（一八七〇） | | 当館蔵 |
| 54 | | 森広譜系 | 一冊 | 江戸時代（十七～十九世紀） | | 個人蔵 |
| 55-1 | ◎ | 尼子晴久袖判鰐淵寺領書立 | 一通 | 天文十二年（一五四三） | | 太皷谷稲成神社（津和野町）蔵 |
| 55-2 | ◎ | 毛利家掟書 | 一通 | 永禄十三年（一五七〇） | | 鰐淵寺（出雲市）蔵 |
| 56 | | 広瀬町屋敷検地帳 | 一冊 | 嘉永六年（一八五三）（原本：寛文八年（一六六八）） | | 鰐淵寺（出雲市）蔵 |
| 57 | | 鳥取藩家老日記 | 一冊 | 寛文六年（一六六六） | | 安来市教育委員会蔵 |
| 58 | | 寛文七年広瀬絵図（近栄公御譜録草稿のうち） | 一冊 | 江戸時代末期～明治時代初期（十九世紀）（原図：寛文七年（一六六七）） | | 鳥取県立博物館蔵 |
| 59-1 | | 茶釜 | 一点 | 寛永二十一年（一六四四）頃 | 富田川河床遺跡（安来市） | 島根県立図書館蔵 |
| 59-2 | | 茶臼 | 一組 | 寛永二十一年（一六四四）頃 | 富田川河床遺跡（安来市） | 島根県埋蔵文化財調査センター蔵 |
| 59-3 | | 柄杓 | 一点 | 寛文六年（一六六六）以前 | 富田川河床遺跡（安来市） | 島根県埋蔵文化財調査センター蔵 |
| 59-4 | | 天目茶碗 | 一点 | 寛文六年（一六六六）以前 | 富田川河床遺跡（安来市） | 島根県埋蔵文化財調査センター蔵 |

| | | | | | | |
|---|---|---|---|---|---|---|
| 59-5 | | 唐津碗 | 一点 | 寛文六年（一六六六）以前 | 富田川河床遺跡（安来市） | 島根県埋蔵文化財調査センター蔵 |
| 59-6 | | 唐津皿 | 一点 | 寛文六年（一六六六）以前 | 富田川河床遺跡（安来市） | 島根県埋蔵文化財調査センター蔵 |
| 59-7 | | 伊万里皿 | 一点 | 寛文六年（一六六六）以前 | 富田川河床遺跡（安来市） | 島根県埋蔵文化財調査センター蔵 |
| 59-8 | | 備前徳利 | 一点 | 寛文六年（一六六六）以前 | 富田川河床遺跡（安来市） | 島根県埋蔵文化財調査センター蔵 |
| 59-9 | | 漆塗椀 | 一点 | 寛文六年（一六六六）以前 | 富田川河床遺跡（安来市） | 島根県埋蔵文化財調査センター蔵 |
| 59-10 | | 柄鏡 | 一点 | 寛文六年（一六六六）以前 | 富田川河床遺跡（安来市） | 島根県埋蔵文化財調査センター蔵 |
| 59-11 | | 櫛 | 一点 | 寛文六年（一六六六）以前 | 富田川河床遺跡（安来市） | 島根県埋蔵文化財調査センター蔵 |
| 59-12 | | 煙管 | 一点 | 寛文六年（一六六六）以前 | 富田川河床遺跡（安来市） | 島根県埋蔵文化財調査センター蔵 |
| 59-13 | | 下駄 | 一点 | 寛文六年（一六六六）以前 | 富田川河床遺跡（安来市） | 島根県埋蔵文化財調査センター蔵 |
| 59-14 | | 下駄 | 一点 | 寛文六年（一六六六）以前 | 富田川河床遺跡（安来市） | 島根県埋蔵文化財調査センター蔵 |
| 59-15 | | 匣秤用錘 | 一点 | 慶長年間（一五九六～一六一五） | 富田川河床遺跡（安来市） | 島根県埋蔵文化財調査センター蔵 |
| 59-16 | | 木札 | 一点 | 寛永二十一年（一六四四） | 富田川河床遺跡（安来市） | 島根県埋蔵文化財調査センター蔵 |
| 59-17 | | 風呂桁 | 一組 | 江戸時代前半（十七～十八世紀） | 富田川河床遺跡（鷺ノ湯地区）（安来市） | 島根県埋蔵文化財調査センター蔵 |
| 60 | ◎ | 神馬図（狩野秀頼作） | 二面 | 永禄十二年（一五六九） | | 賀茂神社（邑南町）蔵 |
| 61-1 | | 続日本紀第廿三（天平宝字七年五月二十八日条） | 一冊 | 明暦三年（一六五七）（原本：延暦十六年（七九七）） | | 当館蔵 |
| 61-2 | | 続日本紀第卅二（宝亀六年九月二十日条） | 一冊 | 明暦三年（一六五七）（原本：延暦十六年（七九七）） | | 当館蔵 |
| 62 | | 雨乞御祈祷日記・雨晴御祈祷日記・風鎮之御祈祷日記 | 一冊 | 文化九年（一八一二）～明治四年（一八七一） | | 個人蔵 |
| 63 | | 善女龍王立像（円空作） | 三躯 | 江戸時代前期（十七世紀） | | 園城寺（滋賀県大津市）蔵 |
| 64 | | 絵画土器 | 一点 | 古墳時代前期後半（四世紀後半） | 森原下ノ原遺跡（江津市） | 島根県埋蔵文化財調査センター蔵 |

## 第4章　木綿繁盛記

| | | | | | |
|---|---|---|---|---|---|
| 65 | 神門郡大社町地図　入南村 | 一枚 | 明治八年（一八七五） | | 広島大学図書館蔵 |
| 66-1 | 水汲み桶 | 一点 | 昭和時代（二十世紀） | | 日吉津村民俗資料館蔵 |
| 66-2 | 綿まき鍬 | 一点 | 昭和時代（二十世紀） | | 日吉津村民俗資料館蔵 |
| 66-3 | 溝きり | 一点 | 昭和時代（二十世紀） | | 日吉津村民俗資料館蔵 |
| 66-4 | 綿もり籠 | 一点 | 昭和時代（二十世紀） | | 日吉津村民俗資料館蔵 |
| 66-5 | 綿もり籠 | 一点 | 昭和時代（二十世紀） | | 日吉津村民俗資料館蔵 |
| 67 | 月に綿花図（沖一峨作） | 一幅 | 江戸時代末期（十九世紀） | | 鳥取県立博物館蔵 |
| 68 | 女性三代　機の音（安部朱美作） | 一組 | 平成二十八年（二〇一六） | | 安部朱美蔵 |
| 69 | 西紙屋上林家のれん | 一点 | 江戸時代後期（十九世紀） | | 鳥取県立博物館蔵 |
| 70-1 | 駿河町越後屋正月風景図 | 一幅 | 江戸時代後期（十九世紀） | | 個人蔵 |

| | | | | | |
|---|---|---|---|---|---|
| 70-2 | | 初節句祝いの内幟 | 二枚 | 弘化元年（一八四四）伝 | 個人蔵 |
| 70-3 | | 三井家紋入蓋付椀 | 一組 | 江戸時代後期（十九世紀） | 個人蔵 |
| 71 | | 綿作風聞覚（年々御用留のうち） | 一冊 | 文久二年（一八六二） | 島根県立図書館蔵 |
| 72-1 | △ | 出雲藍板締め版木「竹に虎」 | 一組 | 江戸時代末期（十九世紀） | 当館蔵 |
| 72-2 | △ | 出雲藍板締め「竹に虎」文様木綿布 | 一組 | 江戸時代末期（十九世紀） | 当館蔵 |
| 73-1 | | 風呂敷三つ揃（歯朶に大割蔦・斜竹と鶴亀） | 一組 | 大正時代初期か（二十世紀） | 松江歴史館蔵 |
| 73-2 | | 婚礼用夫婦夜着（三割桐に大割蔦・鶴亀松竹梅／二重丸に大割蔦・鶴亀松竹梅） | 二着 | 大正時代初期か（二十世紀） | 松江歴史館蔵 |
| 73-3 | | 婚礼用夫婦布団（鶴亀松竹梅） | 二組 | 大正時代初期か（二十世紀） | 松江歴史館蔵 |

## エピローグ　大地に生きる

| | | | | | |
|---|---|---|---|---|---|
| 74 | | 四季耕作高蒔絵文台硯箱（勝軍木庵光英作） | 一具 | 江戸時代末期（十九世紀） | 公益財団法人絲原記念館（奥出雲町）蔵 |
| 75 | | 出雲名物番付 | 一枚 | 安政五年（一八五八） | 松江市蔵 |
| 76 | | 隠岐国産物絵図註書帳 | 一冊 | 享保～元文年間（一七一六～四一） | 当館蔵 |
| 77 | | 隠伎国木簡（複製） | 三点 | 現代（原品：八世紀） | 当館蔵（原品：奈良文化財研究所蔵） |
| 78 | | 伯耆国会見郡米子湊諸品取調書 | 一冊 | 安政六年（一八五九） | 鳥取県立博物館蔵 |
| 79 | | 石見有福温泉（川瀬巴水作） | 一枚 | 大正十三年（一九二四） | 当館蔵 |
| 80 | ○ | 観音菩薩坐像 | 一軀 | 統一新羅～高麗時代（八～十四世紀） | 福泉寺（江津市）蔵 |

# 参考文献（編著者五十音順）

## 全体


「角川日本地名大辞典」編纂委員会『角川日本地名大辞典 32 島根県』（角川書店、一九七九年）

倉恒康一「前近代出雲・石見・隠岐災害記事目録」（島根県古代文化センター編『前近代島根県域における環境と人間』島根県教育委員会、二〇二〇年、以下『環境と人間』）

山陰中央新報社編・発行『島根県歴史人物事典』（一九九七年）

島根県神社庁編『神国島根』（島根県神社庁、一九八一年）

島根県大百科事典編集委員会編『島根県大百科事典』（山陰中央新報社、一九八二年）

島根県文化財愛護協会編『しまねの文化財』（ハーベスト出版、二〇一八年）

島根県立博物館編・発行『島根の美術家・絵画編』（一九八〇年）

平凡社地方資料センター編『日本歴史地名大系 33 島根県の地名』（平凡社、一九九五年）


## プロローグ・第一章


出雲市文化財課編・発行『出雲市内の発掘調査で見つかった地震の跡―いま私たちの足元を見つめなおす―』（二〇一二年）

稲垣史生『江戸の大変〈天の巻〉』（平凡社、一九九五年）

今岡一三「遺跡から見る災害の痕跡―島根県内の事例を中心に―」（『環境と人間』）

宇佐見龍夫・石井寿・今村隆正・武村雅之・松浦律子『日本被害地震総覧599―2012』（東京大学出版会、二〇一三年）

大田市編『【平成三〇年】大田市東部を震源とする島根県西部地震記録誌』（大田市、二〇一九年）

大田市教育委員会『石見銀山ことはじめ』編集委員会編・発行『石見銀山学ことはじめ Ⅰ 始』（二〇一八年）

北原糸子編『日本災害史』（吉川弘文館、二〇〇六年）

倉恒康一「明治五年浜田地震の災害対応とその影響」（『環境と人間』）

是田敦「いまどき島根の歴史一〇二 出雲国を襲った地震」（『山陰中央新報』二〇一九年一〇月一二日付記事）

榊原博英「島根県浜田市の震災紀念之碑―明治五年浜田地震の石碑―」（『論集 葬送・墓・石塔』狭山真一さん還暦記念会、二〇一九年）

崎山光一監修『「百世の安堵」～津波と復興の記憶が生きる広川の防災遺産～』（広川町日本遺産推進協議会）

市制四〇周年記念写真集編集委員会編『明治・大正・昭和 写真集はまだ』（浜田市、一九八二年）

島根県教育委員会編・発行『板屋Ⅲ遺跡』（一九九八年）

島根県教育委員会編・発行『三田谷Ⅰ遺跡（Vol.2）』（二〇〇〇年）

島根県埋蔵文化財調査センター編『下山遺跡（二）―縄文時代遺構の調査―』（島根県教育委員会、二〇〇二年）

島根県埋蔵文化財調査センター編『山持遺跡Vol.6（4，6，7区）』（島根県教育委員会、二〇一〇年）

島根県埋蔵文化財調査センター編『史跡出雲国府跡―10―』（島根県教育委員会、二〇一九年）

都司嘉宣・松岡祐也・小田桐（白石）睦弥・佐藤雅美・今村文彦「百井塘雨著「笈埃随筆」に記された海嘯記事について」（『津波工学研究報告』三三、二〇一七年）

中村唯史「縄文時代の島根県の古地形と三瓶火山の活動の影響」（『山陰地方の縄文社会』島根県古代文化センター、二〇一四年）

中安恵一「地域に知れ渡る越後地震口説」（大田市教育委員会・石見銀山学概説書編集委員会編『石見銀山学ことはじめⅡ 水』報光社、二〇一九年）

府川源一郎『「稲むらの火」の文化史』（久山社、一九九九年）

保立道久『歴史のなかの大地動乱―奈良・平安の地震と天皇』（岩波書店、二〇一二年）

松原祥子『松江城下に生きる―新屋太助の日記を読み解く―』（松江市教育委員会、二〇一〇年）

三上鎮博「明治五年二月浜田地震の記録」（『郷土石見』九、一九八一年）

三木晴男『京都大地震』（思文閣出版、一九七九年）

宮田登・高田衛監修『鯰絵 震災と日本文化』（里文出版、一九九五年）

温泉津町誌編さん委員会編・発行『温泉津町誌 上』（一九九四年）

温泉津町誌編さん委員会編・発行『温泉津町誌 中』（一九九五年）

和歌山県立紀伊風土記の丘編・発行『紀伊の地、大いに震う～考古学から南海地震を追う～』（二〇一五年）

渡辺偉夫編『日本被害津波総覧〔第二版〕』（東京大学出版会、一九九八年）


## 第二章


石塚尊俊『大梶七兵衛朝泰伝』（大梶七兵衛翁二百七十年祭奉賛会事務局、一九五八年）

小山町郷土史研究会編・発行『出雲平野の開拓―三木与兵衛の偉業―』（一九九二年）

角田徳幸「錬鉄とその製作法」（『たたら研究』特別号（六〇周年記念論文集）たたら研究会、二〇一七年）

倉林正次監修『祭礼事典・島根県』（桜楓社、一九九一年）

斎藤一「近世出雲西部における村落間の入会」（『大社の史話』一七四、二〇一三年）

島根県立古代出雲歴史博物館編・発行『たたら製鉄と近代の幕開け』（二〇一一年）

島根県立古代出雲歴史博物館編・発行『島根の神像彫刻』（二〇一八年）

島根県立古代出雲歴史博物館編・発行『たたら―鉄の国 出雲の実像―』（二〇一九年）

鳥谷智文「近世後期における出雲国能義郡鉄師家嶋家の経営進出―出雲国飯石郡及び伯耆国日野郡への進出事例―」（『たたら研究』五十、二〇一〇年）

西島太郎「堀芙峯画歴及び経歴―松江画工堀櫟山弟による余技としての絵画―」（『松江歴史館研究紀要』八、二〇二〇年）

藤原雄高「田儀櫻井家の鈩・鍛冶屋の変遷」（出雲市教育委員会編・発行『田儀櫻井家たたら史料と文書目録』二〇〇九年）

松江市史編集委員会編『松江市史 史料編六 近世Ⅱ』（松江市、二〇一三年）

松江市史編集委員会編『松江市史 通史編三 近世Ⅰ』（松江市、二〇一九年）

松江市史編集委員会編『松江市史 通史編四 近世Ⅱ』（松江市、二〇二〇年）

歴史地理学会島根大会実行委員会・図録編集委員会・島根県立博物館編『絵図でたどる　島根の歴史』（島根県立博物館、二〇〇四年）
和鋼博物館編・発行『和鋼博物館 総合案内』（二〇〇一年）

## 第三章

安芸高田市歴史民俗博物館編・発行『芸石国人高橋一族の興亡』（二〇二〇年）
飯梨郷土誌編纂委員会編『飯梨郷土誌』（飯梨公民館、一九九四年）
石塚尊俊編『出雲市大津町史』（大津町史刊行委員会、一九九三年）
邑智町企画課編『邑智町誌（下）』（邑智町、一九七八年）
大津市歴史博物館編・発行『三井寺　仏像の美』（二〇一四年）
鰐淵寺文書研究会編『出雲鰐淵寺文書』（法蔵館、二〇一五年）
角田徳幸「富田川河床遺跡（鷺ノ湯地区）の温泉遺構について」（『季刊文化財』一〇四、二〇〇三年）
加茂町誌編纂会『加茂町誌』（加茂町、一九八四年）
島根県教育委員会編・発行『富田川河床遺跡発掘調査報告書―III―』（一九八三年）
島根県古代文化センター編・発行『佐草家文書』（二〇〇四年）
島根県古代文化センター編『解説出雲国風土記』（島根県教育委員会、二〇一四年）
島根大学附属図書館編『島根の国絵図出雲・石見・隠岐』（今井出版、二〇一二年）
巽淳一郎『日本の美術三六一　まじないの世界II（歴史時代）』（至文堂、一九九六年）
長谷川公茂『円空の生涯』（人間の科学新社、二〇一五年）
長谷川博史『戦国大名尼子氏の研究』（吉川弘文館、二〇〇〇年）
長谷川博史著・発行『二〇一五〜二〇一七年度科学研究費補助金 基盤研究（C）中世西日本海水運と山陰地域の流通構造に関する研究 研究成果報告書』（二〇一八年）
藤木久志『日本中世気象災害史年表稿』（高志書院、二〇〇七年）
益田市立雪舟の郷記念館編・発行『山本琹谷の世界』（一九九七年）
松江市史編集委員会編『松江市史 史料編五 近世I』（松江市、二〇一一年）
松江市史編纂委員会『松江市史 史料編十一 絵図・地図』（松江市、二〇一四年）
水本邦彦『草山の語る近世』（山川出版社、二〇〇三年）
安来市教育委員会編・発行『安来市史料調査報告』（二〇〇九年）

## 第四章

小都勇二・内藤正中・櫻木保校注・執筆『日本農書全集九 家業考・農作自得集・神門出雲楯縫郡反新田出情仕様書』（農村漁村文化協会、一九七八年）
樫村賢二『鳥取県史ブックレット九 里海と弓浜半島の暮らし―中海における肥料藻と採集用具―』（鳥取県、二〇一一年）
島根県古代文化センター編・発行『出雲藍板締めの復元研究』（二〇〇八年）
島根県立古代出雲歴史博物館編・発行『よみがえる幻の染色 出雲藍板締めの世界とその系譜』（二〇〇八年）
下向井紀彦「近世後期における雲伯木綿の上方輸送―三井越後屋を事例に―」（『環境と人間』）
大社町教育委員会編・発行『写真は語る　大社の百年』（一九九〇年）
大社町史編集委員会編『大社町史 中巻』（大社町、二〇〇八年）
武居奈緒子『大規模呉服商の流通革新と進化―三井越後屋における商品仕入体制の変遷―』（千倉書房、二〇一四年）
田中康雄「伯州赤崎西紙屋文書　―三井越後屋の買宿資料―」（『三井文庫論叢』一二、一九七八年）
鳥取県立公文書館県史編さん室編『新鳥取県史 民俗二 民具編』（鳥取県、二〇一九年）
鳥取県立博物館編・発行『海と生きる〜海から見た江戸時代のとっとり〜』（二〇一〇年）
鳥取県立博物館編『鳥取藩御用絵師沖一峨』（鳥取県立博物館資料刊行会、二〇〇六年）
中安恵一「綿生産からみた近世後期松江藩の国益と木綿産業―附（史料編）木綿関係史料の翻刻」（『環境と人間』）
福井貞子『木綿口伝（第二版）』（法政大学出版局、二〇〇〇年）
三井文庫編・発行『三井事業史』本篇第一巻（一九八〇年）
山下真由美編『鳥取県の自然と歴史五　藩政時代の絵師たち（改訂版）』（鳥取県立博物館、二〇一三年）

## エピローグ

風待ち海道倶楽部事務局編・発行『OKIまるごとミュージアム（改訂版）』（二〇〇七年）
相模原市立博物館編・発行『描かれた農耕の世界』（一九九九年）
島根県立石見美術館編・発行『千年の祈り 石見の仏像』（二〇〇九年）
島根県立古代出雲歴史博物館編・発行『新資料に見る石見の歴史』（二〇〇六年）
島根県立古代出雲歴史博物館編・発行『隠岐之国 島々の歴史と文化』（二〇一三年）
島根県立博物館編・発行『島根の工芸』（一九八七年）
島谷智文「〈史料紹介〉「出雲名物番付」」（『松江市歴史叢書』一〇（松江市史研究八）、二〇一七年）
田籠博『出雲国産物帳　山陰研究シリーズ 二』（ワン・ライン、二〇〇八年）

# 協力者一覧

本展の開催にあたり、貴重な資料・作品をご出品いただいた所蔵者の皆様、ご協力を賜りました多くの皆様に厚く御礼申し上げます。

## 【関係機関】（五十音順）

浅井神社
海士町教育委員会
出雲大社
出雲市市民文化部文化財課
出雲中央図書館
雲南市・飯南町事務組合
大田市教育委員会石見銀山課
隠岐の国ダイビング
奥出雲町教育委員会
園城寺
鰐淵寺
賀茂神社
京都府立京都学・歴彩館
公益財団法人絲原記念館
公益社団法人島根県観光連盟
国立公文書館
国立国会図書館
琴ヶ浜盆踊り保存会
山陰ビデオクラフト有限会社
島根県公文書センター
島根県防災部防災危機管理課
島根県埋蔵文化財調査センター
島根県立図書館
島根大学総合理工学部酒井哲弥研究室
島根大学附属図書館
浄善寺
信楽寺
須美禰神社
太皷谷稲成神社
津和野町教育委員会
東京大学地震研究所
東京大学法学部附属明治新聞雑誌文庫
鳥取県立博物館
富山大学附属図書館
函館市中央図書館
浜田市教育委員会文化振興課
浜田市浜田郷土資料館
浜田市立中央図書館
日吉津村教育委員会
広島大学図書館
福泉寺
松江市立中央図書館
松江市歴史まちづくり部史料調査課
松江歴史館
安来市教育委員会文化財課
安来市立歴史資料館
米子市立山陰歴史館

## 【個人】（五十音順）

青山　陽子
赤木　智香
阿川　美和
吾郷　猪一
安部　朱美
安部　正
家島　滋
池淵　俊一
泉　義隆
伊藤　智
伊藤　大貴
伊藤はるか
絲原　丈嗣
絲原　徳康
稲田　陽介
井上加奈子
今岡　一三
内田　広平
内田　貞文
梅林　智美
江角　博
遠藤　浩巳
沖政　裕治
大野　浩
大梶　育夫
大嶋　陽一
岡　邦祐
小川　典子
尾崎　靖記
長田　圭介
鍵本　俊朗
角田　徳幸
景山このみ
門脇　彩
加納佳世子
蒲生　倫子
川村　拓郎
小杉紗友美
小林　慶吾
小松　真人
小山　祥子
齋藤　昭
酒井　哲弥
榊原　博英
佐草加寿子
佐藤　孝之
佐藤　泰雄
島　順彦
下向井紀彦
新庄　正典
杉　岳志
角河　和幸
千家　尊祐
曽田　祐治
高岩　俊文
高橋　周
多久田友秀
田坂　郁夫
寺島　典人
富永　裕博
中尾　隆義
中谷　雅晴
中村　唯史
中山　玄貴
縄田　力
錦織　稔之
西島　太郎
西原　由実
西村　和子
野島　智実
長谷部有哉
東森　晋
平原　金造
廣江　誠一
深田　浩
福家　英明
藤田　儒聖
藤富　康子
舟木　聡
古田　恵一
星野　和信
真木　大空
松浦　裕
三木　康夫
水野　章二
宮本　正保
元平　優里
守岡　正司
森広　祐造
山崎　裕二
山田　修平
山名　隆三
山本隆一朗
渡邉　徳康
渡辺　正巳
渉　秀之

島根県立古代出雲歴史博物館　企画展
「大地に生きる ～しまねの災《さい》と幸《さち》～」
令和二年（二〇二〇）七月十日　発行
編集　島根県立古代出雲歴史博物館
〒六九九-〇七〇一　島根県出雲市大社町杵築東九九-四
TEL（〇八五三）五三-八六〇〇㈹
FAX（〇八五三）五三-五三五〇
URL：https://www.izm.ed.jp/
発行　ハーベスト出版
〒六九〇-〇一三三　島根県松江市東長江町九〇二-五九
TEL（〇八五二）三六-九〇五九
FAX（〇八五二）三六-五八八九
URL：https://www.tprint.co.jp/harvest/
E-mail：harvest@tprint.co.jp
印刷　株式会社谷口印刷
製本　株式会社日宝綜合製本
落丁本・乱丁本はお取替えいたします。
Printed in Japan
ISBN978-4-86456-349-9 C0021

表紙写真出典（左記以外は当館蔵）
【表面】
（上から）
艱民図（太皷谷稲成神社蔵・津和野町教育委員会写真提供）
大阪大地震の次第（公益財団法人絲原記念館蔵）
茶釜（富田川河床遺跡出土品）（島根県埋蔵文化財調査センター蔵）
善女龍王立像（園城寺蔵・写真提供）
四季耕作高蒔絵硯箱（公益財団法人絲原記念館蔵）
柴草祭絵馬・獅子頭（須美禰神社蔵）
竹林七賢図（個人蔵）
【裏面】
屈折像土偶（複製）（島根県埋蔵文化財調査センター蔵）